国家社会科学基金"十三五"规划 2017 年度教育学一般课题"道德教育与'公共人'的培育研究"（课题批准号：BEA170105）的研究成果

道德教育与公共人培育

Daode Jiaoyu Yu Gonggongren Peiyu

叶飞 著

人民出版社

目　录

导论　人、公共人与道德教育…………………………………… 1

第一章　现代性社会与个体人的生产……………………………… 34

　　第一节　个体人的诞生：西方学者的视角…………………… 36

　　第二节　中国社会的个体化进程与个体人的发育…………… 57

　　第三节　现代学校与个体人的生产…………………………… 72

第二章　公共人的培育：道德教育的公共性建构………………… 87

　　第一节　公共性与公共人……………………………………… 88

　　第二节　公共人的培育：对唯私主义综合征的反思与超越…… 111

　　第三节　从个体人到公共人：道德教育的公共性建构……… 124

第三章　公共生活与公共人的人格养成………………………… 135

　　第一节　公共生活及其育人价值……………………………… 135

　　第二节　公共生活的四维功能与公共人的培育……………… 144

　　第三节　公共生活的构建：超越"孤独的"个体人………… 159

第四章　公共治理与公共人的制度支撑………………………… 175

　　第一节　公共治理的概念与内涵……………………………… 176

　　第二节　公共人的制度支持：学校组织的公共变革之道……… 186

第三节　基于学校治理现代化推进公共人的培育……………　197

第五章　德育课程的公共性与公共人的课程支持……………　215

第一节　德育课程的公共性建构及其实践性转向……………　216

第二节　公共性视角下德育课程的一体化建设与多样性发展…　228

第六章　智能时代与公共人的培育………………………………　248

第一节　智能时代与教育之变………………………………　249

第二节　智能时代与公共人的时代要求……………………　273

第三节　智能时代的公共人：道德教育何为………………　288

参考文献…………………………………………………………　307

后　记……………………………………………………………　324

导论　人、公共人与道德教育

　　人的存在既是一种独立自主的个体性存在，同时也是一种基于群体以及群体公共规则而构筑的共在性存在。这是人的存在方式的一种独特属性。正如社会学家爱弥尔·涂尔干（Emile Durkheim）曾指出的，我们每个人身上都体现着一种对立的存在：一方面，每个人都被召唤去遵循内在的自我，去实现"我"的价值；另一方面，作为一种共同存在、群体存在，人又需要进行道德上的自我克制，甚至在一定程度上牺牲个体存在来满足社会存在的需要。[①] 因而，人的身上表现出了"扎根于有机体之内的纯粹个体存在与作为社会扩展的社会存在"[②] 的双重特性。追求独立、自主和个性是人的存在的基本属性，同时人又是所有物种当中最惧怕孤独、最需要群体支持以及群体公共规则的动物，因而人的存在也就自然地成为一种共在性的存在。人无法成为一座"孤岛"，远离所有关系而只生存于自我的世界之中。不论是基于人性完满的需要还是社会生存的需要，人都无法满足于过一种个体性的、孤立

---

　　① ［法］爱弥尔·涂尔干：《乱伦禁忌及其起源》，汲喆、付德根、渠东译，上海人民出版社2006年版，第177—188页。
　　② 李荣荣：《从"为自己而活"到"利他个体主义"——乌尔里希·贝克个体化理论中的一种道德可能》，《学海》2004年第2期。

性的生存，这种生存状态会使人与人、人与群体之间产生严重的隔阂，最终导致人丧失构建身份认同、实现自我价值、追求公共福祉的机会。共在是人类的宿命，是我们每一个普普通通的人的宿命。人的本真的存在状态以及人的自我实现，绝不可能在个体性、孤立性的状态中完成，而必然是需要在人与人、人与群体的共在性实践中来实现。

从这个意义上而言，人（尤其是现代人）是生活在多种多样的共在样态之中，并在多种多样的生活样态中与他人、与群体发生着各种各样的关系，实现自我的定位以及在群体中的身份认同。正因为如此，人的形象不仅是一种自由自觉、自主独立的个体人的形象，同时还是一种共生共存、共在共享的公共人的形象。尤其是对于现代人而言，随着人与人之间的公共生活样态的日益丰富、公共生活空间的日益扩张、公共价值与公共福祉的日益彰显，作为公共人的人类形象已经日益凸显出了它的重要意义。人如何在共在性的存在中过美好生活，如何在公共空间中成就美好的公共人格，已经成为我们这个时代的教育理论及实践所需要深入关注的重要主题。

教育是一个系统工程，而培养人又是教育这样一个系统工程中的最为根本、最为核心的部分。作为教育系统工程的核心部分，道德教育在培养人之为人的精神理念、塑造人之为人的人格品性、引导人之为人的价值追求等方面发挥着至关重要的作用。人与道德教育之间构成了深层的联系，用哲学家康德的话来说，教育（包括道德教育），它的根本指向就是"使人成为人"①。一切不能使人成为人的教育以及道德教育，它就不是真正的教育（道德教育），甚至它是反教育、反道德教

---

① ［德］康德：《论教育学》，赵鹏、何兆武译，上海人民出版社 2005 年版，第 5 页。

育的。道德教育要使人成为人，这是根本性的、方向性的"灯塔"；在这个"灯塔"的照耀之下，道德教育才有了明晰的航程和方向。道德教育是实现人性的光芒、实现人之为人的重要支点，它培养人、引导人、成就人。人也需要道德教育，道德教育要以人以及社会的发展变化为核心来培养人、引导人、成就人。道德教育需要不断适应人以及人的人格特征、精神理念的转变，适应整个社会的公共生活转型来重新思考人、审视人，重新审视道德教育与公共人之间的内在联系，把人、公共人纳入道德教育的研究与探索的核心方面，在培养现代社会所需要的公共人的过程中发挥出更重要的作用。从这个意义上而言，道德教育不仅要回应人的需要，还要回应公共人的需要，为培养和造就新时代发展所需要的公共人做出贡献。这也为道德教育提出了新的要求，同时也指明了当下以及未来很长一段时期道德教育发展的重要方向。

一、人的存在是个体性与公共性的共在

作为自主自由的个体，人体现出了个体性、自主性的存在特征。人是自主自由的个体，意味着人可以在很大程度上摆脱社会以及他人加诸自身的各种束缚，获得独立自主的人格及精神理念。这彰显了人的一种个体性、独立性的存在，人在这种存在状态中始终拥有追求属于自己自主自由的可能性与现实性。自主自由作为一种基本理念，事实上也为西方现代性发展进行了理念与精神的奠基，为凸显人的个体性、独立性存在奠基。但是，在西方现代性发展的晚期，个体性存在也催生了个体自主自由理念的不断膨胀，最终事实上推动了现代社会的个体性存在逐步走向极端化。约翰·密尔（John Mill）曾把人的自由视为一种不受干涉、同时也不干涉别人的状态。他说，自由"乃是按

照我们自己的道路去追求我们自己的好处的自由，只要我们不试图剥夺他人的这种自由，不试图阻碍他们取得这种自由的努力"①。密尔关于自由的观点，事实上也成为西方现代性社会的精神圭臬，人们认为自由主要是一种不受干涉的状态，人的价值选择、人生选择是一种自由自主的选择，它不受外在于自身的强制性力量的束缚。个体是自由的，个体的价值选择和行为是不受干涉的；进一步而言，这也就意味着个体与他人、个体与社会是可以分离的，只要不干涉他人、不违反社会公共伦理以及法律规范，作为"个体的"人可以选择任何他（她）想选择的生活方式，可以做任何他（她）想要做的事情。对于密尔来说，这种个体性的自由存在的边界只有一个，那就是法律。法律划出了个体自由、个体存在的确定边界，并通过法律条文的形式予以廓清；个体只要在法律的界限之内就可以选择做任何他（她）想要做的事情。这也正是大家常说的"法无禁止皆可为"（语出孟德斯鸠的《论法的精神》）。

　　与密尔的观点相近，卢梭、孟德斯鸠、洛克等也主张自由与法律是辩证统一关系，自由不是超越法律的自由，而是法律限度内的自由，甚至从根本意义上来说，自由是对法律的服从。正因为如此，卢梭才会说："我要这样地服从法律：不论是我或任何人都不能摆脱法律的光荣的束缚。这是一种温和而有益的束缚，即使是最骄傲的人，也同样会驯顺地受这种束缚，因为他不是为了受任何其他的束缚而生的。"②在卢梭看来，人是生而平等的，人不应该受任何的束缚，除了法律的束缚之外；法律是为了保障个体自由的，是以"法律的荣光"使人的自由不至于违反"不干涉他人"的基本原则。因此，法律与人的自由是

① ［英］约翰·密尔：《论自由》，程崇华译，商务印书馆1996年版，第1页。
② ［法］卢梭：《论人类不平等的起源与基础》，李常山译，商务印书馆1994年版，第51页。

不相违背的，而是相辅相成的。正如洛克所言："法律的目的不是废除或限制自由，而是保护和扩大自由。这是因为在一切能够接受法律支配的人类的状态中，哪里没有法律，哪里就没有自由。"①孟德斯鸠则更直截了当地抓住了自由和法律关系的本质，他说，"自由是做一切法律所允许做的事情的权利"②。这是因为，一旦人突破了法律的界限去做法律所禁止的事情，那么他也就会危害到其他人的自由；同时，在这种情况下，其他人也同样可以突破法律界限去做违法的事情，最终导致每个人的自由都遭受损害。因而，归根结底，自由是人的个体性存在的重要特征，但是，这种自由本身是有界限的，个体的自由必须接受法律的约束和规范，人必须在法律限度之内来行使自身的自由权利。

人的个体性存在不仅源于人之为人的自由权利（法律限度之内的自由），还源于人的理性主体性的特质。哲学家康德曾强调指出了人作为理性主体的特殊属性，并由此也形成了他对于启蒙（Enlightenment）的深刻思考。启蒙是什么？在康德看来，启蒙事实上就是使人摆脱自己加诸自己的不成熟状态（康德也形象地称之为"受监护状态"）。他说，"启蒙就是使人从他咎由自取的受监护状态中走出来"③。为什么是咎由自取呢？因为这种"受监护状态"并不是因为人缺乏理智的能力，而是因为人缺乏运用自己理智的勇气和决心，从而最终导致自己只能处

①　［英］约翰·洛克：《政府论（下篇）》，瞿菊农、叶启芳译，商务印书馆1997年版，第36页。

②　［法］孟德斯鸠：《论法的精神（上）》，孙立坚、孙丕强、樊瑞庆译，陕西人民出版社2001年版，第182页。

③　［德］康德：《康德著作全集（第6卷）：纯然理性界限内的宗教、道德形而上学》，李秋零译，中国人民大学出版社2012年版，第40页。

于一种依赖于他人的状态，受限于他人，形成"人对人的依赖"，这也正是马克思所讲的古代专制社会中人与人关系的本质特征。康德试图通过还原人的理性主体性，凸显人的地位、彰显人作为主体的尊严与价值，并使人获得运用自己理性的勇气和决心。敢于运用自己的理性，人就敢于打破自己加诸自己的"镣铐"或者"受监护状态"，打破自己加诸自己的精神的、观念的、行动的枷锁，成为一个理性的主体人。这种理性的主体人，事实上把人、把人的理性置于前所未有的高度。当然，它在凸显人的地位、彰显人的理性的过程中，也带来了一个非常重要的结果，即把作为个体的人放在了一个至高的位置，从而为"个体人"或者说人的"个体性存在"打开了一扇巨大的窗户，使人以理性主体性来决定自己的生活。这种理性也就具有了"个体的"理性的特征，它使个体性存在获得了理性的基础，同时也使个体性的生存哲学获得了理性主义哲学的基石。

在康德哲学之后，西方现代哲学一直沿袭了这一理性主体性的哲学思路，把人视为理性的主体，人是理性的自我立法者，人之为人最终所依靠的是意志自律（Autonomie），而不是他律（Heteronomie）。意志自律是个体为自己立法的根源和依据，人的理性运用在很大程度上是基于个体的、自主的运用，因而近代以来所形成的启蒙观念也就逐渐转向了一种"个体理性"的观念，这种个体理性所支持的是人作为理性主体来选择、决定自己想要过的生活，它除了接受法律的约束之外，不受任何其他观念、其他个人或者社会的束缚。"理性只是个体的理性……普遍性的道德法则只是个人自由意志认定与选择的结果"①，从

---

① 陈嘉明：《个体理性与公共理性》，《哲学研究》2008 年第 6 期。

这个角度而言，康德哲学所凸显的事实上是一种个体自主的理性原则，这种个体的理性哲学及其思想观念体系也为整个西方现代性的个体主义理念（Individualism）奠定了思想的渊源和基础。在康德之后，无论是洛克、卢梭、孟德斯鸠，还是诺奇克、罗尔斯等人，也无论是古典自由主义、新自由主义，还是共和主义、社群主义等哲学阵营，虽然他们的思想观点存在着一定的差异性，但是在凸显人的个人主体性、彰显人的理性自由方面，几乎都是一致的。这彰显了人作为理性主体的"至高无上"的地位，极大地倡扬了个人自主自由的个体性存在。这种个体性存在对于肯定人的自由、尊重人的尊严、凸显人的相互不干涉状态等方面具有重要的作用。但是，个体性存在也带来了新的问题以及新的挑战，而这些问题的不断扩张乃至于膨胀也是当代人以及当代社会所不容忽视的。

　　个体性存在极易使人走向一种个人主体性、孤立性的生存方式，它割裂了人与他者、人与社会共同体的本然联系。在个体与他者的层面上，个体性存在缺乏一种他者性的视角。它没有把他者纳入自我的视野，用列维纳斯、比斯塔等人的话来说，在这种个体性的生存状态当中，他者是不存在的，甚至于他者是被隔离、被清除的对象。我的生存只要对自己负责，一切都是"为我的"，他者（一切不同于我的他人）只是实现"我"的利益的工具或手段。这种他者性视野的缺失，也就自然地导致人走向极端的利己主义、工具主义的误区，即为了自己的利益什么事都可以做，为了实现自己的利益可以把任何他人都当作工具和手段，而不顾他人的人格尊严。这种个体性的存在还会促使人们在自我和他者之间筑造起一座座"隔离墙""铁丝网"。比斯塔（Gert J.J. Biesta）认为，现代社会的一个非常严重的问题就在于，我们始终没有能够正视自我与他者的关系，他者并非是"后于我"而存在，事实上他者是"与我同在"的，甚至"先于我"而存在。① 从这个意义上来说，我始终与他者是在一起的，有了他者的存在，才有了我的存在；如果没有了他者，事实上也就没有了我。因而，我也对他者负有"无限的伦理责任"②。这种伦理责任要求我不是把他者看作是对立面、看作是敌人，而是要把他者视为我的伙伴，视为我们相伴相行的朋友。这才能避免个体性存在当中把他者视为对立者的观念，同时也才能避免同化他者的观念。我们不是要同化他者，不是要让他者变得跟我们一样，而是真正尊重他者的差异性，同时真正尊重和认可我与他者的共生共在性。

个体性存在也极易导致个体与社会的隔离，使个体脱离于社会共同体的生活，对社会公共生活以及公共事务呈现出愈发冷漠、疏离的心态。从西方现代性进程来看，尤其是在晚期现代性的景观当中，个体性存在已然造就了愈来愈多的"孤独的个体"，他们把社会公共责任视为自己所不应承担、也不能承担的重负，他们更倾向于把自己封闭于内心的孤独之中，不愿意主动参与社会共同体生活及其公共伦理实践。显然，这种以孤立、自我中心为特征的个体性存在并不能使人实现人之为人的根本价值，相反，正如查尔斯·泰勒（Charles Taylor）所指出的，它会使人"变得更加平庸而狭隘"③。因为，这种生活方式剥夺了人的生存的公共性维度，它使人缺乏对他人、对社会的基本的责任

---

① ［荷］格特·比斯塔：《超越人本主义教育：与他者共存》，杨超、冯娜译，北京师范大学出版社 2020 年版，第 52—53 页。

② ［荷］格特·比斯塔：《教育的美丽风险》，赵康译，北京师范大学出版社 2018 年版，第 31—32 页。

③ ［加］查尔斯·泰勒：《现代性之隐忧》，程炼译，中央编译出版社 2001 年版，第 5 页。

意识和关怀意识。人的存在价值本身并不是"个体性的"，它在很大程度上是"公共性的"。个人价值与社会价值始终是紧密联系在一起的，生存的价值和意义事实上存在于我们试图把自己放进一定的社会共同体生活当中，并在这种生活中来认同和实现自己。这种价值和意义获得不可能是纯粹的个体性的，它体现在各种社会关系之中，体现着人通过自身的自主自觉的意识和行动来实现对他人的关注与责任，来实现对共同体的精神归属与认同。因而，试图从社会性、公共性的存在状态中解放出来的个体人，并不能成为"真正的自己"，并不能实现自己的存在价值，纯粹的个体性存在只能让他（她）更加远离自己，远离人之为人的根本价值。

也正因为如此，在现代社会，人的存在不仅是一种个体性的存在，同时更是一种公共性的存在。个体性与公共性构成了人的存在的两个重要维度。对于现代人而言，这种公共性的存在是人在社会公共生活领域中的一种存在方式，这就正如阿伦特所言，如果一个人"像奴隶一样，不让他进入公共领域，或者像野蛮人那样不愿建立这样一个领域，那么他就不是一个完整的人"①。这种公共性的存在，是基于现代性社会发展的根本需要，也是人不断发展自身、完善自身的必然要求。人生活于人与人、人与群体所建构起来的公共生活当中，人需要具备公共理性的思维方式、公共价值的立场，这样才能更好地协调和处理人与人、人与社会的关系，才能真正满足自身的存在的本质需要。在康德的哲学理念中，他虽然强调了人作为立法者的个人主体性，但是，他事实上也注意到了人的公共性存在以及理性的公共运用。与启蒙哲

---

① ［美］汉娜·阿伦特：《人的条件》，竺乾威等译，上海人民出版社1999年版，第29页。

学家过度追求个体理性、个人自由乃至于导致单子式、孤岛式的个体性生存理念不同，康德哲学事实上不仅注重个体的理性、自由和自主的生存方式，倡导人之为人的基本自由、权利和尊严，同时，康德哲学也非常关注人的公共性生存、公共理性。这对我们探究西方现代性关于人以及人的生存的基本理念具有重要的启示意义。

康德说，"sapereaude! 要有勇气使用你自己的理智！"[①] 这种勇气不仅是在私人生活、私人事务中运用自己的理性的决心和勇气，同时也是在公共生活、公共事务中运用自己的理性的决心和勇气，即康德所言的"理性的公开运用"。康德的公共性思想在其晚年所著的《历史理性批判文集》中体现得最为明显。在该书中，康德虽然没有直接使用"公共性"（Öffentlichkeit）一词，但是他使用了另一名词形式的"公共性"（Publizität）来阐述自己的思想观点，同时还经常使用"公共的、公开的"（Öffentlich）来阐明理性的公共运用。康德不止一次地主张，"人必须有永远公开运用自己理性的自由，并且唯有它才能带来人类的启蒙"[②]。在康德看来，理性与公共性事实上是紧密相连的，人的理性不仅要进行私下的运用，同时也要进行"公开的运用"。因为，"私下运用自己的理性往往会被限制得很狭隘"[③]，即把人的理性能力限制在狭隘的个人事务、私人利益当中，使人遭受私人利益、私人视野的束缚，从而难以推动人更好地追求公共福祉，实现公共价值，最终也就无助

---

① ［德］康德：《答复这个问题："什么是启蒙运动？"》，载康德：《历史理性批判文集》，何兆武译，商务印书馆 1991 年版，第 22 页。

② ［德］康德：《答复这个问题："什么是启蒙运动？"》，载康德：《历史理性批判文集》，何兆武译，商务印书馆 1991 年版，第 24 页。

③ ［德］康德：《答复这个问题："什么是启蒙运动？"》，载康德：《历史理性批判文集》，何兆武译，商务印书馆 1991 年版，第 24 页。

于人的启蒙。与私人理性的运用不同，"理性的公开运用"强调的是理性的公共性的运用，它意味着人们是站在公共生活的基础上来思考公共事务、探索公共问题；能够公开运用自己理性的人，才是真正意义上的展现公共性存在的人，才是作为公众的人。

由此可见，康德哲学不仅阐扬了主体性哲学的精神理念，同时也推动了公共性哲学的探索。事实上，不仅是康德哲学注重人的个体性与公共性的并存，马克思主义哲学也非常重视人的公共性存在。马克思主义哲学批判了原子式、单子式的生存哲学及生活方式，认为人的存在是所有社会关系的总和。马克思认为，人始终是生存于社会共同体中的人，人无法脱离共同体而存在，"只有在共同体中，个人才能获得全面发展其才能的手段，也就是说，只有在共同体中才可能有个人自由"①。自由并非个体的放任妄为，自由归根结底是公共生活及公共规则基础上的自主选择及行动。马克思主义哲学一方面强调了人作为自由的个体的自主性、自觉性和能动性，认为人与动物的根本区别就在于人能使"自己的生命活动本身变成自己意志的和自己意识的对象"②，人能够认识自己、改造自己，最终超越自己而成为自己生命的主人，成为真正自由自觉的人。人的这种生命的自由自觉，归根结底是以社会生活（包括社会的物质生活、精神生活）为基础的，它不可能脱离社会生活而存在。人归根结底是社会中的人，社会是由人所组成的社会，人与社会之间所形成的是辩证统一的关系。因而，人不仅需要个性发展，同时还需要全面发展；人除了完成自己作为个体的使命，还要承担起国家、社会的公共使命，直至最终建立造福于全人类的共产主义社会。

---

① 《马克思恩格斯选集》第 1 卷，人民出版社 1995 年版，第 119 页。

② 《马克思恩格斯文集》第 1 卷，人民出版社 2009 年版，第 162 页。

这是马克思主义哲学对于人的社会性生存、公共性存在的集中阐述。

马克思主义哲学对于后来的哲学思想家，包括哈贝马斯、阿伦特等人的思想理论都产生了深远的影响。哈贝马斯、阿伦特均十分重视人的公共性存在，强调人不仅是作为"个人"而存在，而且是作为公共领域中的公众而存在；人在公共领域中的思考、批判以及行动等，不仅彰显了个体性生存的价值，同时也凸显了人的公共性存在的使命。由此可见，不论是从西方现代哲学来看，还是从马克思主义哲学出发，人作为公共生活中的存在者，人的公共性存在都得到了承认。尤其是伴随着现代公共领域的不断发展和壮大，人的公共性存在的属性也愈来愈彰显了出来。这也从另一方面说明了，立足于人的公共性存在，发展人的公共理性以及公共品格，是现代社会及现代道德教育的应有之义。

总而言之，人的存在具有双重属性，它是个体性存在与公共性存在的辩证统一。人的存在意义不仅在于追求个体性的存在价值，同时它还致力于追求社会的公共价值；通过个体价值的提升来更好地满足公共价值，并且以公共价值的满足来更好地实现个体生命以及个体价值向更高境界的升华。从个体性存在与公共性存在的辩证统一视角来看，一方面，我们需要进一步彰显人作为主体的生命自觉和道德自觉，促进人的个性、自主性的发展。我们需要进一步尊重人的差异性和独特性，比斯塔把它称之为"独一性"①，即每个人身上所展现出来的与他人不一样的地方。无论是社会生活还是教育活动，都应该避免通过僵化的、模式化的方式来对待人、来教育人。教育以及道德教育不应当有刻板的、千篇一律的要求，我们的社会以及教育活动不可能、也不

---

① ［荷］格特·比斯塔：《测量时代的好教育：伦理、政治和民主的维度》，张立平、韩亚菲译，北京师范大学出版社 2019 年版，第 82 页。

需要制造整齐划一、标准化的人。无论在何种情况之下，教育以及道德教育在价值导向上都应当不断促进个体价值的生成、个人权利的保障，应当彰显个人的生命价值，促进人的自我实现。另一方面，我们也要注重人的公共道德以及公共精神的培育，注重国家和社会的公共价值的传递。个体性与公共性的统一，意味着社会及其教育活动并非以个体性来压制公共性，或者以公共性来压制个体性。两者之间并非相互压制、相互排斥的关系，而是相互促进、相互成就的关系，即人的个体价值及生命自觉的提升，可以更好地促进人的公共价值及公共使命的达成，而通过公共价值和公共使命的达成，也可以反过来更好地提升个体生命的价值，实现人之自我超越。只有将个体性与公共性更好地统一在一起，教育以及道德教育才能更好地实现个体的生命价值及自由个性，同时也才能涵养和教化人的公共道德及公共精神，促进个体生命自觉与社会公共使命的有机统一，从而成为兼具个体性与公共性的道德人。

二、回归公共立场的道德教育思维

公共立场是道德教育基于公共性的思维逻辑及价值取向而形成的、超越个体化和特殊利益的立场。公共立场要求道德教育及其人格养成应立足公共生活、公共福祉，它体现了道德教育的本质、目的及意义的"公共性"的转向。"公共立场的教育学，即对教育和生活等各方面的共同问题和公共意义进行理解，这是超越简单或片面立场的教育学。"① 这种对公共问题以及公共意义的关注和理解，它与只是对个体以及狭隘的私人利益问题的理解不同，它有着对于更为广泛性、普遍性

---

① 金生鈜：《保卫教育的公共性》，福建教育出版社 2008 年版，第 289 页。

的公共福祉的深刻关切。事实上，不仅教育以及教育学如此，对于回归于公共立场的道德教育（道德教育是作为整体的教育理论体系及教育实践的重要组成部分），也同样如此。一切基于个体化、特殊性思维立场的道德教育，都不可能是公共立场的道德教育，也难以体现出对公共问题以及公共意义的深刻关注。因为，为了某个个体或者群体的特殊利益而开展的道德教育，它只会使自身成为个体或者群体的私益的工具或手段，它只能使自身变得偏狭而无法获得公共性的视野以及公共性的价值导向。回归于公共立场的道德教育，它显然不是基于私益立场，它超越于个体化的思维、超越于特殊性的立场，站在公共理性的角度来思索道德教育与心灵、道德教育与人格培养的问题，站在公共价值、公共福祉的立场来反思、理解和把握道德教育所需要承担的公共使命，所需要解决的公共问题。因此，回归于公共立场的道德教育思维，事实上也是一种规范性、应然性的思维，同时也是一种反思性的思维。它主要不是探寻道德教育之"所是"，而是探寻道德教育之"应是"，从而在应然的、规范性的角度来引导道德教育的公共性建构。它把道德教育引向对公共问题的反思与解决，引向对人的公共品格及精神的培养和教导，引向对整体性的公共福祉的追求和探索，从而通过公共立场的道德教育思维推动道德教育的发展。

　　公共立场的道德教育思维，它是超越于个体化、特殊性的思维立场的，它在空间性、价值性、主体性和目的性等方面具有区别于个体性立场的独特内涵。具体来说，一是从空间性的角度来看，公共立场的道德教育思维是"在特定空间范围内的人们来追求共同利益和价值"①

---

① 李友梅、肖瑛、黄晓春：《当代中国社会建设的公共性困境及其超越》，《中国社会科学》2012年第4期。

的一种独特思维。这种公共空间不能仅仅理解为单纯的物理空间，它还包含制度空间、精神与观念空间等空间维度。二是从价值性的角度来看，公共立场的道德教育思维虽然也关注人的个体价值的实现，但是它更关注的是社会的公共价值以及个体如何基于公共品格的完善来更好地促进社会的公共福祉；因而，公共立场的道德教育思维，它主张遵循社会公共领域中所要求的公共伦理原则，倡导人们在公共生活领域中坚持平等、公正、理性、法治、团结等，从而为人的公共品格成长提供公共价值的导向。三是从主体性的角度来看，公共立场的道德教育思维注重培育人的道德主体精神，使人成为道德意义上的主体人，但是这种主体人并非笛卡尔所谓的"我思故我在"的主体人，而是能够超越于个人利益和个人视野、具有公共性的自我实现立场的主体人。四是从目的性的角度来看，公共立场的道德教育思维，它所追求的是社会的公共福祉，或者也可以说是一种"公共善"（Public Good），它追求社会公共生活的共同福祉的不断优化和提升，并促进个体善与公共善的有机统一。具体而言，公共立场的道德教育思维，集中表现在以下几个方面：

（一）公共空间的立场

公共立场的道德教育思维，它首先需要立足于一种公共空间的思维立场。当然，我们不能从狭隘的角度来理解公共空间，即把公共空间仅仅理解为人们在其中聚集的物理空间，比如公共广场、演讲厅、咖啡馆、学术沙龙等。物理空间虽然是公共空间的重要组成部分，它为人们的公共生活提供了物质基础和空间保障，它是公共生活的物质性载体。但是，物理空间并非公共空间的全部。在教育活动中，公共空间还包含了在一定物质条件基础上的制度空间、教学空间以及日益盛行的新一代信息技术（大数据、云计算、人工智能等）所构成的虚拟空间。从这个意义上而言，公共空间立场的道德教育思维，需要兼具物理空间、制度空间、教学空间以及虚拟空间等不同层面的空间立场。

物理空间虽然并非公共空间的核心方面，但是也发挥着不可替代的作用。早期的资产阶级公共领域就是在一定的物理空间中发源的，这些空间包括了启蒙知识分子聚集于其中的咖啡馆、文人雅士举办的文学沙龙，以及兼具文化性、娱乐性、批判性等特征的剧场和政治舞台，等等。在物理空间中，人们聚集在一起成为"公众"，公共表达在不经意间传递，公众形象开始变得高大，公共舆论的力量也开始显现。在这些公共空间中，人们"在自由地表达和公布他们的意见的状态下处理普遍利益问题时，他们是作为一个公众来行动的"①。因此，回归公共立场的道德教育思维，需要注重物理空间的基础性作用。在现代社会以及现代教育中，物理的公共空间在催生和培育人们的公共意识的过程中发挥着重要的作用，现代社会所构筑的大量的公共广场、文化活动、学术沙龙、出版社、杂志社、科学研究与展示场所等，都为公共意见的表达和公共舆论的形成提供了多元的、开放的物理空间基础，同时也为人的公共品格及精神的培养提供了不可或缺的物质空间基础。这些物理空间在催生和衍化公共文化、公共思想的过程中发挥着重要的作用，以至于我们必须更加重视他们对于培育现代人的公共理性及公共品格的重要意义。

当然，在以大数据、人工智能等为代表的新一代信息技术不断兴

---

① Jurgen Habermas, *"the Public Sphere"*, *in the Rethinking Popular Culture: Contemporary Perspectives in Cultural Studies*, Chandra Mukerji & Michael Schudson(eds.), University of California Press, 1991, p.398.

起的背景下，与物理空间相对的另一个空间形态也显得越来越重要，它就是虚拟空间。虚拟空间为人类的交流和生活提供了更加便捷的、超越时空限制的方式，虚拟的信息技术"正以惊人的速度改变着人们的生活方式和学习方式"①，它也正在改变着整个社会的公共生活格局以及每一个"在线公众"的生活方式及价值选择。在信息社会之前，人们的公共领域是以实体性的物理空间为根基的，公共性的沙龙、研讨、对话等往往都是以一定的物理空间为前提和载体的。但是，20世纪中叶以来，伴随着信息技术、人工智能技术的飞速发展，虚拟性的公共空间已经遍布全球每一个角落。因此，回归于公共立场的道德教育思维，也需要重新塑造自身的空间思维，不仅要聚焦于物理性、实体性的空间建构，同时也要有一种超时空的虚拟空间建构意识，抓住虚拟空间的即时性、便捷性、脱域性、超时空性、全球覆盖性等特点来改造和重建道德教育的体系。当然，我们也要保持这样一种思维，即在人类公共领域的发展当中完全摆脱物理空间而走向虚拟化的公共空间，既是不必要的，也是不可能的。虚拟信息技术带来了超越于一般性的物理空间的"虚拟空间"，但是虚拟空间的"虚"始终是与物理空间的"实"紧密结合的。人们不可能只过着"虚拟的"生活，而完全脱离于"实体的"生活。因此，在新一代信息技术的发展图景中，更可能的场景是人的生活和教育、道德教育将更紧密地结合物理空间和虚拟空间的双重特性，来实现人的人格、精神及价值观念的培养，而非仅仅依靠单一空间来完成道德教育的使命。

　　教学空间的公共思维也是道德教育公共思维的重要维度。教学

---

　　① 项贤明、冯建军、柳海民：《教育学原理》，高等教育出版社2019年版，第56页。

空间当中集聚了课程、教材、教师、学生等诸多教育基本要素。课程知识的教学、实践活动的建构以及贯穿教学全过程的师生交往等，都在教学空间中得以充分展现，并且深刻地影响到学生的道德人格发展。教学空间的公共思维，集中体现在以下几个方面：一是师生交往的公共性思维。正如杜威（John Dewey）所说，"社会生活在本质上就是一种交往生活，一切形式的交往生活都是具有教育意义的，因而也可以说社会生活本身就具有教育性"[Not only is social life identical with communication, but all communication (and hence all genuine social life) is educative]①。对于道德教育而言，师生交往不仅是教师与学生之间的一种人际交往，它还是一种价值交往，它传递着共同的意识、观念和价值理念，在教师与学生之间形成着共同感的道德观念和价值理想，这才是师生交往当中最为核心的内容。因此，师生交往的公共思维，可以使我们的整个教学回归于教师与学生的公共性的交往生活，并在这种交往生活中充分地传递公正、平等、尊重、责任等公共价值理念。二是知识传递的公共性思维。教学空间是以课程教材中的知识内容为重要载体的空间，教学的主要任务是对这些知识内容和信息经验的传递。教学中的知识传递使得教师和学生可以在交互性的学习、内化、反思和批判等活动中传递信息、经验和知识，从而形成了知识、经验的教与学的活动。这种知识的传递和学习是对人类所形成的共同经验、共同文化的传承，它构成了一种普遍性的、公共性的知识交往，在形成人们的知识共同体、传递人们的共同经验的过程中，促进了人们的文化共同体的生成，乃至于在更高的层面上形成了人类的文明共同体。

---

① John Dewey, *Democracy And Education*, Southern Illinois University Press, 1980, p.8.

我们需要从这样的高度来理解知识传递的公共性思维，并促进教育以及道德教育更好地回归于这种公共性的视角。三是实践行动的空间。教学不仅包含了师生交往和知识传递，同时它通过一系列的实践活动的创设和建构，为学生的品格成长提供实践的基础。在教育生活中，这种实践行动包括了课堂教学中的各种形式的实践行动，比如课堂中的研讨活动、游戏活动、展示活动等，同时，它还包含了以促进学生品格成长为目的的各种类型的、校外的社会实践活动，包括志愿者活动、公益慈善活动等一系列的实践活动。这些实践行动构成了教学空间中的重要组成部分，它们通过实践来促进教育以及道德教育目标的达成。

制度空间也是人生活其中的重要空间。虽然它并不如物理空间那样具有"实在性"，但是制度空间为每一个人的公共生活及私人生活提供了制度体系的保障和支撑。可以说，制度不仅提供了人们生活的一整套的规则体系，同时它还通过这一整套的规则体系塑造着人们的生活方式。人的公共性存在、道德教育的公共立场，需要通过制度空间来加以维护和完善。简要而言，与道德教育息息相关的制度空间包括如下几个方面：一是法理规范的制度空间，它对道德主体提出了法律的底线性要求，同时以法律的强制性来要求每个人的遵守和执行，从而形成依法治理的教育制度体系，这对人的公共空间以及公共生活形成了最为基础性的法律制度保障。事实上法律也是基于人们的道德共识而建构的，道德共识上升为国家意志就构成了法律。在教育以及道德教育活动中，《中华人民共和国教育法》《中华人民共和国义务教育法》《中华人民共和国教师法》等法律规范，事实上为教师以及学生在公共空间中的教育行为以及学习行为提供了法律的制度空间，形成了法律制度基础上的公共空间基础。二是学校管理的制度空间。学校中的一系列管理制度，比如课程制度、教学制度、日常行为规范制度等，为教师和学生的公共生活提供了一系列的、基于学校管理制度的基础。这些制度规范也构成了教师和学生生活其中的制度空间。教育以及道德教育要充分关注这些制度规范及其所构成的制度空间，并使制度空间能够真正体现出民主、平等、法治、公正等公共价值原则，从而不断提升制度的育人功效，在良好的制度公共空间中促进人的公共道德以及公共精神的培育。

（二）公共价值的立场

公共立场的道德教育思维，需要更加重视公共价值的导向，需以公共价值为旨归、坚持公共价值的立场来引导人的公共道德成长。"公共价值是引导人们的公共生活的价值，它不是个人自我决定的，而是一种普遍共享的价值。"[①] 人们所生活于其中的生活领域，可以分为私人生活领域和公共生活领域；人们在私人生活领域中所应当遵循的、能够促进个人生活的价值可以称之为个体价值（Individual values），而人们在公共生活中所应当遵循的、能够促进人们的公共福祉的价值则可以称之为公共价值（Public values）。公共价值是社会公共生活的产物，它导源于人们在处理社会公共事务、协调公共交往关系、追求公共利益的满足等过程中所形成的价值取向。因此，公共价值并非个体自决的结果，而主要是社会公众在公共性的协商、对话、选择中而形成的价值共识。因此，如果说，"个体价值"是协调人与人之间的私人交往、私人生活的价值，那么"公共价值"则是协调人与人之间的公共交往、公共生活的价值，它是人们基于社会公共生活的需要，为了追求公共

---

① 金生鈜：《公共价值教育何以必要》，《华中师范大学学报（社会科学版）》2010 年第 4 期。

福祉而形成的价值。

显然，道德教育所应坚持的价值导向、所应立足的价值立场，不仅是个体价值的立场，同时也应当是公共价值的立场。道德教育的个体价值立场，是为了更好地促进个体的德性品质成长、促进个体的自由个性以及自我实现；而道德教育的公共价值立场，则是为了更好地促进人们的公共品格以及公共精神的发展，使人们成长为负责任的、有担当的社会公民。对于新时代的德育工作以及人格培养工作而言，不仅需要促进个体德性成长的个体价值立场，同时也越来越需要促进人的公共品格及精神成长的公共价值立场。回归公共价值的立场，是当前道德教育不断提升人的公共品格的重要基础。

坚持公共价值立场的道德教育，需要鼓励受教育者去深刻理解和体验社会公共生活中那些最为基本、也最为重要的公共价值，包括平等、公正、民主、尊重、责任、宽容、关怀、合作，等等。这些公共价值是推动个体更好地参与社会公共生活、协商解决公共事务、追求公共福祉的重要价值基础。道德教育需要把这些公共价值传递给受教育者，以促进它们对于这些公共价值的深刻理解、内化以及在社会实践活动中去践履。为了更好地完成公共价值的有效传递，道德教育要为受教育者更好地理解和体验这些公共价值创设良好的教育空间和学习环境，在课堂教学以及日常生活中倡导和建构基于平等、民主、公正、尊重等公共价值的公共生活空间，使公共价值的学习更好地成为生活性、体验性、情境性的学习，最终通过公共生活与道德教育的紧密结合，来更好地实现公共价值的培育。基于此，道德教育能够更好地对人的公共性存在以及人的公共生活做出积极的回应，这样也才能更好地引导受教育者理解、体验、践履自身的公共权利和公共责任，从而在学校生活和社会生活中能够更好地适应公共生活领域及其公共伦理准则的要求，从而成为公共生活中的成熟的道德主体。

坚持公共价值立场的道德教育，还需要把公共价值背后的公共理性精神和协商对话精神等传递给受教育者，"使受教育者充分认识到这些公共价值是人类的公共理性的结晶，是维护人类社会的公共秩序所必需的理性原则"①。公共价值不是经由强制、灌输或者个人自决而得出的，而是人们在公共生活中基于理性的协商、对话等原则，经由对话、选择、判断以及共识生产等过程而形成的价值，它体现着公共领域的发展以及人们在公共生活中的公共需要。公共价值在维系人与人之间的公共交往关系、促进人们的公共福祉的发展中具有重要的作用。因此，回归于公共价值立场的道德教育，需要重视这种公共理性精神、协商对话精神等的培育。通过这种理性精神和协商精神的培育，才能使受教育者在更深的层面上理解和领悟公共价值的精髓，也才能真正理解公共价值之于人的生活的重要意义，并且在内心深处真正肯定和认可这些公共价值。这样，人们对于公共价值的坚持和践履才不是出于"外在的"要求或强制，而是基于"内在的"认同和内化，这也是培育公共生活领域中理性的道德人、公共人的必要途径。

（三）公共性的自我实现立场

回归公共立场的道德教育思维，并非不关注自我、不关注个人，事实上它也关注个体的生命自觉，关注个体的自我超越。当然，公共立场的道德教育，它所追求的自我超越不仅仅是个体性的自我超越（追求个人自身的个体生命意义及价值），而事实上它还包含着一种公共性

---

① 叶飞：《当代道德教育的三重理性向度》，《南京社会科学》2019年第7期。

的自我超越维度，即将个体生命、个体人生的意义融于国家、社会和共同体的公共福祉当中，从而追求超越于个体之上的共同体的公共福祉，同时最终也更好地实现自身的生命意义的满足，从而形成一种基于公共立场的人之自我超越。

倡扬公共性的自我超越立场的道德教育，需要推动个体在追求自身的个体生命意义的过程中，深刻思考作为个体的自我和作为共同体的国家、社会的内在联系，在促进个体的生命自觉及生命成长的过程中，也促进人的公共性的自我实现。个体生命意义的满足与国家、社会的公共使命担当，这两者之间并不是相互对立的关系，而是相辅相成、相互促进的关系。

心理学家马斯洛（Abraham H. Maslow）在《动机与人格》一书中提出，自我实现植根于人的生存本性，无论承认与否，每一个人的内心世界中都潜藏着自我实现的动能，它是"人性不断完善自身的需要"①。精神分析学家阿德勒（Alfred Adler）也曾把人的自我实现理解为"人在面对自身缺陷时的一种追求卓越和升华"②。不论是马斯洛还是阿德勒的思想，都在一定意义上凸显了西方主体性哲学对人的自我超越的理解。显然，他们更多的是从个体自我的超越来理解人的超越性追求，他们把自我超越主要定位为个体性的，是个体跨越自身的各类障碍，包括身体的、精神的障碍（比如阿德勒所言的超越个人的身体残疾），或者个体通过自身坚韧的精神、顽强的品格以及超强的个人能

---

① ［美］亚伯拉罕·马斯洛：《动机与人格》，许金声译，中国人民大学出版社2012年版，第178页。

② ［奥］阿尔弗雷德·阿德勒：《生命对你意味着什么》，周朗译，国际文化出版公司2000年版，第51页。

力而实现自我的价值（比如马斯洛所谈的个人达到事业巅峰的巅峰体验），这种自我超越代表了主体性哲学在心理学、道德人格领域的一种重要特征。

但是，人的自我超越，事实上并非全然是个体自我的超越。恰恰相反，人的自我超越与人的公共使命、社会的公共福祉往往是紧密结合在一起的。正如歌德创作的经典长篇诗歌《浮士德》中的男主角浮士德一样，他在不断地追求个人价值的实现以及个体的利益、金钱和权力的过程当中，并没有感觉到精神的满足和生命意义的实现，反而深深地陷入了无意义感的空虚。但是，当浮士德通过围海造田，为那些饥肠辘辘、衣衫褴褛、生活无着的穷苦百姓们带来福音，为社会带来公共福祉的时候，他才第一次感觉到了自我实现，才有了超越个体的小我而服务于社会大我的意义感和价值感，最终他也完成了和魔鬼梅菲斯特的契约，带着意义感和幸福感而离开了人世。在浮士德的身上，实际蕴含了一种公共性的自我超越的精神，它给我们带来的重要启示便是，人事实上具有超越于个体生存的公共使命，这种公共使命的满足带来了人性的升华，它是人之为人的道德精神的重要方面。

当然，公共性的自我超越并不否定人的个性需要、不否定人的个体价值，而是强调要更加重视个体与社会、个体价值与公共价值的和谐共融，通过践履公共价值、担当公共使命来更好地实现人的自我超越，实现个体生命自觉与社会公共使命的有机统一。这就要求道德教育一方面要引导个体的生命自由及价值自主选择，遵循人的个性需要和超越自我的愿望，使人成为更加具有自主性、创造性的道德主体。另一方面，道德教育也要引导人们在公共生活领域、公共使命担当中实现自我超越，即超越于人的个体性、特殊性的存在，去寻找在国家

和社会的共同体生活中实现自身的生命意义。"人之自我超越，归根到
底就是每个人对他自己既有生活意义的超越。自我超越的问题，就其
本质而言是一个怎样使自己活得更有价值、更有意义的问题。"① 而人
的价值和意义的获得，并非只是通过人自身而实现的，归根结底它需
要通过人与他人、人与群体、人与社会的关系来实现。道德教育要引
导人过一种更有价值、更有意义的生活，这种生活显然不只是个体性
的生活，因为个体性的生活会使人陷入狭隘的个体利益视野，而缺乏
一种有担当、负责任的公共精神。促进人的公共性的自我实现，道德
教育要引导人的公共担当，使人的自我实现与国家、社会的公共福祉
紧密地结合在一起。公共性的自我实现，事实上就是促进人的公共价
值与个体价值的有机融合，它体现着人的公共性存在与个体性存在的
辩证统一，最终使人成为能够更好地担当国家和社会的公共使命的公
共人。

（四）追求公共善的立场

古希腊哲学家亚里士多德曾提出了公共善和个体善的重要区分。
在亚里士多德看来，如果说个体善是个人的灵魂的幸福和德性的善②，
它所体现的是个人的利益、快乐或者幸福，那么公共善则是城邦或者
共同体的公共生活的善，它所展现的是城邦共同体的公共福祉。当然，
公共善也不是个体善的简单的总和或相加，而主要是体现为城邦共同
体所一致认可的善，是对城邦共同体的公共福祉的全面的、理性的探
索和追求。同时，公共善与个体善也不是对立的关系，"公共善是对公

---

① 鲁洁：《道德教育的期待：人之自我超越》，《高等教育研究》2008 年第 9 期。
② ［古希腊］亚里士多德：《尼各马科伦理学》，苗力田译，中国人民大学出版社 2003 年版，第 13 页。

共利益追求的体现，但它不是与个体善相对立的另一种善，而是一种均衡妥当的各方都可以接受的合理选择"①。公共善与个体善之间可以形成一种有机统一的关系，两者可以相互促进彼此的提升，实现相辅相成、相互成就。近现代哲学家进一步探索了公共善的重要价值。康德在谈到启蒙理性的时候，强调人们要开展"理性的公开运用"。理性的公开运用事实上也就是要求人们站在公共利益——在某种意义上说也是公共善——的角度来思考问题，从而超越私人利益或者纯粹的个体善的束缚，使人成为道德意义上的公共人，追求国家和社会公共生活中的公共善，在最高的意义上则可以把人培养成为"世界公民"（Weltbürger）。② 作为当代最著名的政治哲学家之一，罗尔斯（John Rawls）在《政治自由主义》一书中也指出，政治生活的核心目标是追求"公共的善和根本性的正义"③，他强调人们应当以正义的基本理念为基础（因为正义是社会制度及社会生活的首要的善），建构一种持久的、稳定的合作体系来展开公共事务的共同治理，追求可预期的公共福祉。

　　因此，回归于公共立场的道德教育，体现着道德教育对公共善的追寻，同时也体现了公共善与个体善的辩证统一哲学。道德教育不仅是促进个体自我实现的事业，同时也担当国家和社会使命的公共事业，它是对国家和社会公共福祉（公共善）的深切关注，也是对人的公共性存在的积极回应。对道德教育而言，漠视国家和社会的公共善，抛

---

① 周国文：《公共善、宽容与平等：和谐社会的伦理基础》，《社会科学辑刊》2010 年第 5 期。
② ［德］康德：《世界公民观点之下的普遍历史观念》，载康德：《历史理性批判文集》，何兆武译，商务印书馆 1991 年版，第 2 页。
③ ［美］约翰·罗尔斯：《政治自由主义》，万俊人译，译林出版社 2011 年版，第 196—197 页。

开人的公共性存在，是不合理的，也是不可能的。当代社会的公共生
活领域在不断发育和壮大，人们的公共生活空间也在不断拓展，人作
为一种公共性存在的根本属性也日益凸显。因此，道德教育对于人的
培养，不仅是为了提升人的个体善，提升人的个体的认知及道德的素
养，同时它也是为国家和社会公共生活培养优秀公民，是在公共生活
领域不断扩大背景下来促进人的公共品格及精神的发展。在此种背景
下，道德教育不仅要培养人的个体善性，使人获得内在的德性以及幸
福，达到个体生活中的"德福一致"；同时，基于新的时代背景的需要，
道德教育还应着力培养人们在公共生活中的公共德性，使人更好地去
追求国家、社会的公共善。因此，回归于公共立场的道德教育，它事
实上是为了更好地实现个体善与公共善的统一，从而把走向孤立化的
现代人重新团结起来，形成个体与他人、个体与社会、个体与国家的
和谐关系，来更好地追求国家和社会的公共善。这种对公共善的追求，
本身并不违背人的本性，因为它是在人的公共性存在的本质属性上生
发出来的，它可以促使人们真正理解自身与国家、社会共同体的内在
联系。通过对公共善的追求，个体可以更好地摆脱个体主义哲学的立
场，把自身融入共同体生活当中，积极投入国家和社会的公共建设。
这可以使人们在国家和社会的公共生活基础上更透彻地领悟自身作为
道德主体的权利与义务，从而真正成为具有个体善与公共善双重意识
的道德人。

　　道德教育回归于公共立场，事实上也就是要把人从个体化、私己
化、特殊化的利益束缚中解放出来，使人能够从公共性的角度来思考
社会公共责任、公共事务治理等问题。在公共性的立场中，人们可以
在很大程度上抛开私人情感、利益和关系等的束缚，把个人自觉地融

人公共政策、公共问题等的公共交往实践中。这种公共交往实践不是以私人利益为目标，而是以社会公益为目标，它所形成的是公共性的关怀意识和理性精神，并通过人的公共性的观念、精神及行动来实现公共福祉。诺丁斯（Nel Noddings）曾提出道德教育要使人始终对他者和社会保持一种"Consideration"（关怀）的意识和精神[①]，这是一种对共同体生活及公共福祉的关心、思虑的精神。关怀品质不仅是人与人之间的相互关怀，同时它也是人对共同体生活、公共社会的一种公共关怀。道德教育回归于公共立场，它推动人们站在更为广阔的公共视野来看待公共问题，并深刻地意识到自身在公共社会中所应承担的义务和责任，意识到自身对于实现社会的公共善所应当承担的公共使命。这种使命感是超越个体性的，它具有公共性的内涵及特质。通过对于公共善的追求和探寻，个体不断养成和发展自身的公共人的品质，包括公共的理性、德性及关怀精神等特质，从而成为具有公共责任意识、能够关怀共同体利益、关心国家和社会公共福祉的公共人。这也正是新时代国家发展和社会建设所需要的一种重要的人格特质。

三、培育公共人，彰显新时代德育发展诉求

德育是国家和社会的一项重要公共事业，德育工作肩负着实现国家教育战略、培养时代新人的重要使命。在新时代的背景下，德育不仅需要提升人的道德主体精神、促进人的自我实现，同时还需要培育人的公共责任意识、公共道德理念以及公共参与精神等。从这个角度而言，新时代德育需要对人的公共性存在做出积极回应，并致力于培

---

① ［美］内尔·诺丁斯：《学会关心——教育的另一种模式》，于天龙译，教育科学出版社2003年版，第3—5页。

养能够担当国家和社会公共使命的公共人。我们这里所谓的"公共人"，简要而言就是指具有公共理性能力、公共德性品质以及公共担当精神的人，它是孕育于现代公共生活领域的一种独特的人格类型，它与"个体人"具有显著的差异。如果说"个体人"是"为自己而活"[①]的人，是以个体私利为中心而展开价值选择、人生选择的人，那么"公共人"则可以说是具有强烈的公共理性意识、公共德性品质以及公共关怀精神的人，他们把自我与他者、自我与社会、自我与国家紧密地结合在一起，自觉地担当国家的使命与社会的责任。因此，从这个角度而言，培育公共人彰显了新时代德育发展的新诉求，它在促进国家富强、民族振兴的过程中发挥着基础性的作用。

（一）新时代德育要积极回应人的公共性存在

人的公共性存在，体现着人与人、人与社会、人与国家以及人与世界等多维度的重要关系。在新的历史时期，人的生存方式已经发生了根本性的转变。一方面，伴随着现代性社会以及现代公共领域的不断发展，人越来越脱离了传统社会的血缘关系、地缘关系以及业缘关系，人与人之间蕴含着传统的脉脉温情的"亲密"关系开始解体，人们的生存及交往关系越来越成为一种公共交往，它要求人们更好地遵循公共性的价值原则、伦理原则。另一方面，人与人之间的生存及交往关系在国家、社会乃至于世界性的公共事务中又变得更加紧密，人们或者说整个人类，事实上已然面临着一系列共同的公共问题，比如空气污染问题、全球变暖问题、食品安全问题、和平与发展问题，等等。人们的生存已经紧密交织在了一起，它是一种公共性的生存方式，

---

① ［德］乌尔里希·贝克、［德］伊丽莎白·贝克－格恩斯海姆：《个体化》，李荣山、范譞、张惠强译，北京大学出版社 2011 年版，第 26 页。

需要人们遵循公共性的基本原则来共同探讨国家、社会乃至于全球的公共事务，形成真正意义上的人类命运共同体，促进公共福祉的提升。因此，在这样一个全新的时代背景下，德育要对国家、社会乃至于整个人类世界所面临的公共问题做出积极的回应。

虽然现代社会已逐渐摆脱了传统的血缘、地缘等关系的束缚，但是，人与人之间依然需要形成紧密的共同体关系，面对共同的问题来寻找解决问题的有效方式。伴随着现代公共领域的发展，虽然人与人之间可能是陌生的，但是在面对社会的公共问题、追求公共福祉的过程中，我们仍然是"亲密的朋友"，是共同体的有机成员。人与人之间的团结和合作，不再主要是基于血缘关系、情感关系，而是基于公共性的伦理以及作为公共人的责任感、使命感。新时代德育要不断促进人的这种国家、社会的责任意识、关怀精神等的成长，使人们能够彼此团结在一起共同解决问题，追求公共的利益。同时，在全球化的背景下，人既是国家、社会的公民，同时作为人类命运共同体的一员，人又是世界（人类命运共同体）的公民。新时代德育要促进人们深刻意识到自身既是作为自己，又是国家的公民，同时也是人类命运共同体中的一员，承担起全球社会的公共责任，形成以人类命运共同体理念为基础的全球公民身份认同。因此，新时代德育一方面是要使人们担当起国家使命、社会责任，在促进中华民族伟大复兴的过程中发挥出重要的作用，同时也要促进人们的全球责任意识、全球治理意识等的不断发展。作为人类命运共同体中的有机成员，人们需要更清醒地意识到全球所面临的公共危机及挑战，必须更加清晰地意识到自身所肩负的责任和使命。新时代的德育工作，要使人们能够"站在一种更具有普遍联系且更具可持续发展的世界观上重新审视公民的权利和义务关系"①。在此基础上，德育才能更好地形成一种国家公民、全球公民的担当意识，在人类命运共同体理念的指引下培养能够担当公共责任的道德主体，从而为国家以及全球社会做出更大的贡献。

（二）新时代德育要有效促进德育工作的使命转换

新时代德育需要实现自身的使命转换，它不仅需要承担个体成人的使命，同时还要承担人的公共品格完善发展的使命。两者在新时代德育工作中缺一不可。一方面，新时代德育承担着个体成人的使命，它致力于促进个体的生命自觉，追求个体生命意义的满足，实现个体的生命价值。正如康德所言，一切形式的教育（包括德育），最终目的都是使人成为人，也即是实现人之为人的本质需要，提升人的生命自觉及生命意义。这是新时代德育所需要肩负的重要使命。但是，另一方面，新时代德育也需要注重自身的使命转换，要促进人的公共使命的达成。事实上，道德教育要使人成为人，不仅是使人成为私人生活中的具有良善德性的人，同时也是使人成为公共生活领域中的具有良好公共品格的公共人。

对于新时代德育而言，个体的自由、个性以及生命自觉是需要着重培养的重要方面，同时，在日益成熟和扩大的公共生活领域当中，人们的公共生活日益丰富，人们所需要遵循的公共道德及伦理原则也日益完善，这也就意味着教育以及道德教育一定要关注这种生活领域、生活方式的拓展和变化，在培养具有良好的个人德性的同时，注重培养人的公共品质及公共精神，使人成为能够在公共生活领域中遵循公共道德、追求公共福祉的公共人，从而达至自身的道德品格的完善发

---

① 曾妮、班建武：《生态公民的内涵及其培育》，《教育学报》2015 年第 3 期。

展。因此，新时代的道德教育面临着一种使命转换，即道德教育不仅需要实现个体成人的使命，同时也需要承担起更多的国家和社会的公共使命，使人们能够更好地担当国家发展和社会建设的重任。通过这种使命转换，道德教育才能真正使人成为人，在提升人的生命价值和自我实现的同时促进国家和社会使命的担当，最终实现个体生命自觉和公共使命担当的和谐共融。

（三）新时代德育要深入培育公共性的人格特质

公共性的人格特质是新时代德育需要培养的重要人格特质，当然这种人格特质并非排他性的人格特质，它是现代人格特质中的"公共性"维度。党的十九大、二十大报告明确提出，我们要打造共建共治共享的社会治理新格局，要推进政府负责、社会协同、公众参与、法治保障的社会治理体制的建设。2019 年，中共中央、国务院印发了《新时代公民道德建设实施纲要》，也明确提出了要深入实施公民道德建设工程，"着力增强人们的法治意识、公共意识、规则意识、责任意识"。这种公共生活中的法治意识、公共意识、规则意识、责任意识，无疑是公共人所具备的核心道德意识，它们也构成了公共性的道德人格品质的核心组成部分。这是新时代社会发展以及德育发展中的新变化、新要求。

不论是新时代的社会治理格局的变化还是公民道德建设工程的推进，都需要道德教育更好地培养人的公共道德、公共精神以及公共行动能力。如果公众不具备协同参与的能力，具备法治意识、公共意识、规则意识、责任意识等，那么新时代的共建共治共享的社会治理格局就很难有效地建构，而国家治理体系与治理能力的转型也会缺乏稳固的人格基础。因此，从新时代的社会发展背景出发，培养具有公共规则意识、公共道德素养以及民主法治意识的公共人，是德育所应肩负的至关重要的国家使命和社会使命。作为国家发展以及社会建设的重要部分，德育工作应积极地承担这一重要使命，围绕自由、平等、公正、法治以及爱国、敬业、诚信、友善等社会主义核心价值观来展开公共性的人格品质的教育，促进年轻一代人的公共规则意识、公共道德品质以及民主法治精神的全面成长，为社会主义民主法治国家的建设培养具有优良的道德品格及公共精神的公共人。显然，这是新时代的社会发展和教育转型所需要承担的重要任务，也是新时代德育所应当肩负的重要使命。

第一章　现代性社会与个体人的生产

现代性作为一个区别于传统性的概念，它意味着一种崭新的精神意识、观念形态及生活方式。安东尼·吉登斯（Anthony Giddens）认为，现代性是伴随着欧洲的启蒙运动而产生的，它"主要指称在后封建的欧洲所建立、并在 20 世纪日益成为具有世界历史性影响的行为制度与模式"①。从这个意义上而言，"现代性"与"工业社会""资本主义社会"相等同，它在时间维度上指称在封建传统性之后所建立起来的一种新的"后传统的秩序"②，它意味着与传统的一种"断裂"；在空间维度上，现代性意味着逐步建立起跨越国家、民族的全球化格局，促进跨国企业、全球化商品经济的发展以及世界性的市场体系的建设；在个体生活的维度上，现代性确立了西方社会以"个人"（Individual）为核心的价值观念体系及生活方式，即个人可以基于自身的理性主体性来思考和选择自己想要过的生活。哈贝马斯认为，现代性是用一种新的模式和标准来替代传统的模式和标准，它彰显了人的自由，并使这种自由成为整个社会运行的基本原则。这种对自由的无限的推崇，一方面提升了个人的尊严、价值与权利，有助于在"后传统的秩序"中捍卫

---

① 陈嘉明：《现代性与后现代性十五讲》，北京大学出版社 2006 年版，第 4 页。
② ［英］安东尼·吉登斯：《现代性的后果》，田禾译，译林出版社 2000 年版，第 3 页。

社会的正义、民主；但是，从另一个层面而言，它也会带来以自我为中心、以私己利益为中心的个体主义、自我主义观念的泛滥，它在成就人的自由的同时，也极易使人陷入个体化的生存状态，而"个体人"（Individual person）也就诞生在了这里。

个体人既确证了现代性的自由，同时也带来了现代性的"孤独"，现代性与个体人的孕育和发展有着紧密的联系。正如乌尔里希·贝克（Ulrich Beck）所指出，"现代性一方面意味着传统确定性的消解；另一方面，假如我们足够幸运的话，这种确定性将会被法律认可的、遍及所有人的个体主义所取代。"①这表明了，现代性意味着一种消解、一种断裂，它使人们与传统的确定性的文化、价值观念及生活方式出现了巨大裂痕，它使得一切稳固的东西都迎来消解而变成"流动"的东西。正因为如此，齐格蒙特·鲍曼（Zygmunt Bauman）不止一次地指出，现代性是一个流动的社会，之所以说它是流动的，乃在于它溶解了一切我们所认为的稳固的（或者固态的）价值观念、知识体系、生活方式，溶解了我们的信仰，"'溶解所有固态'从一开始就一直是现代生活形态固有的根本特点"②。同时，现代性还意味着一种抛离，它把人们从传统的秩序及文化中抛离，它也把我们从社群生活、共同体生活中抛离。吉登斯认为，"现代性以前所未有的方式，把我们抛离了所有类型的社会秩序的轨道，从而形成了其生活形态"③。通过这种抛离，现代性不断使人进入崭新的世界，使人成为现代脱域机制中的个体人。现代性的

① ［德］乌尔里希·贝克、［德］伊丽莎白·贝克－格恩斯海姆：《个体化》，李荣山、范譞、张惠强译，北京大学出版社 2011 年版，第 180 页。
② ［英］齐格蒙特·鲍曼：《流动世界中的文化》，戎林海、季传峰译，江苏教育出版社 2014 年版，第 6 页。
③ ［英］安东尼·吉登斯：《现代性的后果》，田禾译，译林出版社 2000 年版，第 4 页。

精神意识及价值观念体系不断促进了个体人的生产，它在带来人的自由、个性和独立的同时，也带来了人与人、人与共同体之间的疏离、分裂和冷漠。正因为如此，如何重新塑造现代性的精神意识及价值理念，如何把人从现代性的抛离状态中解放出来，使人的公共品格及公共精神得以复归，显然已经成为当代社会以及当代道德教育的重要议题。

第一节　个体人的诞生：西方学者的视角

西方近现代哲学是一种主体性哲学和意识哲学，它凸显了人的理性主体性，彰显了人之为人的自由和权利。在康德哲学中，这种理性主体性表现为"要敢于运用自己的理性""人为自己立法"等思想观点，他要求人成为自由自觉、独立自主的人。这种对个人自由和理性主体性的推崇，在洛克、卢梭以及罗尔斯、诺奇克等人的哲学思想体系中得到了进一步的发展，并成为西方自由主义思想的核心理念。在西方社会，这种自由理念把个人的自由、财产等置于至高无上的地位，在一定意义上个人与国家、个人与社会甚至可以处于一种抗衡乃至于对抗的状态。因而，为了更好地捍卫个人的自由权利，政府就有必要成为"最弱意义上的政府"，政府不得以任何形式或出于任何其他目的来干涉公民的自由。可以说，这正是启蒙现代性所形成的自由主义传统及政治哲学体系的核心理念，这种理念在推动人从传统秩序中获得解放的同时，也推动了整个西方社会的个体化进程，并使得"个体主义"（Individualism）思想不断产生乃至于膨胀。这虽然在近现代社会扩大人的自由和解放的过程中立下了"汗马功劳"，但是它也使得个体与他者、共同体、国家逐渐走向了分化、分离，并且使得以保护个人的自

由和权利为基本特征的"个体主义"逐渐转向了以自我利益为中心的
"自我主义"，甚至是"自恋主义"（Narcissism）。个体主义向自我主义、
自恋主义的转化，在一定意义上标示了现代性社会中人的观念的异化。
这种过度极端的"个体人"的面孔遮蔽了人的本真存在，同时也遮蔽
了人与共同体、人与国家的本真关系。

也正因为如此，哈贝马斯、理查德·桑内特、乌尔里希·贝克、
克里斯托弗·拉什等当代西方学者始终对人的个体化保持着警惕，对
个体人的自我主义、自恋主义持有一种批判性的反思态度。这种批判
性的反思可以为我们更深入地探索"个体人"在西方社会的产生和发
展提供思想的基础。同时，正如哈贝马斯所指出的，现代性是一项"未
完成的构想（Project）"[①]，以自由原则和主体性原则为根基的现代性社
会并非必须全然颠覆。但是，对于现代性所导致的人的异化以及人的
个体化，则是我们必须加以警醒和改造的。唯有如此，现代性作为一
项"未完成的构想"，才能在不断走向完成的过程中实现人的完善发展。
因此，以下我们将围绕哈贝马斯、理查德·桑内特、乌尔里希·贝克、
克里斯托弗·拉什等人的思想展开深入分析，以探究西方社会的个体
化进程及个体人产生的进程，为进一步探析个体化社会以及个体人的
生存状态获得更加全面而稳固的观念基础。

一、哈贝马斯：公共领域的嬗变与人的个体化

哈贝马斯（Jürgen Habermas）的公共领域理论上承自亚里士多德、
康德、黑格尔等人的哲学思想，其背后具有深邃的思想基础及历史底

---

① ［德］哈贝马斯：《现代性的哲学话语》，曹卫东等译，译林出版社 2004 年版，第 1 页。

蕴。亚里士多德提出了私人生活与城邦公共生活、个体善与城邦公共善的区分；康德则提出了"理性的公开运用"的理念，主张人们要摆脱个体身份、利益的束缚而展开理性的公开运用（公共性的运用）；黑格尔则提出了"市民社会是家庭和国家之间的中间阶段"的重要思想；等等。这些都为哈贝马斯的公共领域理论提供了思想理论的滋养。从某种意义上而言，哈贝马斯也可以称为公共领域理论的"集大成者"，他在吸收亚里士多德哲学、康德哲学、黑格尔哲学的基础上，对近代启蒙运动以来的公共领域及其运行机制进行了深入探索，并形成了自己的公共领域理论。

在哈贝马斯看来，从古希腊社会到当代社会，公共领域经历了几次重要的形态嬗变。公共领域最早可以追溯至古希腊时期，它是以雅典的"城邦－公民"政治为主要代表的。哈贝马斯把古希腊的城邦公共政治生活称之为"古典型的公共领域"。在这种城邦政治生活中，公民与城邦是一体的，城邦是公民的城邦，公民是城邦的公民。城邦公共政治生活实行的是公共协商、民主对话的制度；城邦公共政治生活的主体是公民，每个公民均有资格参加城邦重大公共事务或政治事务的审议、对话和决策。但是，古典的公共领域与资产阶级公共领域具有显著的差异，因为在古希腊城邦中公民资格及权利的获得是不平等的，大量的妇女、儿童、奴隶以及外邦人并不具有公民资格，从而也就不具有参与城邦公共政治生活的权利。按照当时雅典的法律规定，只有年满 20 岁的雅典男子才具有公民资格，这就导致了雅典城邦中约占半数的妇女、约占三分之一的奴隶以及迁居而来的外邦人及其后裔都不具有公民资格，无法享有公民的政治权利。据估算，当时雅典的公民数量大概介于 3 万到 6 万之间，而同期雅典的总人口大约在 30 万——

50 万。① 可见，城邦中的公民身份并不是平等共享的，而是少数人才享有的身份。因此，古希腊城邦的公共领域与现代公共领域有着显著的差异，它并不是现代性意义上的公共领域。

在古希腊的城邦公共领域之后，哈贝马斯还认为存在着一种"代表型的公共领域"。它主要诞生于中世纪欧洲的封建专制社会，它既不是介于国家公共权力领域与私人生活领域之间的中间领域，也不是一个倡导民主性的公共政治领域，"而是一个展示封建君主和贵族的个人专制特权的机制，它所体现的是封建社会的专制性与等级性"② 。哈贝马斯认为，"代表型公共领域的出现和发展与个人的一些特殊标志是密切相关的：如权力象征物（徽章、武器）、生活习性（衣着、发型）、行为举止（问候形式、手势）以及修辞方式（称呼形式、整个正规用语），一言以蔽之，一整套关于'高贵'行为的繁文缛节"③ 。从这个意义上而言，这种公共领域只具有表面上的公共场合、公共空间、公共展示的意味，但是它们只是为了展示专制的特权，而非为了民主的对话和参与。这种公共领域只具有专制性、等级性的特质，并无资产阶级公共领域所应当具有的公共性与民主性的内涵。

哈贝马斯所认为的真正意义上的公共领域，是发端于 17、18 世纪启蒙运动时期的资产阶级公共领域。资产阶级公共领域在形态上主要是由"文学公共领域"和"政治公共领域"所构成，前者包括了文学沙龙、咖啡馆、报纸、杂志等，后者则包括了政党活动、选举活动、政治集会、社团组织等。在资产阶级公共领域中，人们作为公众聚集

---

① 王绍光：《民主四讲》，生活·读书·新知三联书店 2014 年版，第 4 页。
② 叶飞：《公共交往与公民教育》，人民出版社 2014 年版，第 136 页。
③ ［德］哈贝马斯：《公共领域的结构转型》，曹卫东等译，学林出版社 1999 年版，第 7 页。

在了一起，对国家和社会的公共政治、公共问题展开协商、对话乃至于批判的活动。在公共领域中，公共意见和公共舆论得以形成。[①]公共领域的作用在于：一是它带来了人的主体性的发展。公共领域推动公民作为主体来反思和探索公共问题，同时也作为主体去参与公共事务。它使人们认识和理解了自身作为公民主体的自由、权利、尊严，同时也认识到作为公民主体应当担负的责任。二是它构建了人与共同体、人与社会之间的共融关系。公共领域是一个开放性的领域，它允许所有人平等地进入这个领域。同时，公共领域鼓励作为主体的人去追求公共的目标，公共性事实上意味着"在特定空间范围内的人们的共同利益和价值"[②]。公共领域鼓励人们积极参与共同体的公共事务，并努力去追求共同体的公共福祉，这对于构筑人与共同体、人与社会之间的紧密关系至关重要。三是它推动人们摆脱个体利益、个体价值的束缚，使现代性的主体性原则、自由原则与公共理性原则、公共价值原则等更好地融合在一起。公共领域倡导通过公共价值的培育来鼓励人们参与公共生活、公共事务，形成参与式的公民品质，而非个体化、孤立化的个体人。

但是，正如哈贝马斯所注意到的，资产阶级公共领域在当代社会或者说"晚期现代性"之中，已然面临着重重的困难，乃至于面临着瓦解的风险；而公共领域的瓦解也正在导致人的个体化进程的加速，促进个体人的膨胀和公共人的衰落。为什么会这样呢？主要原因有两个方面。一方面是社会的"再封建化"导致公共领域的合法性基础日益

---

① ［德］哈贝马斯：《公共领域的结构转型》，曹卫东等译，学林出版社 1999 年版，第 32 页。
② 李友梅、肖瑛、黄晓春：《当代中国社会建设的公共性困境及其超越》，《中国社会科学》2012 年第 4 期。

丧失，而公共领域中的公共人也就处于被消解的状态。哈贝马斯认为，在晚期现代性社会中，国家加强了对经济领域和私人生活领域的干预，国家垄断资本主义日益控制了经济的运行，并且渗透进了人们的私人生活当中。国家、市场与私人之间日益走向了融合，公私边界再次变得模糊（哈贝马斯称之为社会的"再封建化"，正如封建社会的公私不分）。同时，社会各阶层往往以利益集团的身份出现，他们"通过对公共舆论的操纵来控制国家权力从而维护自身的利益"[1]。在这种情况下，公共意见不再是公共领域中公民的协商、对话和讨论的结果，反而成为利益集团操控国家权力、谋取个人或者集团的私利的工具。于是，国家开始愈来愈多地干预社会生活，而社会生活也愈来愈依赖于诉诸国家权力来寻求社会问题的解决。这也正是哈贝马斯所谓的"国家社会化、社会国家化"。在这个过程当中，公共领域作为国家领域与私人领域的中间领域的政治功能日益解体，丧失了存身之所。伴随着公共领域的瓦解，个体缺乏公共领域的组织机制和舆论平台，面对庞大的国家权力机构，逐渐失去了参与国家公共政治生活、社会公共事务的能力和机会，作为公共领域的主体的公共人也逐渐走向了消解。当公共领域走向了瓦解，个体在无力抗衡国家公共权力和利益集团操控机制的情况下，只得退缩到私人生活空间当中，不愿意参与公共政治生活及社会公共事务，这也就加剧了西方现代性的个体化进程的加速。

另一方面，公共领域的瓦解还导致了现代性文化从"批判的文化"走向"消费的文化"，并促使"批判的公民"走向了"消费的公民"。在哈贝马斯看来，西方现代性文化的一个重要特征就是其批判性与反

---

① 艾四林、王贵贤、马超：《民主、正义与全球化：哈贝马斯政治哲学研究》，北京大学出版社2010年版，第30页。

思性，这也正是早期启蒙主义者所津津乐道的启蒙理性的独特的精神气质。也正因为如此，福柯（Michel Foucault）把现代性理解为一种精神意识和态度，"一种思想和感觉的方式，也就是一种行为和举止的方式，……无疑，它有点像希腊人所称的社会的精神气质（Ethos）"①。这种精神气质是一种反思的意识、批判的勇气，它源自主体敢于运用自身的理性来展开自主的反思以及批判。但是，在晚期现代性社会，文化产品、大众传媒日益成为利益集团谋取私人利益的工具或手段，而不再具有公共领域的属性。文化作品、大众传媒、文学沙龙在早期的资产阶级公共领域的形成过程中曾经发挥出了重要的作用，即它不仅培育了公众的理性反思与批判的精神，同时还为公共领域的协商、对话以及公共舆论的形成提供了空间及平台。但是，"伴随着国家与社会的日益趋同和融合，公共领域存在的合法性基础——即国家与社会的分离——已不复存在"，相应地，"完全服膺于市场逻辑的报刊和其他各种新兴的大众传媒的功能也发生了转化——它不再是一个服务于公共交往的工具，而是逐渐成长为一个具有自身利益的市场主体"②。在此背景下，批判性的文化逐步让位于消费性的文化，"文化创作者和文化消费者都不再担负任何的社会责任。创作者所需要做的仅仅是不断地以各种方式刺激消费者对于消费行为本身的虚假需求"③。在文化消费、大众传媒、娱乐媒介等强大的社会影响及强力控制之下，公众日益失

---

① ［法］福柯：《何为启蒙》，载汪晖、陈燕谷：《文化与公共性》，生活·读书·新知三联书店1998年版，第430页。

② 陈国战：《大众传媒的兴起与公共生活的衰落——以阿伦特、哈贝马斯和桑内特为中心的考察》，《阴山学刊》2012年第6期。

③ 艾四林、王贵贤、马超：《民主、正义与全球化：哈贝马斯政治哲学研究》，北京大学出版社2010年版，第30页。

去了自身的独立思考能力，失去了自主的意识，沉沦于文化消费而成为"消费的个体人"，而非批判性的公共人，并最终形成了尼尔·波兹曼（Neil Postman）所言的"娱乐至死"①的趋势。

至此，哈贝马斯为我们全方位地展现了公共领域的发展及形态演变，分析了公共领域的瓦解与人的个体化进程的加速。当晚期资本主义社会以国家垄断资本主义的形式来控制经济领域和社会生活，加剧了国家社会化、社会国家化以及文化的市场化、消费化的同时，也就使得公共领域的存在失去了合法性的基础，公共领域的公共性日益走向了瓦解。在公共领域的瓦解过程中，现代人日益陷入了个体化的生存状态当中，个体逐渐失去了参与公共政治生活、公共事务的平台和机会，同时也日益失去了参与公共生活的主体性意愿。文化的消费化、大众传媒的娱乐化再次加剧了理性主体意识及批判精神的衰退，它使得个体退居于娱乐生活当中成为"消费的个体""娱乐的个体"，这也在深层次的文化价值观念层面上加剧了人的个体化。总之，公共领域从近代以来直至当代社会的整个嬗变过程，也正是个体人日益凸显、公共人走向衰落的过程。公共领域的瓦解不仅带来了整个社会系统的问题，同时也带来了人的问题。为此，哈贝马斯试图通过交往理性来重建公共领域，重建公共领域中主体与主体之间的商谈伦理，同时也是重塑人的共同体意识及公共精神，避免使人陷入"个体人"的困境。这种努力虽然并未取得预期的效果，但是哈贝马斯对于晚期现代性的深刻分析所带来的学术价值及实践价值，却也是显而易见的。

---

① ［美］尼尔·波兹曼：《娱乐至死》，章艳译，广西师范大学出版社2004年版，第203—207页。

二、理查德·桑内特：公共人的衰落

相对于哈贝马斯而言，理查德·桑内特（Richard Sennett）的公共领域理论显得更为具体和形象，它主要是从日常生活和交往活动出发，通过研究人们在公共空间中的言语、服饰、行为等来考察公共生活，并把公共生活的衰落图景呈现在我们面前。在桑内特看来，"公共领域是一个由熟人、陌生人等一群差异较大的人构成的社会生活领域，这个领域是处于家人和好友之外的，是随着大都会兴起后，各个不同而且复杂的社会群体发生联系时产生的"[①]。在大都会空间中，人们与各色各样的陌生人展开着交往关系，这种公共的社会生活和交往领域也就自然成为现代人的公共领域。作为公共领域，人们的交往生活"不同于亲密性、情感性的私人生活，它是陌生人之间的公共性的交往生活，是非情感的、非人格的制度生活，也是文明的生活"[②]。文明是我们与公共领域中的陌生人相处的方式。桑内特说，"佩戴面具是文明的本质。面具隔绝了那些佩戴面具者的个人情感，遮盖了交往双方的能力和心情，从而使得纯粹的社交成为可能"[③]。这种社会交往不再是基于私人的情感关系和亲密关系而形成的私人交往，而是公共领域中的非人格、非情感的公共交往。桑内特认为，公共生活与私人生活应该维持一种平衡关系，现代人既不能摒弃私人生活，同时也不能拒绝公共生活。[④] 人们懂得私人生活和公共生活是两种不同性质的生活，它们遵循

[①] ［美］理查德·桑内特：《公共人的衰落》，李继宏译，上海译文出版社 2014 年版，第 21 页。

[②] 冯建军：《公共人及其培育：公共领域的视角》，《教育研究》2020 年第 6 期。

[③] ［美］理查德·桑内特：《公共人的衰落》，李继宏译，上海译文出版社 2014 年版，第 365 页。

[④] 何顺民：《城市场域中的传播与公共性——汉伦·阿伦特、于尔根·哈贝马斯、理查德·桑内特为中心的考察》，《新闻传播》2014 年第 11 期。

着不同的伦理规范和运行逻辑，而这两种生活都是人们所需要的。

但是，正如桑内特所注意到的，在现代性的进程当中，私人生活和公共生活之间的平衡关系正在被打破。在工业资本主义的世界、世俗的大都市生活中，人们越来越走向了私人的、自我的世界，不愿意与公共空间中的陌生人展开交流。① 正如桑内特所说，"人们没有权利找陌生人说话，每个人都有一个作为公共权利的无形盾牌，也就是每个人都有不被打扰的权利"②。当每个人都有不被打扰的权利时，现代大都市生活就出现了一种奇怪的"透明"状态，就是在公共空间中每个人都能看到对方，都能对陌生人保持一种文明的礼仪。人们穿行于各种各样的陌生人中间，但是，"只是穿行在他们之中，公共行为变成了一种仅仅供应与观看的举动，人们不再通过社会的交往，而是通过观察来了解公共领域"③。人们虽然能够相互看到对方，但是却对彼此"视而不见"，仿佛彼此都是"透明的"。在这种"透明"的状态下，人们宁愿选择保持沉默，通过沉默来认同自我的自由和权利，同时也通过沉默来表明对他人的自由和权利的认可。代表着文明礼仪的彬彬有礼的沉默状态，使得人们在公共空间中的对话和交流变得越来越不可能，沉默仿佛已经成为一种公共生活的方式，或者简单来说，正如桑内特所指出的，"人们再也不通过社会交往来了解公共领域了"④。这种个体

---

① 汪敏：《从阿伦特、哈贝马斯到桑内特 ——关于公共性问题中的理论变迁》，《新闻传播》2016 年第 12 期。
② ［美］理查德·桑内特：《公共人的衰落》，李继宏译，上海译文出版社 2014 年版，第23 页。
③ 汪敏：《从阿伦特、哈贝马斯到桑内特 ——关于公共性问题中的理论变迁》，《新闻传播》2016 年第 12 期。
④ ［美］理查德·桑内特：《公共人的衰落》，李继宏译，上海译文出版社 2014 年版，第34 页。

性与公共性的割裂，这种透明状态下的相互不干涉、相互沉默的状态，其所带来的是现代公共领域的一种根本性转变，即公共领域开始越来越丧失了公共性，人们已经很少在公共领域中进行协商、交往和行动，而人作为公共人（Public Man）的属性也开始日益走向消解。

当个体性与公共性走向失衡，人与陌生人的关系走向消解的时候，人们也就转而陷入了对自我的过度关注，乃至于形成一种自我迷恋的精神心理病症。这也是现代人的个体化不断走向极端的一种表现。桑内特说："人们越来越关注自我的同时，为了一些社会目的而和陌生人进行的交往也越来越少了。"①现代人日益沉浸于内心的世界和私人的生活当中，不愿意参与社会公共生活，不愿意与陌生人展开各种各样的交往关系。个体在愈来愈关注自我的价值、利益和权利的同时，对公共生活领域中的公共价值、公共福祉也就越来越失去了兴趣。他们与陌生人之间的共同价值也在逐渐消失，对自我的过度关注和迷恋使现代人陷入了一种"自我迷恋"的性格疾病，"这种性格疾病与日俱增，是因为一种新的社会促使它的精神要素得到增长；也因为在这样的新社会中，处在个人界限之外，出乎公共领域之内的社会交往已不再有意义"②。这无疑导致了个体化、孤立化生活状态的产生乃至于泛滥，使得个体越来越陷入自我中心主义，乃至于陷入自我迷恋中而无法自拔。而这恰恰也正是查尔斯·泰勒所言的现代性社会的"三大隐忧"③之一。

---

① ［美］理查德·桑内特：《公共人的衰落》，李继宏译，上海译文出版社2014年版，第13页。

② ［美］理查德·桑内特：《公共人的衰落》，李继宏译，上海译文出版社2014年版，第13页。

③ 查尔斯·泰勒认为，现代性社会存在着三大隐忧：第一个隐忧，个人主义将导致人与人之间的割裂，将人们封闭于内心的孤独之中，失去了对他人以及社会的关心；第二个隐忧，工具主义和计算理性导致社会不再有一个神圣的秩序和结构，使个人丧失了信仰；第三个隐忧，在个人主义和工具主义的夹击下，公众对公共领域和公共生活产生了疏离，从而失去了对公共政治的合理性控制，在这种情况下强大的官僚机构及其权力运作机制将导致自由的丧失。（参考：查尔斯·泰勒：《现代性之隐忧》，程炼译，中央编译出版社2001年版。）

在个体越来越沉浸于自己的世界当中，过着个体化生活的时候，公共空间也就逐渐失去了公共性的意义。桑内特通过细致的观察发现，现代社会中的都市空间中的公共广场、街道、商业场所等实体性的公共空间，几乎已经失去了公共领域的属性，它们成为人们穿行其中的通道，变成了纯粹的物理空间，而不是进行公共对话、展开公共性的交往活动的空间。"公共空间变成了流动的通道，从而失去了它原本固有的意义。"[1]当人们逐渐习惯于过一种个体化、孤立化的生活，人们在公共空间中也就变得沉默，与陌生人的交流日益减少。人们聚集在一起，仅仅是为了购物、消费或者娱乐，"现代市民所聚集的地方是购物中心，而它不具有任何生活共同体的意义，聚集也不是为了追求政治权力"[2]。购物中心、商业街区鼓励的是消费、娱乐，而不是人与人之间的公共沟通和对话，更谈不上为了公共福祉而展开公共性的交往和协商活动。在这种情况下，公共空间的公共性日益丧失，公共空间更多的是物理意义上的空间或者通道，而不具有精神、心理层面上的"公共性"。

人们日益生活于个体的、孤立的生活状态之中，人与人之间日益走向了公共冷漠和隔离状态。公共冷漠成为现代生活的一种病态。桑内特认为，现代人的这种公共冷漠不仅体现在对国家事务、政治事务的不参与，同时还表现为对陌生人的态度上，"多数公民对国家事务漠然处之固不待言，而且他们的冷漠不仅体现在对待政治事件上；在人们看来，对待陌生人的礼节以及和陌生人的仪式性交往，往好处说是

---

① ［美］理查德·桑内特：《公共人的衰落》，李继宏译，上海译文出版社2014年版，第18页。

② ［美］理查德·桑内特：《肉体与石头——西方文明中的身体与城市》，黄煜文译，上海译文出版社2006年版，第8页。

形式而乏味，往坏处说是虚情假意"①。对陌生人的"虚情假意"事实上也是戴着文明面具的冷漠态度，人们以礼貌的但是冷冰冰的态度来对待陌生人，甚至在内心里认为"陌生人本身是危险的人物，在大都会这种陌生人的世界中，很少人会感到非常快乐"②。这就使得这种冷漠不仅表现为有礼貌的疏离状态，同时还表现出了对陌生人的一种敌意。不仅是公共冷漠，在桑内特看来，人们在公共空间中还表现出了越来越显著的隔离状态。桑内特认为，这种"隔离"主要不是物理空间或者环境层面的隔离，而是一种"社会隔离"，"公共空间的社会隔离，也即由于个人暴露在他人眼光之下而导致的隔离"③，远比物理空间环境的隔离更为糟糕，因为它主要不是物理层面上隔离彼此，而是在精神、心理层面上隔离彼此。这种隔离的产生，是由于每个人都拥有至高无上的自由和权利，同时由于对自由和权利的过度关注而陷入了自恋主义的状态。每个人都暴露在他人的眼光之下，都能清晰地"看到"对方，每个人都能够自由地穿行于各种各样的公共空间，但是，"人们既要投身于混乱而又充满吸引力的公共领域，又要强调自己有不受别人干扰的权利，于是出现这种在别人的眼光之中保持隔离状态的结果，自然也就是理所当然的事情了"④。现代人的这种冷漠和隔离，使得相互之间无法真正进入对方的世界，人们用文明的、礼貌的，但同时也是疏离的、冷冰冰的态度来对待公共空间中的陌生人。在这种冷漠和隔离中，个体相互成为"异己者"，公共团结和有机联系被割断了，其最终导致

① ［美］理查德·桑内特：《公共人的衰落》，李继宏译，上海译文出版社2014年版，第3页。
② ［美］理查德·桑内特：《公共人的衰落》，李继宏译，上海译文出版社2014年版，第3页。
③ ［美］理查德·桑内特：《公共人的衰落》，李继宏译，上海译文出版社2014年版，第18页。
④ ［美］理查德·桑内特：《公共人的衰落》，李继宏译，上海译文出版社2014年版，第35页。

的则是个体人的膨胀与公共人的衰落；伴随着公共人的衰落，个体人也就日益走向了舞台的中心。

三、乌尔里希·贝克："为自己而活的人"

20 世纪下半叶以来，西方社会逐渐进入了"第二现代性"阶段（哈贝马斯称之为"晚期现代性"阶段）。在"第二现代性"阶段，正如乌尔里希·贝克（Ulrich Beck）指出的，个体与社会的关系面临着深刻的、结构性的嬗变，传统的文化观念及价值体系日益丧失了对个体的束缚，个体必须依靠自己来"创造属于自己的身份与认同"[①]。贝克认为，第二现代性进一步加剧了人的个体化生存状态，它是"随着现代个体观念的兴起而出现的一种强调个体独立与自主，并视个体为社会基础的现代价值观"[②]。在贝克看来，第二现代性阶段及其进程导致了人的"三重"维度的个体化，"一是解放的维度，个体从历史地规定的、传统语境意义上的社会形式和义务中脱离出来；二是祛魅的维度，即与实践知识、信仰和指导规则相关的传统安全感的丧失；三是重新整合的维度，即重新嵌入一种新形势的社会义务"[③]。

个体的解放维度不仅意味着人们从各种阶级文化和身份等级中解放出来，同时还意味着"工作的灵活化和工作场所的分散化"[④]，它使得现代人生活于更具流动性的社会当中，个体进一步从工作束缚中解放

---

① [德] 乌尔里希·贝克、[德] 伊丽莎白·贝克–格恩斯海姆：《个体化》，李荣山、范譞、张惠强译，北京大学出版社 2011 年版，第 27 页。

② 李荣荣：《从"为自己而活"到"利他个体主义"——乌尔里希·贝克个体化理论中的一种道德可能》，《学海》2014 年第 2 期。

③ [德] 乌尔里希·贝克：《风险社会》，何博闻译，译林出版社 2004 年版，第 156 页。

④ [德] 乌尔里希·贝克：《风险社会》，何博闻译，译林出版社 2004 年版，第 159 页。

出来，更加彻底地成为"脱域化"的存在。个体的祛魅维度，即传统的信仰、文化、价值观及实践方式已然失去了其神圣性、崇高性和可信性，个体进入了"后传统的生活秩序"，在"祛魅"状态中去寻找自我完善和自我实现的路径，而这也加剧了后传统秩序中人的个体化，因为"这意味着为了生存，人们必须形成一种以自我为中心的世界观，它对自我和世界的关系负起责任"[①]。第三个维度，重新整合的维度，它是使个体重新嵌入一种新的规则和秩序，但是这种规则和秩序并未使个体因为脱离传统义务而变得更加独立，相反，现代性的个体化事实上伴随着"生活方式的一致性和标准化"[②]。比如，现代社会的重要发明——电视、网络以及多种多样的新媒体技术——所带来的是孤立的、标准化的生活，似乎每个人都在自己的家里各自看着自己的电视、上着自己的网络，但是，"这样，就出现了一群孤立的大众观众的社会图景，或者，说得更直接一些，就是孤立的大众隐士的标准化集体存在"[③]。个体在刻意追求反传统的个性和独立、追求"为自己而活"的同时，事实上却陷入了后传统秩序的标准化和一致性的生存状态。

在贝克看来，个体化社会给个人生活带来一项非常重要的变化，即"为自己而活"（to live a life of one's own）正式成为一种生活策略，它使得人们摆脱了传统社会的"为他人而活""被他人所决定"的生活方式，而是进入了"为自己而活""我的生活我做主"的新生活方式，个体的自由、尊严以及个性需要得到了更大程度的满足。但是，这种"为自己而活"也带来了新的问题和挑战，它使得个体所面临的风险也

---

① ［德］乌尔里希·贝克：《风险社会》，何博闻译，译林出版社 2004 年版，第 167 页。
② ［德］乌尔里希·贝克：《风险社会》，何博闻译，译林出版社 2004 年版，第 162 页。
③ ［德］乌尔里希·贝克：《风险社会》，何博闻译，译林出版社 2004 年版，第 162 页。

在不断加剧。"为自己而活"虽然使得个体走向了个性自主和自我解放，但是它也使人们陷入了新的不确定性的生活状态之中，使个体的生活面临着极大的风险。在传统社会及价值体系中，个体的成员身份是确定的，社会关系网络及既定的社会秩序在限制人们的同时，事实上也为人们提供了稳定的信仰、价值与行为的有效支持，但是"现代个体则在从传统限制中解放出来，同时也失去了传统的照顾与支持，其生活方式与人生轨迹已无历史模式可供遵循"[①]。现代性进程中的个体把自己从历史和文化的传统语境中抛离，进入了一个崭新的、不确定性的世界，个体必须在这样的世界当中重新寻求嵌入新的文化及组织当中。

同时，"为自己而活"还带来了另一个非常严重的后果，即它导致了"公民身份的腐蚀和逐渐瓦解"[②]。公民身份是人们对于自身的国家、民族的一种身份认同，它展现的是个体在共同体中的身份定位。"为自己而活"使个体日益生活于自我的内心世界当中，失去了对国家和社会的归属感和认同感，使得个体与社会、国家的关系走向了分裂，甚至于与身边的社群、陌生人的关系也走向了隔离。因此，贝克认为，"个体是公民的头号敌人"[③]，它让人获得了自由，但是也会使人对"公共利益、良好社会或公正社会漠不关心，疑虑重重，或者心怀警惕"[④]。它导致对公共生活、政治生活、陌生人持有道德冷漠的态度，认为个体只

---

① 李荣荣：《从"为自己而活"到"利他个体主义"——乌尔里希·贝克个体化理论中的一种道德可能》，《学海》2014 年第 2 期。

② ［德］乌尔里希·贝克、［德］伊丽莎白·贝克－格恩斯海姆：《个体化》，李荣山、范譞、张惠强译，北京大学出版社 2011 年版，第 26 页。

③ ［德］乌尔里希·贝克、［德］伊丽莎白·贝克－格恩斯海姆：《个体化》，李荣山、范譞、张惠强译，北京大学出版社 2011 年版，第 25 页。

④ ［德］乌尔里希·贝克、［德］伊丽莎白·贝克－格恩斯海姆：《个体化》，李荣山、范譞、张惠强译，北京大学出版社 2011 年版，第 25 页。

需要"对自己的命运负责，在充满竞争的一生中永不停歇地努力进取、实现属于'自己的生活'"①。这种为自己而活所带来的不仅是普遍的社会冷漠和道德冷漠，同时也带来了对自我利益、自我享乐的极度关注，它使得个体极其容易陷入消费化、娱乐化的浪潮当中，在享受个性化需求的满足以及消费化的快感的同时，陷入一种完全缺乏个性、缺乏独立性及创造性的消费体系当中，这种体系使得人们似乎是在追求个性，但是却无时无刻不在消费着一致性、标准化的服饰、妆容、媒体、娱乐方式等，个体在追求"个性化"的过程之中反而日益丧失了自主性，在不知不觉中成为标准化、大众化生活模式的组成部分。

那么，如何才能使现代人摆脱个体化的生存状态，重新培育公共人的身份认同以及社会共同体的归属感呢？在贝克看来，在个体化已然成为社会事实的背景之下，人们的共同体意识及团结精神不太可能单纯依靠社群价值的倡导（社群主义所倡导的文化及价值体系）来实现，并且过度强调社群优先于个体、共同利益优先于个体利益，也很容易导致对个体的自由和权利的压抑。这是我们需要加以警惕的。从这个意义上来说，"个体化了的行动者，要想'重新嵌入'基于公民身份的政体内，其前景是黯淡的"②。虽然是黯淡的，但是也并非毫无可能。

贝克认为，在现代性的个体化社会当中，我们可以寻求建构一种"利他个体主义"（Altruistic individualism）的新伦理。所谓的"利他个体主义"，即融合了个体的利己与利他的两种价值取向，它是将个体的

---

① 李荣荣：《从"为自己而活"到"利他个体主义"——乌尔里希·贝克个体化理论中的一种道德可能》，《学海》2014年第2期。

② ［德］乌尔里希·贝克，［德］伊丽莎白·贝克－格恩斯海姆：《个体化》，李荣山、范譞、张惠强译，北京大学出版社2011年版，第26页。

自主性、自愿性与利他行为结合在一起的新伦理。利他个体主义蕴含着"给予却不必牺牲自己"①的伦理原则，它突破了我们一般所认为的利己与利他之间的二元对立关系，认为每个人既可以"为自己而活"，拥有自己的自由和权利，同时也可以"为他人而活"，在自愿性的社会参与和公益服务中形成自我与他者的紧密联结，发展稳固的自我认同及共同体的身份认同，从而为社会团结和共同体归属感的获得形成一种新的可能。这是贝克对个体化社会病症所提出的一种解决方案。

四、克里斯托弗·拉什：自恋主义的人

与理查德·桑内特、乌尔里希·贝克的思想相近，克里斯托弗·拉什（Christopher Lasch）也非常关注现代社会的个体化问题。克里斯托弗·拉什主要是从社会心理学的角度来分析现代人的自我迷恋。在《自恋主义文化——心理危机时代的美国生活》一书中，拉什指出，一种崇尚竞争的个人主义文化正在成为美国的新生活，"这种腐朽颓败的文化把个人主义的逻辑引入了一场人人皆敌的混战，把对幸福的追求引入了只以自我为中心的自恋主义死胡同"②。拉什认为，"每个时代都有其独特的病态形式，并用夸张的方式来表达出其内在的性格结构"③。而当代美国人则陷入了一种"自恋主义"的病态心理综合征，这种病态心理综合征与19世纪以来直至20世纪中叶所形成的人格心理问题呈

---

① ［法］马塞尔·莫斯：《礼物：古式社会中交换的形式与理由》，汲喆译，上海世纪出版集团2005年版，第182页。
② ［美］克里斯托弗·拉什：《自恋主义文化——心理危机时代的美国生活》，陈红雯、吕明译，上海译文出版社2013年版，第3页。
③ ［美］克里斯托弗·拉什：《自恋主义文化——心理危机时代的美国生活》，陈红雯、吕明译，上海译文出版社2013年版，第39页。

现出了完全不同的特征。

在 19 世纪直至 20 世纪中叶的资本主义大工业阶段，狂热的物质占有欲、勤奋工作的热情以及性压抑构成了人们的基本心理特质，在临床上则表现为弗洛伊德所说的大量的歇斯底里症、偏执狂等心理疾病。正如桑内特所指出，"自恋的性格症状如今是医生治疗的各种精神疾病中最常见的病因。歇斯底里症一度是弗洛伊德所处那个性压抑社会的主要疾病，但现在大体上消失了"[①]。拉什也认为，从精神病理学的角度来看，到了 20 世纪中晚期，以"自恋主义"为核心的病态综合征已经取代了歇斯底里症，成为资本主义文化体系下的一种新型的、同时也是最为常见的心理疾病。这种病态心理与资本主义现代性的文化体系是紧密联系在一起的。"自恋主义的生存策略打着把人们从以往压抑状态中解放出来的幌子，它引发了一场'文化革命'，并重新生产出它声称要加以批判的那种日趋没落的文明中的许多糟粕。"[②] 自恋主义文化带来了美国资本主义文化体系的严重危机，同时也导致了当代美国人的心理病症的泛滥。

在拉什看来，自恋主义文化带来了人的心理依赖症，人只有通过别人才能获得自我认同及尊严。拉什指出，"尽管自恋主义不会幻想自己权力无限，但是他却要依靠别人才能感到自尊。离开了对他崇拜得五体投地的观众他就活不下去"[③]。对于自恋主义者而言，只有当他从别

---

① ［美］理查德·桑内特：《公共人的衰落》，李继宏译，上海译文出版社 2014 年版，第 9 页。

② ［美］克里斯托弗·拉什：《自恋主义文化——心理危机时代的美国生活》，陈红雯、吕明译，上海译文出版社 2013 年版，第 3 页。

③ ［美］克里斯托弗·拉什：《自恋主义文化——心理危机时代的美国生活》，陈红雯、吕明译，上海译文出版社 2013 年版，第 7 页。

人的眼睛里看到自我的"光辉形象"，只有当他能成为人们眼中的"出类拔萃"的人物或者自己能依附于那些"出类拔萃"的人物时，"他才能克服不安全感"①。因此，他的自由、他的安全感的获得，不是通过内在的途径，而是需要借助于他人的眼睛、他人的赞许、他人的认同。"对自恋主义者来说，世界是一面镜子，而强悍的个人主义者则把世界看作是一片可以按他的意志随意塑造的空旷的荒野。"②通过这面镜子，自恋主义才能在他人的眼光中获得自我的尊严，才能获得自尊和自信。自恋主义者的这种极度的自我关注和自我迷恋，使得他们只关注自己的生活，并且只关注眼前的生活。"当前的时尚是为眼前而活——活着只是为了自己，而不是为了前辈或后代。我们第一次失去了历史延续感，失去了属于源于过去伸向未来的代代相连的整体的感觉。"③自恋主义文化带来了历史感的消逝，它割断了人的过去和现在，最终也割断了人与未来的联系。人们不再是生活于历史与文化的语境当中，而是生活于"眼前"，生活于对自我的迷恋当中。他们无法给自己一个明确的身份认同，他们也无法在历史和文化、国家和社会中获得身份认同，他们只能转而从他人的眼光中寻找自我认同，使他人成为自己的一面镜子。

自恋主义者还出现了意义感的匮乏问题，并试图在个体化的消费、享乐中来寻找生活的意义。拉什指出，"折磨新一代自恋主义者的不是内疚，而是一种焦虑。他并不企图让别人来承认自己存在的确凿无

① ［美］克里斯托弗·拉什：《自恋主义文化——心理危机时代的美国生活》，陈红雯、吕明译，上海译文出版社 2013 年版，第 7 页。

② ［美］克里斯托弗·拉什：《自恋主义文化——心理危机时代的美国生活》，陈红雯、吕明译，上海译文出版社 2013 年版，第 7 页。

③ ［美］克里斯托弗·拉什：《自恋主义文化——心理危机时代的美国生活》，陈红雯、吕明译，上海译文出版社 2013 年版，第 3 页。

疑，而是苦于寻找生活的意义"①。自恋主义向消费、享乐中去寻找生活的意义，"个体化与消费伦理共同催生了一种提倡享乐主义并高度关注自我的自恋主义文化"②。在自恋主义文化中，无休止的消费、享乐促进了极端的个体化状态的生成，早期资本主义文化形成的以勤勉、节俭、禁欲为重要特征的新教伦理逐渐被以感官享受、个人欲望满足为特征的消费伦理所替代。自恋主义者认为，"重要的已经不再是对美好生活的实际追求，而是对生活表象的大肆消费；不再是对亲情、友情的真实体验，而是对亲密表象的不断炫耀；不再是事实的真相究竟是怎样，而是以何种包装呈现在世人面前"③。因此，自恋主义不仅使得个体走向了极端的个人主义，同时还使得个体日益沉湎于消费主义、享乐主义，它事实上带来了个体化社会中人的人格状态的新型"异化"，即异化为"消费主义的个体"。这种异化对于现代人的人格、现代人的生活方式所造成的弊端也是显而易见的。

总之，正如哈贝马斯、理查德·桑内特、乌尔里希·贝克、克里斯托弗·拉什等人所试图发现和证明的，伴随着现代性的个体化进程不断加速，现代人的生活不仅面临着政治、经济的巨变，同时还面临着文化观念、价值体系的巨变。个体化进程不断催生了人的自我关注乃至于自我迷恋，催生了以享乐、消费为特征的消费主义文化，它导致了现代人的病态人格状态的产生，并且因人格上的缺陷而无法获得生活的意义感，无法获得真正意义上的人之自我实现。这种个体化的生

①　［美］克里斯托弗·拉什：《自恋主义文化——心理危机时代的美国生活》，陈红雯、吕明译，上海译文出版社 2013 年版，第 4 页。
②　朱伟珏：《消费社会与自恋主义——一种批判性的视角》，《社会科学》2013 年第 9 期。
③　李松睿：《自恋的迷宫》，《中国图书评论》2014 年第 5 期。

存状态，使得人们的个体性存在与公共性存在出现了严重的失衡，人们面临着个体性的不断膨胀以及公共性的倒退，它割断了自我与他者、自我与社会的紧密联系，使得人们无法获得正确的自我认同以及共同体的归属感。显然，如何使人们更好地摆脱个体主义、自恋主义的威胁，形成一种更加健全的人格状态以及更加健康的心理状态，已经成为现代性的文化重建以及精神重建的重要主题。

第二节 中国社会的个体化进程与个体人的发育

中国社会的现代化进程也伴随着个体化的加速，个体人在现代化进程中不断发育。众所周知，从晚清民初开始，西方社会的民主、科学、平等、自由等理念逐渐传播到中国，当时的中国知识分子在"救亡图存"的民族危亡背景下开始学习西方的个体主义思想体系及其价值观，并且把它们作为反传统文化、反封建秩序的重要武器，推动人们从传统社会的封建等级秩序以及儒家文化的价值观念体系中解放出来，成为更加独立、自主的人。而改革开放至今四十余年，当代中国人的生活方式及价值理念继续发生着深刻的变革。如果说晚清民初到改革开放之前的中国社会逐渐产生了孕育独立自主的人的政治、经济、文化等初步基础，那么到了改革开放以后，伴随着市场经济体制的不断发展以及公共领域的不断壮大，中国社会的现代化进程开始日益显现出了"个体化社会"（Individualized society）的一些特征，个体化的生活方式、价值观念对人们的影响日益加深。① 在这种社会变迁中，人们

---

① 文军：《个体化社会的来临与包容性社会政策的建构》，《社会科学》2012 年第 1 期。

从单位、公社、集体的"捆绑"中逐渐获得了解放,"个人无须再依附于单位或公社并逐步获得了享受个人自由的物质条件与制度保障"①,从而开始追求成为更加自主、自由的人,活出自己的精彩,彰显自我的个性,在更加自主的空间中"追求个体利益的满足和个体权利的保护"②。

改革开放以来,中国社会的个体化进程以及伴随其而来的个体人的发展,它对于社会发展和教育变革的影响是双重的,既有积极的影响,同时也有消极的影响。这一点与西方的现代性进程相近。从积极的角度来看,个体化进程及个体化生存状态的不断孕育,增强了人们的独立性、自主性、创造性等观念意识,它在很大程度上可以促进作为主体的人的意识觉醒及观念启蒙。但是,从消极的角度而言,这种个体化进程也在不断削弱人与人之间的紧密联结和有机团结,加剧了个体与他人、社群以及国家的分离。"在个体化生存中,过度'大写'的个体易于丧失公共责任意识、他者关怀意识以及社会团结意识,这非常不利于人们的公共道德品格及公共精神的成长。"③因此,对于当前中国社会的个体化进程以及个体人的发育,我们需要采取辩证的视角来看待,既应充分认识到个体化所带来的个人的觉醒及自由自觉意识的发展,同时也要深刻认识中国社会个体化进程的独特图景,理解个体人的发育所带来的文化困境及价值困境,从而始终保持一种理性的反思态度。

---

① 李荣荣:《"差序格局"与个体主义之间的距离》,《中国农业大学学报(社会科学版)》2008 年第 4 期。
② 〔美〕阎云翔:《中国社会的个体化》,陆洋等译,上海译文出版社 2012 年版,第 10 页。
③ 叶飞:《当前学校道德教育的个体化困境及其超越》,《国家教育行政学院学报》2020 年第 6 期。

一、中国社会个体化的独特图景

众所周知，传统中国社会以及传统儒家文化中并无"个体主义"的理念，20世纪初以来所产生的以个人的自由、平等为特征的价值观念体系，事实上主要是西方文化的舶来品，是在国家存亡、民族危机背景下的一次"被迫"的文化选择，但是它在中国自身的本土文化价值观念体系中事实上是缺乏根基的。正如不少学者所指出的，中国的现代性具有一种"被动的现代性"的特征，它是受"外发的压力"[①]所推动的，即中国现代性的启蒙精神、文化理念及价值观念体系的建构，不是从中国社会的主导文化（儒家文化体系）中自然生发和孕育出来的，而是在"被迫"接受西方文化、中断自身文化的过程中孕育出来的。这体现出了中国社会个体化的一个独特图景，即中国社会以及民众意识的个体化发育，它在导源和发端上伴随着显著的民族主义、国家主义的色彩。"当个体主义作为一个舶来品被知识分子所接受时，主要是被当作个人从传统中彻底解放出来的理由"[②]，并通过解放的个人来拯救国家、民族于危难之间。在当时的知识分子看来，"独立与自由的价值在于可以用来唤起民众士气、诱导民众潜力，从而为巩固中国社会、维护国家利益服务"[③]。于是，个体主义与国家主义、民族主义纠缠在了一起，个体主义更多的是被用于唤醒民众与儒家传统、封建秩序相决裂的勇气，从而达成国家再造、社会重建的目标。因此，中国现代化进程中的个体主义观念往往埋藏于国家主义、民族主义的背景之下，

---

① 金耀基：《金耀基自选集》，上海教育出版社2002年版，第1页。
② 李荣荣：《"差序格局"与个体主义之间的距离》，《中国农业大学学报（社会科学版）》2008年第4期。
③ 李荣荣：《"差序格局"与个体主义之间的距离》，《中国农业大学学报（社会科学版）》2008年第4期。

个体的价值始终没有充分显现。正如秦晖教授所指出："清末以来的中国启蒙有一个追求就是个性自由，不过这里的个性自由却有一个国家主义的背景，把个人从家庭、家族的束缚中解放出来交给无所不能的国家。"① 这在当时救亡图存的社会背景之下具有重要意义。当然，它在客观上也导致了这样一种结果，即当时的知识分子以及民众"并未能发展出一个成熟的关于个人的理论，更谈不上有体系的思想根基了"②。这是中国社会个体化进程的第一个独特图景。

　　中国社会个体化进程的第二个独特图景，即"没有个体主义的个体化"。中国社会的个体化是在缺乏成熟的个体主义理念的基础上发展起来的。传统中国社会的"家国一体"的政治建构以及儒家关系主义的文化及价值观念体系，使得以个人的自由、权利、个性为特征的个体主义缺乏孕育和发展的土壤。而西方社会则不同，它是在成熟的个体主义理念基础上走向了个体化，个体主义唤起了人的自由、自主和独立的意识，给人以权利和尊严，使人成为主体人。同时，伴随着西方社会在个体自由和权利基础上的公共领域的发育和壮大，通过公共领域实现了社会的有机整合，公众可以在公共领域当中协商、参与和合作，从而有效地保障了个体对公共生活的关注和参与。李荣荣教授在美国加州悠然城的田野调查中就发现了西方个体主义发展的这个特点，该调查发现：

　　一方面，"一个人"价值从不同层面、不同角度渗入了社会生活及日常经验中，个体主义诚如很多研究者已经指出的那样是美国社会的

---

　　① 李欧梵：《现代性的追求》，生活·读书·新知三联书店 2000 年版，第 45—69 页。
　　② 杜维明、黄万盛、秦晖：《"启蒙的反思"学术座谈》，《开放时代》2006 年第 3 期。

核心价值观；另一方面，人们对公共生活的参与相当普遍。以市民对社区生活的自愿参与为例，在这个人口不足五万的小城，几乎每周都有市民自愿参与的各种公益活动，例如清理小溪垃圾比赛、为帮助无家可归者项目集资的公园烧烤、为环保项目集资的家庭宴会、在县图书馆观看纪录片并讨论全球是否正在变暖等。维护社区秩序、改善社区环境、关爱贫弱群体、针砭时事政策等都可能成为活动主题。总之，多样化的参与形式与内容为个人表达观点、发展爱好、实践信仰、追求自我实现提供了环境。同时，几乎所有参与活动都有一个特点，即为主体的自由意愿留有空间，从不要求个人忘我地付出。从而，这些活动在照顾个人兴趣与志向的同时自然而然地呈现出服务、关爱、团结等社会情感与道德因素。①

　　西方社会的个体主义的发育是与公共领域的壮大紧密结合在一起的。个体主义给予人以自由和尊严，强调了个人的主体性的自由选择；同时，公共领域的发育又在不断引导民众积极参与公共生活，引导各种类型的公益、慈善、互助、利他的活动。在个体主义与公共领域发展相得益彰的情况下，极度的利己主义或者自我中心主义的价值倾向就不容易滋生出来。但是，中国社会个体化的文化基础与西方社会有显著的差异。正如阎云翔在《中国社会的个体化》一书中所指出的，"仔细考察中国的有关西方个人主义的介绍和宣传，我发现，不管在精英群体还是普罗大众那里，个人主义总是被理解为一种自我中心主义，

---

① 李荣荣：《从"为自己而活"到"利他个体主义"——乌尔里希·贝克个体化理论中的一种道德可能》，《学海》2014 年第 2 期。

其表现包括自私、不合群、功利主义、毫不考虑别人的权利和利益"①。这事实上也表明，在中国社会的个体化进程当中，由于个体主义理念基础比较薄弱，个人的自由、权利、个性等并没有得到广泛的接受，而对西方个体主义的"一知半解"也导致中国知识分子以及民众并没有充分理解个人的价值，也没有充分理解个体参与公共领域、公共生活的重要意义。

在中国文化的价值观念体系中，"个人的价值并不是不辨自明的，同时也不是人生哲学的终极目标"②。由于缺乏公共领域的支撑，中国社会的个体化非常容易走向与个体的自私自利的结合，形成一种自我中心主义的价值观念，即"以'己'为中心的由私人联系所构成的富于伸缩性的社会网络"③。阎云翔在黑龙江下岬村经过持续多年的田野调查，也发现了这一点。他发现，虽然"个人"在中国社会的文化价值体系及日常生活中日益突出，但是，由于个体主义发育并不完善，这极易带来自我中心主义及自私自利倾向的滋生，最终导致"'冲决网罗、告别祖荫'的个人并没有获得真正独立、自立、自主的个性。恰恰相反，变迁过后的社会呈现出公共领域与私人领域断裂的迹象；个人在获得其权利之后忘记了本应负有的社会义务。由于缺乏对权利与义务的对等认识，从集体中解放出来的个人面临或已经滑向自我中心主义"④。

在"没有个体主义的个体化"背景下，中国社会的个体化进程较

---

① ［美］阎云翔：《中国社会的个体化》，陆洋等译，上海译文出版社 2012 年版，第 22 页。

② 林毓生：《中国传统的创造性转化》，生活·读书·新知三联书店 1996 年版，第 160—204 页。

③ 李荣荣：《"差序格局"与个体主义之间的距离》，《中国农业大学学报（社会科学版）》2008 年第 4 期。

④ ［美］阎云翔：《私人生活的变革：一个中国村庄里的爱情、家庭与亲密关系》，龚小夏译，上海书店出版社 2006 年版，第 35 页。

易出现两种极端现象：一是"无公德的个人"，二是"无社会的自我"。

一方面是"无公德的个人"。梁启超先生曾言，吾国道德不可谓不发达，但是"偏于私德，而公德怠阙如也！"①中国伦理主要是以"己"为中心而建构起来差序格局，强调了自我的道德修养，同时以"关系"为核心建构了亲疏远近的伦理秩序，因此，中国的个体观"强调个体在本体论意义上是存在于多重人际关系之中的道德化关系主体，而不是独立存在的权利主体。对于个体至关重要的是家庭和家族的原生小共同体，它以等级化的伦理纲常为基础，要求个体之间都优先考虑对方的需求"②。因此这就很容易导致人们只关注自我以及自我的"小团体"（家庭、家族）的利益，而对于与"己"并没有多大关系的陌生人则缺乏平等相待、相互尊重的意识。这事实上也就导致了公德意识的淡漠，因此，中国式个体化呈现出来的一个特点，就是往往容易出现"没有规则（规则属于他人）和没有共同体"③的现象。在公共生活领域中，人们更倾向于索取个人的利益，缺乏对公共道德及公共福祉的关注，这也就形成了"无公德的个体"④现象。另一方面是"无社会的自我"，它集中表现为对个体利益的过分注重以及对社会公共福祉的相对冷漠。改革开放以来，中国社会公共领域的发展已取得了显著的进步，各种社会公益、慈善、志愿者组织等开始发展起来，引导公众积极参与社会公共事务。但是，总体来说，这种社会公共参与的覆盖面和积极性还是需要进一步提高的。在当代社会的个体化进程中，我们也可以看到"无社会的

① 梁启超：《论公德》，载梁启超：《新民说》，中州古籍出版社1998年版，第62页。
② ［美］阎云翔：《差序格局与中国文化的等级观》，《社会学研究》2006年第2期。
③ 陈玲、郑广怀：《个体化社会的规则重构：基于重庆公交坠江事件的分析》，《中国青年社会科学》2019年第1期。
④ ［美］阎云翔：《中国社会的个体化》，陆洋等译，上海译文出版社2012年版，第22页。

自我"的个体私利主义现象，即把自我的利益视为至高无上，而不顾他人的利益、不顾社会的公共福祉，最终导致"集体的思维在个体化的过程中被淡化，'为自己而活'成为主流"①。这种"为自己而活"的价值观念和生活方式，极易导致人们出现狭隘的个人利益至上的道德心态及行为选择，它也使得人们在权利与义务关系上走向了失衡，过度索取权利，而不愿承担义务。"中国社会的个体化带来的一个关键变化是'为自己而活'成为个体的一种生存策略乃至道德理想。"②随之而来的则是社会公共参与的低效能感，以及对公共事务的疏离感。当"为自己而活"成为主要的生活目标及道德理想的时候，人们也就很容易走向自我中心主义，并带来公共道德及公共精神的衰退。

二、现代性的探寻与"个人"的发现

中国现代性进程是中西方文化不断碰撞、交流的历程，也是个人的权利、自由、个性的觉醒历程。如果说儒家文化传统发现了"人"，并从伦理道德的关系网络视角来解释人的生存，那么晚清民初以来的中国现代性进程则开始逐渐融入了西方的文化及价值理念。当时的知识分子和民众普遍感受到了"文化上的不如人"，试图改革社会的文化及价值观念，以使中国不至于落后于世界、落后于西方。于是，"个人"开始在中国这片古老的土地上觉醒了。这种"个人"观念通过最初的孕育状态，并逐渐与儒家伦理传统及中国社会背景进行了深度的融合，

---

① 吴理财、王俊：《个体化转型下农民谋利型抗争的行动逻辑》，《华南农业大学学报（社会科学版）》2020年第3期。

② ［美］阎云翔：《"为自己而活"抑或"自己的活法"——中国个体化命题本土化再思考》，《探索与争鸣》2021年第10期。

发展出了具有中国色彩的"个人"观念，并逐步成为中国社会个体化进程的重要推动力量。

（一）从"人"到"个人"的观念变迁

在传统中国社会和儒家文化体系当中，可以说基本上没有形成"个人"（Individual）的观念，但是"人"的观念确实又是存在的。儒家人文主义精神试图把"人"界定为一系列伦理道德关系中的存在者，从而把"人"的本性理解和阐释为道德性，这也正是孟子所言的"人者，仁也""仁义礼智根于心"的本义。儒家传统认为，人是生活于以"己"为中心的多层次、多维度、并具有亲疏远近的伦理道德关系网络当中的，也可以说人的存在是一种关系性的存在①，没有完全独立存在的人。西方所倡导的以个人的自由、个性和权利为核心特征的单子式生存状态，在儒家文化及其价值观念体系中是很难理解的。从这个意义上而言，传统中国社会有"人"的观念，但是却很难说有"个人"的观念，个人在文化及价值观念体系中往往是缺席的。这种情况一直持续到晚清民初时期。到了这个时期，伴随着一批"开眼放洋"的知识分子逐渐登上历史舞台，他们在吸收和借鉴西方个体主义理念的过程中，才逐渐使"人"的观念获得了"个人"的意味，并开启了由"人"到"个人"的思想观念变迁。

鲁迅先生曾经推断，"个人"作为一个现代词汇，是由西方传入日本，大概在19世纪末的日本传播开来，然后再由日本传入中国。他在1908年的《文化偏至论》中提到，"个人一语，入中国未有三四年，号称识时之士，多引以为大诟，苟被其谥，与民贼同。意者未遑深知明

---

① 鲁洁：《关系中的人：当代道德教育的一种人学探寻》，《教育研究》2002年第1期。

察，而迷误为害人利己之义也欤？夷考其实，至不然矣"[1]。鲁迅这段话表明，"个人"一词传入中国大概是 1904 年左右的事情，传入中国以后引起了诸多误解，"多引以为大诟"，以为"个人"这个概念含有"害人利己"之意。这主要是因为大家并不懂得"个人"这个概念的深刻内涵，"未遑深知明察"其意。也有的学者指出，最早使用现代意义上的"个人"概念，并作出了较为全面的解释的是梁启超。[2] 1902 年，梁启超在《论政府与人民之权限》一文中曾指出："国家不过人民之结集体，国家之主权，即在个人。"[3] 在这篇文章中，梁启超还在"个人"这个概念下加了一个注释——"谓一个人也"。不过，值得我们注意的是，梁启超并不认为"个人"大于社会或者群体，而是强调"小己大群"，即个人的自由和权利要服从于群体的利益。这一"小己大群"的观念在当时得到了很多知识分子和民众的支持。严复后来在翻译西方著作的过程中，也把"sociology"这一英文概念翻译成了"群学"，同时把个人（Individual）翻译成了"己"或者"小己"，把社会（society）翻译为"大群"。这也肯定了群体要优先于个人，而个人只是群体的一个分子的思想观点。严复曾指出，"社会之变相无穷，而一一基于小己之品质"[4]。严复已然注意到了"小己"（个人）的重要性，但是依然把社会（大群）视为第一性的。我们由此也可以推断，在晚清民初知识分子的观念中，虽然在与西方文明的碰撞中逐渐形成了"个人"的观念，但是这种"个

---

① 鲁迅：《文化偏至论》，载鲁迅：《鲁迅全集·坟（第 1 卷）》，人民文学出版社 1981 年版，第 50 页。

② 罗晓静：《寻找"个人"》，中国社会科学出版社 2007 年版，第 103 页。

③ 梁启超：《论政府与人民之权限》，载梁启超：《饮冰室合集》，中华书局 1989 年版，第 1 页。

④ 严复：《严复集（第一册）》，中华书局 1986 年版，第 126 页。

人"依然只是一个"小己"，人们对于"个人"所持有的观念模式仍然主要是"小己大群"的观念模式。因而，我们也可以说，这一时期还没有形成现代性意义上的个体主义观念。

（二）从"个人"到"个体主义"的思想启蒙

大致是到了辛亥革命和五四运动之后，从"个人"到"个体主义"的观念转变才开始真正展开。当时，资产阶级革命派中的一些知识分子提出应该把"小己"从"大群"中解放出来，从而释放人的个性，使人真正成为一个自由、独立的"个人"。章太炎先生是这一思想的典型代表人物。章太炎先生指出，"自性"——相当于物理学意义上的物质最小单位"原子"——才是真实的东西。而在个人与社会、小己与大群的关系中，事实上个人是最小的单位，也就是所谓的"自性"，而群体（或者社会）则是由一个个的个人（小己）所组成。也就是说，群体（社会）本身是由差异的"自性"（个人）所构成的。从逻辑上而言，个体的"自性"是有着显著差异的，因此"自性"也就不可能自动地组成"群体性"。章太炎先生说，"凡云自性，惟不可分析、绝无变异之物有之；众相组合，即各各有其自性，非于此组合上别有自性"[1]。通过"自性"这个概念，章太炎先生甚至进一步否定了"群体性"的真实性，因为"自性"是千变万化、多种多样的。如此，各个不同的"自性"也就根本不可能组成所谓的"群体性"。从这个意义上而言，"群体性"是虚妄的，而"自性"（个体性）才是真实的。这最终使章太炎先生得出了这样的结论，即"个体为真，团体为幻"[2]。这个结论也成为章太炎先生的经典

----

① 章太炎：《国家论》，载章太炎：《章太炎全集（第四卷）》，上海人民出版社1985年版，第457—458页。

② 章太炎：《国家论》，载章太炎：《章太炎全集（第四卷）》，上海人民出版社1985年版，第457页。

思想言论。章太炎先生的"个体主义"思想得到了当时不少学者的认同，在当时社会的思想界、文化界、教育界获得了传播。

到了五四新文化运动时期，以个体为中心的、带有西方个体主义色彩的社会思潮开始真正在知识分子界盛行开来，其鲜明的标志就是"小己"观念逐渐为"大我"观念所替代。当时的思想界、文化界以及教育界都在谈论"大我"，这个"大我"事实上就是个人，高于群体的个人。当时，杜亚泉主编的《东方杂志》就用了很多篇幅讨论个人与群体的问题，讨论的结果是，"过去几十年数种社会改革忽略了对个人或个性的改造，强调改革要由个人开始。'个人'要从'群'的遮蔽中走出来，身影逐渐变大变清晰，并具有先于甚或超越'群'的独立价值"①。在《东方杂志》1916年第13卷第1号的一篇署名"民质"的文章中，提出了"我者真万事万物之本也""世间无我，即无世界"②等思想观点，开始认为"我"（个人）才是具有绝对价值的存在，从而认为"我"是第一性的，它不再是群体中"小我"，而是一个拥有绝对价值的"大我"。"我"作为一个个人，不再是群体的附庸，而是成为解放的、自由的个体。当时，除了《东方杂志》之外，包括《新青年》《新潮》《少年中国》等五四时期的一批重要刊物也都在讨论个人与群体的关系，在一定程度上也都在倡导以个人的自由和个性为核心特征的个体主义观念，凸显了个人的自由与独立。③于是，在知识分子的理念中，虽然夹杂着对西方个体主义思想的一些曲解、误解，但是确实是在整个社会、文化层面上召唤着"个体"的到来。它推动个体从群体的遮蔽中走出来，

---

① 罗晓静：《寻找"个人"》，中国社会科学出版社2007年版，第176页。
② 民质：《我》，《东方杂志》1916年第1期。
③ 罗晓静：《寻找"个人"》，中国社会科学出版社2007年版，第190页。

真正成为独立自主的"大我"。这最终也就形成了中国近现代历史上第一次以个人的自由和解放为口号的思想启蒙的浪潮。这一时期所提出的"个体"观念，在一定意义上已经具有了个体主义的内涵及特征。当然，正如阎云翔所指出的，五四知识分子对西方个体主义思想夹杂着"一知半解"，并没有真正意识到个体主义背后的、倡导人之为人的权利理念及自由哲学；同时，这种个体主义观念的文化基础也是比较薄弱的，传统儒家文化所强调的是道德关系网络的建构，它难以自动地孕育出以个体的自由和权利为旨归的个体主义理念。反而是这种对个体主义的"半生不熟"的理解，极易与儒家以自我以及家族小群体为中心的自我中心主义的价值导向混合，最终滋生出个体私利主义的不良倾向，集中表现为"自私、不合群、功利主义、毫不考虑别人的权利和利益"①。这事实上也就为改革开放以后"没有个体主义的个体化"进程埋下了伏笔，同时也对当前的社会发展以及教育发展造成了一定的不利影响。

（三）没有个体主义的个体化：个体化的当代表征

从五四新文化运动开始一直到改革开放之前，强调个性、自由的思想理念虽然一度盛行，但是由于文化传统以及价值观念基础的限制，真正意义上的个性、自由和独立精神并没有深入中国社会的内核。新中国成立之后直到"文革"时期，集体、公社、单位等开始逐渐在人们的生活中占据了重要位置，个人的利益开始让位于集体的利益，个性开始逐渐服从于群性。直到改革开放以后，随着市场经济体制的加速发展、中西文化及价值观念的碰撞与融合，对于个体的自由和权利

---

① ［美］阎云翔：《中国社会的个体化》，陆洋等译，上海译文出版社 2012 年版，第 22 页。

的关注才又有了逐渐兴盛的趋势。但是，值得我们注意的是，在当前中国社会的个体化进程中，也已然出现了一些新的变化，即由于缺乏个体主义的土壤，我们的个体化进程中出现了"没有个体主义的个体化"的倾向。从积极的角度而言，这让我们规避了西方社会的个体主义弊病，即过度强调了个人的自由和权利，进而导致个人与他人、个人与社会、个人与国家的分离；但是，从消极的角度而言，缺乏个体主义的个体化，也容易导致对个体所应当享有的权利和自由的保障不足，同时容易滋生出"为自己而活"的个体私利主义、功利主义的思想观念，从而对社会以及教育的发展起到一定的阻碍作用。这是我们需要加以注意的。

改革开放四十多年以来，我们的政治、经济以及文化等都已取得了前所未有的进步，伴随着市场经济的发展以及人的主体性、独立性的不断觉醒，整个社会出现了"个体化社会"的新特征。个体化社会强调人的主体性和独立性，它倡导把个体从集体、社会的"束缚"中解放出来，使人成为更加自由自觉、独立自主的个体。但是，社会的个体化进程的不断推进乃至于膨胀，也会带来新问题，即它易于使个体过度重视自身的自由和个性，而忽视社会共同体的利益及要求，最终导致个体与共同体的分裂。中国社会的个体化虽然使人们获得更多的个性自由，但是它会如鲍曼（Zygmunt Bauman）所言的，"使人对公共利益、良序社会、公正社会表现出漠不关心"①。或者说，个体化在一定程度上导致了个体失去共同体归属感，最终很容易成为"孤独的个体"。在当前中国社会发展过程中，我们也看到了个体独立意识在不断

---

① ［英］齐格蒙特·鲍曼：《个体化社会》，范祥涛译，上海三联书店 2002 年版，第 48 页。

增强，但是个体与社会的疏离与分裂也在加剧，人们的公共道德精神
也有趋于消解的风险。人们更在乎自我的体验和感受，更在乎"为自
己而活"，不愿意关注他者和社会，这就不可避免地使人陷入一种以
自我为中心的个体私利主义。它导致人们更愿意把自我封闭于内心的
孤独之中，并且认为自己的自由和个性就在于"享受"这种孤独，并
保持与他人、与社会的分离状态，最终也就对自己所应承担的公共角
色和社会责任产生排斥心理。

　　同时，伴随着市场经济、商业社会的迅猛发展，在缺乏相应的
伦理道德和人文精神的约束下，难免因为利益争夺、市场竞争、人
际紧张等因素的影响而导致社会整体的道德困境。在发达的消费社会
中，"价值观的相对主义化，使社会失去了具有权威性的统一信仰和信
念；物质的高消费主义，把人变成了金钱的奴隶，使精神陷入极度的
空虚……"① 这些都可能对当前中国社会的现代化进程造成不利的影响。
个体化与私利主义、自我中心主义的结合，极其容易导致公众被"个
人至上""利益至上""金钱至上"等不良观念所影响，从而出现人格及
价值观念的扭曲。对于新时代的社会发展和教育变革而言，我们必须
有效地规避中国社会个体化进程以及个体私利主义所带来的风险，对
个体人的膨胀现象保持一种理性的反思和警惕，从而更深入地观照现
代社会以及现代教育中的个体化问题，并更好地寻求解决个体化社会
所带来的伦理道德困境的有效路径。

---

① 顾成敏：《公民社会与公民教育》，知识产权出版社 2008 年版，第 277 页。

第三节　现代学校与个体人的生产

如前所分析，现代社会在不断提升人的主体性与独立人格的过程中，也在不断推动着人的个体化与孤独化。在中国社会的个体化进程中，个体化还存在着与人的自私自利倾向相结合的风险，容易导致人们过度强调"为自己而活"的自我中心主义，割断了自我与他者、自我与社会的团结合作、共生共存关系，从而自觉或不自觉地制造了孤立的个体人。正如鲍曼所指出，现代性社会有着"一股强大的个体分化力量，它分割而不联合"①。在当代社会及教育的运行逻辑当中，这股强大的个体分化力量使得现代人成为"孤军奋战"的个体，在教育领域中则表现为过度强调个体化的竞争逻辑、身份焦虑以及分离机制等，从而导致了个体与他人、个体与共同体之间产生了强烈的分裂感和疏离感。这种个体分化力量不利于青少年学生的公共道德及公共精神的培养，它甚至会在一定程度上不断强化人的个体化生存状态，使得学校不断"生产"自私自利的个体人，也使得学校教育的育人逻辑及运行机制陷入个体化困境之中，最终也就难以培养出适应新时代发展需要、具有公共道德及公共精神的公共人。

一、现代学校的竞争逻辑与"孤独的"个体

当前的学校教育形成了一种独特的竞争机制，它不断强化了学业排名、考试竞争、胜者生存，从而显性或者隐性地加剧了学生与学生

---

①　[英] 齐格蒙特·鲍曼：《个体化社会》，范祥涛译，上海三联书店 2002 年版，第 13 页。

之间的竞争关系，并且在很大程度上使得竞争越来越绝对化和私利化。在这种情况下，学校教育的逻辑也就有了逐渐演变为过度竞争逻辑的趋势，甚至从某种意义上来说成为一种"竞争性个人主义"①的教育逻辑。"竞争性个人主义"这一概念最早是由美国心理学家罗洛·梅（Rollo May）提出的。在《焦虑的意义》（*The Meaning of Anxiety*）一书中，罗洛·梅指出，当代青少年的生活方式及价值取向当中，往往存在着"个人主义与竞争性汇整在一起"的现象，"整个文化系统都在鼓励自我觉察，方法是比他人优越或胜过他人"②。而这种总是试图"比他人优越或胜过他人"的心理状态，最终也就发展成了现代人的一种比较极端的心理焦虑症，即期望通过"竞争"来展示自我的价值，同时也用来填补生命意义的空虚感。于是，人们也就逐渐走向了个体化的教育竞争，"教育被简化为高利害关系的考试竞赛场，主导原则是形式公正、程序僵硬的考试形式主义"③。在这种考试竞争体系中，人与人之间的关系越来越孤立和疏离，"充斥着竞争、对抗和恐惧"④等个体化的竞争状态。

　　竞争性个人主义已然成为当前社会的一种心理病态，同时它对学校教育以及青少年学生也产生了越来越大的影响。当前，我们的学校教育也隐性或者显性地通过竞争性的教育逻辑来塑造教育空间的"竞技场"，而学生则成为竞技场中的知识、考试、升学的"角斗士"。在学校教育这个特殊的场域中，过度的竞争性导致了学生越来越把他人

---

　　①　叶飞：《竞争性个人主义与"孤独的"公民——论公民教育如何应对公共品格的沦落》，《高等教育研究》2013年第2期。
　　②　［美］罗洛·梅：《焦虑的意义》，朱侃如译，广西师范大学出版社2010年版，第153页。
　　③　刘云杉：《拔尖的陷阱》，《高等教育研究》2021年第11期。
　　④　［美］埃里希·弗罗姆：《占有还是生存：一个新社会的精神基础》，关山译，生活·读书·新知三联书店1988年版，第120页。

视为自己的"敌人""对手"，并开展着各种各样的竞争乃至于对抗，从而追求个人在竞争中的成功。"'提高一分、干掉千人'，这血腥的口号下是残酷的竞争事实，教育领域成了战场，每个人都处于战争中。"①只有"战争"中的优胜者，才配享有他（她）想要过的生活。

在这种相互竞争、对抗、排挤的关系中，人与人之间往往失去了团结、合作的关系，个体深埋自我的内心世界当中，只关注自身的生存及自我的利益，而不再关心他人的生存及社会的公共利益。过度的竞争和对抗所带来的焦虑感，又会催生出孤独感和无助感，使学生陷入"孤立无援"的学习、生活当中，形成一种"孤立化"的学习方式和生活方式。这样的人也就成为孤立化生存的个体人。美国学者布里克（David C.Bricker）在研究时发现，美国学生的学习方式正在发生着变化，"在一个25—50人的班级里，学生们虽然在相同的时间里学习相同的课程、科目，但是我们看到他们总是在独自学习、独自完成作业，他们很少相互帮助或进行合作"②。显然，这种变化不仅发生在美国学校，事实上在中国的学校教育当中，我们也同样可以看到这种个体化、孤立化的学习方式。甚至可以说，这种学习方式在我们的学校教育中非常普遍。

在高强度的考试竞争和升学压力下，学生们在课堂中进行着孤独的学习，他们一般不会展开积极的交流或者互助，而更倾向于把班级里的同学视为"潜在的竞争对象"。因而，为了优胜于对手，为了提高考试成绩及升学机会，学生宁愿进行个体化的孤独学习，而教师也在

---

① 刘云杉：《拔尖的陷阱》，《高等教育研究》2021年第11期。

② David C. Bricker, *Classroom life as Civic Education*, Columbia University Teachers College Press, 1989, p.4.

有意识地鼓励学生的孤独学习，要求学生以"高效"的方式来掌握复杂的考试科目和教学内容，从而提高班级的升学率和教师的教学业绩。因而，我们经常看到这样的情况，随着年级的升高、随着考试升学的临近，课堂就会变得越来越寂静和沉默，学生与学生之间的竞争在悄无声息之间展开。沉默的课堂、孤独的学习得到了赞许或者公开的表扬，目的是在高强度的竞争中制造更多的考试优胜者，产生更好的教学业绩。

这种教育模式及学习模式极易制造出缺乏他者意识和团结合作意识的个体人。事实上，从理想角度而言，学校教育和班级生活应该通过分享、合作的教育模式及合作学习方式，不断提升青少年学生的团结合作意识、他者意识，使青少年学生成长为具有公共道德品质乃至于公共关怀精神的人。但是，在当前的学校教育模式及学习方式下，青少年学生的合作意识、他者意识面临着被剥夺的风险。细究起来，这种情况的产生与现代学校教育模式紧密相关。这种模式下的课程教学追求的是以最高效的方式来传递知识（尤其是与考试有关的知识），而教师与学生、学生与学生之间的对话式、探究式、合作式的教学关系及学习方式无助于这种"高效的"知识传递，因而往往被学校教育所抛弃。学校和教师往往倾向于以个体化的、分离化的教学组织及学习任务安排来实施教学，师生之间、生生之间的合作对话是比较少的，甚至过多的交流合作、对话教学会被认为是"不务正业"，因为它无助于知识传递和考试升学。

这种缺乏团结、合作、分享以及对话的教育模式及学习方式，也就容易造成师生、生生之间的疏离和分裂，不利于学生的他者意识、团结意识和合作意识等的发展。在这种教育模式之下，人们（包括教师、学生乃至于家长）往往就会形成这种教育观念，即学习是"个人的事情"，只关乎个人的前途命运，而个体则必须以竞争的、隔离的、孤独的姿态来达成学习目标，来追求考试竞争中的"好成绩""好排名"。于是，过度的竞争、孤独的学习使得他们的人格品质及心理状态也受到不良影响，学校、班级逐渐成为"孤独学习"的空间场所，学生与学生之间在孤立的、个体化的环境中学习，哪怕他们共处一个教室之中，也始终把对方看作是竞争对手或者"敌人"，而难以形成团结的、合作的关系。这也就进一步贬低了分享、合作、团结的学习方式，在无形之中制造了缺乏团结意识、合作精神、沟通能力的个体人。

二、现代学校与身份焦虑的制造

阿兰·德波顿在《身份的焦虑》一书中曾指出，身份焦虑是现代人身上所普遍存在的一种心理病症。他指出，"身份焦虑指的是人们对自己在世界中地位的担忧"[①]。也即是说，身份焦虑是人们对自己在他人眼中的价值和重要性的一种焦虑心态。我们渴望在他人的眼中看到自己，渴望被他人所关注、认可和尊重，我们希望他人能够时刻"注意到我们的出现，记住我们的名字，倾听我们的意见，宽宥我们的过失，照顾我们的需求"[②]。而一旦我们无法获得这些关注，身份的焦虑就产生了。阿兰·德波顿主要是从现代人的精神心理层面上来分析身份焦虑。事实上，这种身份焦虑也比较普遍地存在于现代学校的教育运行机制当中。

---

① ［英］阿兰·德波顿：《身份的焦虑》，陈广兴、南治国译，上海译文出版社2009年版，第1页。

② ［英］阿兰·德波顿：《身份的焦虑》，陈广兴、南治国译，上海译文出版社2009年版，第4页。

在《测量时代的好教育：伦理、政治和民主的维度》一书中，比斯塔就曾分析和讨论了教育领域中的身份焦虑。他认为，英国中产阶级家庭对孩子的教育存在着很强烈的焦虑感，"很多中产阶级的家长追求公学的文化，并视之为'黄金标准'，同时他们也不希望自己的孩子处于劣势或被忽视"[①]。这种对公学以及公学中的优等学生身份的关注及其所引起的身份焦虑，恰如我们广大的中小学生及其家长对能否进入知名小学、中学以及大学，并获得优等生身份的关注和焦虑一样。北京大学教授刘云杉曾指出，当前我们的教育"前所未有地引起社会的高度关注与严重焦虑，人才选拔的机制既非'贤能主义'（meritocracy）——传统中国政治贤能维度下德行最好者，也非'精英治理'（英才主义）——现代社会中能力最强者，此时的 merit 指'绩优者'，即各筛选规则下指标最强者"[②]。这些"绩优者"是在独特的人才选拔机制（以高考为典型）中产生出来的，他们代表了优等生的身份，获得了广大的学生、家长、教师的认可和关注。而能否获得"绩优者"的身份，也成为每一个学生以及他们的家长最为关心、也最为担心的事情，而这也就成为教育中身份焦虑的重要根源。

教育中的身份焦虑，简要而言包含了两个重要方面：一是对获得学校教育中的"绩优者"身份的焦虑。成为"第一名""拔尖学生"几乎成为每个学生的梦想，而当这个梦想难以实现或者"触碰暗礁"的时候，焦虑心态也就随之产生了。二是成为"社会精英"的焦虑。这种焦虑不仅是青少年对未来社会身份的焦虑，同时也包含着父母的焦

---

① ［荷］格特·比斯塔：《测量时代的好教育：伦理、政治和民主的维度》，张立平、韩亚菲译，北京师范大学出版社 2019 年版，第 57 页。

② 刘云杉：《拔尖的陷阱》，《高等教育研究》2021 年第 11 期。

虑心态。这两种类型的身份焦虑对青少年学生的人格、心理的健康发展都会产生严重的不良影响。

对获得"绩优者"身份的焦虑，导致了现代学校逐渐成为"个人奋斗"场所。个人奋斗的目标是为了在学校教育中获得身份认同，解除身份的焦虑。在当前的学校教育中，学校也有意识地通过考试成绩、学业排名等方式来对学生的"个人成就"进行等级划分，一部分学生成为"绩优者"（优等生），一部分学生成为"绩平者"（中等生），而另一部分学生则成为"绩差者"。不同类型的学生在学校教育中享受着不同的待遇，他们在学校群体中的身份和地位也是不对等的。"绩优者"获得了更高的身份和地位，他们也获得了更多的关注、认可和尊重。而"绩平者""绩差者"则难以获得与"绩优者"一样的荣誉、地位、利益和认可，甚至会遭受各种各样的忽视、蔑视乃至于无视。因此，通过个人的不断奋斗成为"绩优者"，几乎是每一个学生改变自己在学校教育结构中的身份和地位的唯一机会。成为"绩优者"也就几乎成为每个学生梦寐以求的目标，而一旦无法达成这个目标，那么他（她）就只能接受成为"一个失败者，一个被打垮的、可怜的人"[①]的命运。

这种教育模式无疑会使学生极快地陷入焦虑和恐惧的状态之中。教育似乎就是为了占有更高的分数、更多的资源、更好的升学机会等，而"为了占有最大的份额，必须展开斗争，个人与个人之间充满着竞争与对抗"[②]。伴随着这种身份焦虑及占有式的教育模式，学校教育的

---

① ［美］埃里希·弗罗姆：《占有还是生存：一个新社会的精神基础》，关山译，生活·读书·新知三联书店 1988 年版，第 117 页。

② ［美］埃里希·弗罗姆：《占有还是生存：一个新社会的精神基础》，关山译，生活·读书·新知三联书店 1988 年版，第 120 页。

公共的、分享的、合作的逻辑开始逐渐消退，而占有成绩、占有资源、占有身份的个体化逻辑则开始兴起，并逐渐占据重要位置，它使得青少年学生处于一种过于狭隘的、过度焦虑的个体化生存状态之中，从而很难把他们真正培养成具有合作、分享和团结等精神的公共人。

成为社会精英的焦虑，也是当前学校教育（乃至于整个社会氛围）所制造的另一种重要焦虑。这种成为社会精英的焦虑，不仅影响到了学生，同时也影响到了大多数的父母。对于学生而言，教育就是"为了美好的未来"，教育所要培养的是能够适应未来生活、能够获得更高的社会身份和更多的社会资源的精英分子，教育就是要给予学生"充分占有权力、资源和利益的优势条件，从而获得社会身份和社会地位，成为社会精英集团中的一分子"[1]。而成为精英，其路径是狭窄的，正如人们常说的"千军万马过独木桥"，真正能走过独木桥到达"胜利的彼岸"的人，毕竟是少数。在这种情况下，教育就极易成为一项"走钢丝"（走高考"独木桥"）的运动，每个人都必须走过那条摇摇晃晃、随时有坠落风险的"钢丝"，这条"钢丝"也正是人生的"钢丝"！对于广大的学生而言，走过"钢丝"（通过了高考）也就终于有了成为社会精英、获得社会地位的机会。但是，"走钢丝"的过程必定又是伴随着极大的焦虑和压力的，正如乌尔里希·贝克所言，"在一个充满走钢丝般生活经历的社会当中，精神紧张及恐惧给每个人都带来了极大的压力"[2]。从这个意义上而言，当代的青少年学生也面临着这种"走钢丝"的困境，他们作为个体在危险的钢丝上踽踽独行，在焦虑和恐惧中不断去追求

---

[1] 金生鈜：《保卫教育的公共性》，《教育研究与实验》2007 年第 3 期。

[2] ［德］乌尔里希·贝克、［德］伊丽莎白·贝克－格恩斯海姆：《个体化》，李荣山、范譞、张惠强译，北京大学出版社 2011 年版，第 58 页。

成为社会精英，他们担负着巨大的焦虑感，并在这种焦虑感中进行着个人的奋斗。对于父母而言，这种成为社会精英的身份焦虑充分体现在"赢在起跑线""绝不让孩子掉队"等话语、口号当中。在这种焦虑心态下，父母也无时无刻不担心着自己的孩子会"输在起跑线上"，会"倒在社会精英的门槛之外"。父母会随时检查孩子的成绩、作业，会利用所有能够利用的课余时间、假期时间把孩子"驱赶"到各种各样的强化班、补习班、冲刺班当中，渴望孩子在"走钢丝"的旅程中击败对手而成为"胜利者"，走到胜利的彼岸，这也几乎成为社会精英的唯一机会。因而，这种教育模式也在不断地制造着父母的焦虑心理。并且，父母最终也会把这种焦虑"转嫁"给自己的孩子，从而使得孩子遭受着"双重的焦虑"。这种焦虑状态催生了家庭教育的扭曲，催生了学校教育的异化，从而使得焦虑的心态笼罩在了每个学生、教师和家长的头上，对青少年学生的成长产生了极其不利的影响。

三、现代学校与分离机制的生产

现代学校和现代教育形成了一种个体分离的机制，它也在很大程度上推动了个体人的产生。这种个体分离机制，首先体现为个体与他人的分离，即个体丧失了他者性（Otherness）的思维视角，在自我与他者之间划出了"隔离区"，陷入"分离式"的生活方式和价值取向。在现代教育当中，这种分离式的生活方式及价值取向，主要体现为学习者以分离的、孤立的方式来完成学业任务，在学习过程中个体成为完全自足的人，教育的过程缺乏相互之间的合作和共享，而只是围绕知识学习和考试内容进行单向度的学习。在这种教育活动当中，人成为以自我的学习为中心、以自我的利益为中心的人，从某种意义上来说也成为现代知识生产及考试机制中的一个个孤独的个体。这种教育模式极易把个体从对他人、对社会的道德责任中"抽离"出来，成为缺乏责任意识、担当意识的个体人。这种个体人往往会对他人持着一种道德冷漠（Moral indifference）的心态，对他人的痛苦表现出无意识的道德麻木、道德上的不予关心，同时对自身所肩负的道德责任主动推拒。[①] 当这种只顾自己、不顾他人的道德冷漠在教育体系中蔓延开来，个体与他人的分离也就会日益严重，青少年学生难免在这种分离的机制中逐渐失去与他人形成良好关系的机会，对他者丧失关怀的意识乃至于关怀的能力，最终也就选择了以道德冷漠的、不愿担负责任的方式来对待他人。这事实上也就推动了个体性生存及个体人的阐述，导致青少年学生的道德人格成长受到严重的不良影响。

现代学校和现代教育所形成的分离机制，还体现为它推动了个体与社会的分离，阻碍了学生的社会性意识、公共性精神的成长。当前的学校教育在很大程度上被限制在学校空间或者班级空间的狭窄空间之内，学校教育与广阔的社会生活空间相疏离。这将导致青少年学生失去接受"社会性"的教育机会，制约青少年学生的社会责任意识、公共精神等的成长。青少年学生的社会性意识、责任观念及公共精神的成长，它是孕育于广阔的社会生活空间及实践行动的，"它是人们在积极参与公共事务、维护公共秩序、追求公共利益的过程中所生成和发展起来的道德意识和精神状态"[②]。但是，现代学校和现代教育的分离机制，往往在无形之中造成了个体与社会的疏离，个体日益关注于自身的知识学习、考试成绩及个体利益，而忽略了社会的公共生活以及

---

① 高德胜：《道德冷漠与道德教育》，《教育学报》2009 年第 3 期。
② 叶飞：《学校公共精神教育的公共性困境及其超越》，《中国教育学刊》2019 年第 6 期。

公共福祉。事实上，青少年学生不仅是知识的学习者，同时他们还是国家和社会的未来公民。为了给国家和社会培养合格的公民，教育就不应当只局限于狭窄的学校及班级空间之内，而是要与广阔的社会公共生活相结合，引导学生在参与社会公共生活的过程中不断学习和内化社会的公共道德，担当社会的公共责任，养成公共品格及精神。

　　现代学校和现代教育所形成的分离机制，还表现为知识与道德、技术与人格的分离，这阻碍了青少年学生的健全人格培养。正如鲁洁教授所指出的，"教育要使人成为人，这是人性的觉醒和教育的回归"①。但是，当代教育"在现代化的转型中却发生了变异，它从指向人自身的存在，指向人的发展和完善，变异为征服世界、占有世界的工具"②。显然，教育是为了使人成为人，这种"人"应当是具有完善的知识、能力和道德品格的人，而不只是征服世界、占有世界的工具。如果只把人当作征服世界、占有世界的工具，那么教育就只会越来越关注人的知识和技术能力的发展，而人的道德品格完善则逐渐退居其次。这将导致知识与道德、技术与人格的分裂，使人难以成为真正意义上的"整全的人"，难以成为如康德所言的"自由自觉的实践理性的主体"③。但是，伴随着知识与道德的分离、技术与人格的分离，现代教育更多的是向学习者传递知识和技术，而缺少对于人的道德人格的整体关注。这种以知识和技术为轴心的培养模式，最终往往造就了只关心知识、考试和个人利益，而不关心社会的公共福祉、不关心公共道德义务的个

---

① 鲁洁：《做成一个人——道德教育的根本指向》，《教育研究》2007年第11期。
② 鲁洁：《边缘化·外在化·知识化——道德教育的现代综合征》，《教育研究》2005年第12期。
③ ［德］康德：《纯粹理性批判》，韦卓民译，华东师范大学出版社2000年版，第668—669页。

体人。在知识与道德、技术与人格的分裂过程中，占有了知识及技术的个体无力承担、也不愿意承担更多的公共责任，社会的公共福祉于他（她）只是"浮云"，而这事实上也就背离了教育以及道德教育的公共使命。

四、现代学校与人的公共品格的沦落

当前学校道德教育所面临的个体化困境，在一定意义上已导致了人们的公共品格及精神的衰落。我们这里所谓的公共品格，主要是指人的公共理性、公共德性以及公共精神等方面品质的总括，它是一个人成为公共人的品质基础。从应然的角度而言，学校道德教育应当是不断提升人的公共品格的教育，它推动人们成为具有公共德性精神、公共担当意识的公共人。但是，在现代学校的个体化背景之下，个体与他者、个体与共同体极易走向疏离和分裂，青少年学生的公共理性、公共德性以及公共精神等难免遭受个体化困境的不良影响，从而最终造成了青少年学生的公共品格的沦落。

首先，在现代学校的个体化背景下，由于个体理性与公共理性、工具理性与价值理性的背离，青少年学生的公共理性意识与能力的发展面临着阻碍。一方面，个体化加剧了个体理性与公共理性的背离。个体理性是个体基于自身的生存和发展的需要、站在个体利益基础上而形成的理性能力，它是在私人层面上来运用理性。但是，正如康德所言，"私下运用自己的理性往往会被限制得很狭隘"[1]，而只有站在公共的视野来运用自己的理性，才能更好地关照他人和社会。在个体化困

---

[1] ［德］康德：《历史理性批判文集》，何兆武译，商务印书馆1991年版，第24页。

境下，青少年学生往往会失去公共视野，只是站在私人利益的视角来思考问题，比如，他们只关心个人的考试、排名和升学机会，而不是运用公共理性的能力思考公共问题、追求社会公益。这无疑束缚了青少年学生的公共理性意识的发展。另一方面，个体化还会加剧工具理性与价值理性的背离。正如韦伯（Max Weber）所指出的，工具理性所看重的不是事物或行为本身所具有的价值，而只是看重它是否能成为达成某种目的的手段或工具。① 价值理性则不同，它关注事物或行为本身所具有的内在价值，而非出于外在的工具性或功利性的目的。在个体化困境下，工具理性思维往往会被不断强化，导致人们把他人、社会视为实现自我利益的工具，从而也就易于使人们陷入自我中心主义的误区，从而丧失价值理性的思考能力，丧失对社会的公共价值的追求。工具理性思维的膨胀、价值理性思维的衰退，最终无疑也会导致青少年学生失去理性思考公共问题的能力，失去公共价值的立场，从而也就阻碍了他们的公共理性能力的沦落。

其次，在现代学校的个体化背景下，青少年学生倾向于从个体生存、个体利益的角度来看待自我与他者、社会的道德关系，从而在一定程度上导致了公共道德品质的沦落。一个人的公共道德品质，大体可以分为两个层面：一是"底线性"的层面，即个体在公共生活中遵守基本的文明礼仪及公共道德规范，这可以称之为"底线性"的公共道德品质；二是"超越性"的层面，即个体在公共生活中主动去追求"超越性"的公共美德，成为具有高尚的公共德性及道德精神的人，这可以称之为"超越性"的公共道德品质。这两个层面共同构成了人们

---

① ［德］马克斯·韦伯：《经济与社会（上卷）》，林荣远译，商务印书馆1997年版，第56页。

在公共生活中的健全品格。但是，在个体化困境的背景下，这两个层面均遭受了损害，造成人的公共道德品质的沦落，具体表现在：一方面，个体化困境导致了"底线性"的公共道德品质的沦落。个体化困境使得青少年学生更关注个体的私利，而不关注公共生活及公共利益，他们易于把社会的文明礼仪和公共道德规范视为外在的、强制性的规范，因而经常漠视甚至无视公共道德规范，做出各种违反文明礼仪和公共道德规范的行为，比如扰乱公共秩序、违反公共规则、破坏或侵占公共财物等。这些虽然都是底线性的公共道德规范，但是如果个体不能遵循这些规范，那么他（她）就很难成长为真正意义上的具有公共道德品质的人。另一方面，个体化困境还导致了"超越性"的公共美德的沦落。公共美德是个体不断内化社会道德规范、并不断追求自我超越的结果。公共美德要求个体成为具有平等、公正、宽容、尊重、关怀等伦理美德的人，它可以使个体成为更加优良的社会公民。但是，在个体化困境的背景下，"为自己而活""为眼前而活"的个体化生存状态使得个体容易丧失他者视角，缺乏为社会谋公共福祉的担当意识，从而也就难以真正践履平等、公正、宽容、尊重、关怀等公共美德。这也就导致了人们的公共美德及品质的沦落。

最后，在现代学校的个体化背景下，伴随着个体与他人、社会的疏离，青少年学生公共精神的发展也面临着阻碍。现代人的公共精神是孕育于公共生活领域的精神观念，它主要体现为公共参与和公共关怀的精神。在个体化困境的背景下，青少年学生的公共精神的发展面临着困境。一方面，个体化使个体日益关注于自身的私人生活，而忽略了社会的公共生活以及公共利益，这导致了公共参与精神的失落，使人们不仅缺乏公共参与的意识，甚至将逐渐丧失公共参与的能力，最终难以成为公共生活的参与主体。另一方面，个体化困境也易于使个体失去对他者的公共关怀精神。当青少年学生日益趋向于个体化生存，只关注自我的利益而无视他人利益的时候，公共关怀的精神就难以生根和发芽，而道德冷漠则会在人与人之间不断蔓延，青少年学生的道德心理以及道德品格的发展也势必在这种状况下遭受严重的不良影响。在道德冷漠的状态之下，青少年学生会逐渐丧失对他者的关怀意识，甚至以冷漠的方式来对待他人以及社会，这最终也将引发青少年学生的公共精神的发展困境。

　　总之，在中国社会的现代化进程当中，整个社会以及教育在高速地发展，同时在发展的过程中，个体分化力量也正在不断加强。这一方面虽然有利于促进个人的独立自主和自由自觉意识的觉醒，但是他也极易导致个体与他人、个体与社会的分离，从而不利于公共道德品质及公共精神的培育。基于这种个体分化的状况，当前学校教育和道德教育需要展开积极的应对，在个体化的背景之下展开公共理性、公共道德以及公共精神的培育，从而更好地培养具有社会责任感、能够担当国家使命的公共人。这是新时代对人的健全人格发展所提出的新要求，同时也是对学校教育及道德教育变革所提出的新要求。

第二章　公共人的培育：道德教育的公共性建构

正如第一章中所提到的，伴随着现代化进程的不断推进，传统的共同体理念、价值观念及生活方式遭受了前所未有的挑战，作为"个体的人"日益从共同体生活中"脱域"出来，摆脱了共同体生活及伦理道德秩序的羁绊，以不同的方式加入了"流动的现代性"。他们被"嵌入"个体化的生存状态之中，不断地寻求自由和解放，作为旅行者、观光者、流浪者"漂浮于"不确定性的、碎片化的生活之中。社会生活也由此而呈现出典型的单子化或者个体化的状态。鲍曼曾经用"Unicherheit"这一概念来描述现代人的个体化生存状态，即一种不确定的、不可靠的、不安全的生活状态。这种状态下的人们缺乏稳固的生活根基，缺乏情感与精神上的归属感。马克思主义哲学也有一段非常经典的描述："一切固定的古老的关系以及与之相适应的、素被尊崇的观念和见解都被消除了，一切新形成的关系等不到固定下来就陈旧了。一切固定的东西都烟消云散了，一切神圣的东西都被亵渎了。"[①] 无法固定，始终处于流动、变化的现代生活，使得一切事物以及价值观

---

① 《马克思恩格斯选集》第 1 卷，人民出版社 1972 年版，第 254 页。

念都失去了稳固的基础，而现代人也就日益陷入了缺乏根基及道德信仰的生活体系之中，甚至只得用个体性的消费、享乐、自我放逐等来确证自身的存在。这表明人们在精神上、情感上始终是孤独的，正如马克斯·韦伯所说的，现代人成为"没有情感的享乐者"①。当个体人从共同体中逐渐"脱域"，个体与他人、个体与社会日益走向了疏离，人们就进入了米兰·昆德拉（Milan Kundera）所描述的一种悖论性生存状态："人们自由了，但却要承受生命中不能承受之重。"

个体化使人获得了梦寐以求的自由，但是也导致人越来越脱离了公共性存在，并且在脱离的过程中走向了存在的困境。事实上，中国社会以及中国教育也正在不断走向现代化的过程当中，中国式现代化以及教育现代化的进程也不可避免地遇到个体人的膨胀与公共人的衰落的问题。显然，在面对人的个体化困境的过程中，教育以及道德教育应当持着反思性、批判性的立场，并基于这种反思性、批判性的立场来使人们从抽离、脱域的状态中摆脱出来，使青少年学生重新回归、嵌入共同体生活，涵养他们的公共道德品质及公共精神。对公共性以及公共人的回归，可以使我们当下以及未来很长一段时间的教育（包括道德教育）更好地跨越个体化的生存困境以及个体化的生存状态，带来人的生存方式及道德人格的新发展，使人成长为新时代所需要的公共人。

第一节　公共性与公共人

"公共性"（Publicity）是一个含义比较多元、复杂并且容易使人

---

① ［德］马克斯·韦伯：《新教伦理与资本主义精神》，黄晓京、彭强译，四川人民出版社1986年版，第171页。

混淆的概念。在现代性社会中，公共性主要是指公共领域的基本属性，它意指向所有人开放的领域的基本属性；在公共领域中，人们可以在平等、民主的基础上开展公共性的交往，追求社会或者团体的公共福祉。公共性是对个体性的一种超越，它强调对公共价值的遵循以及对公共福祉的追求。公共性试图把人引导向公共生活中的共同事业，促成公共事务的有效治理及公共利益的达成。正因为如此，公共人（Public Man）事实上也正是具有这种公共性的道德品质及精神理念的人，它是一种独特的人格品质。这种人格品质使人超越于个体性、私人性的生活，并进入公益性、协商性、反思性的公共领域，自主地表达自己的公共意见，免于遭受各种强制性的权力束缚和教条灌输，并且把公共性的核心理念带入自身的行动当中，从而致力于实现公共价值，追求社会的公共福祉。

一、公共性的衍化与发展

从词源学上来分析，公共性这一概念在拉丁语以及希腊语中都可以找到其词源。拉丁语中的"poplicus""res publica"以及希腊语中的"koinon""pubes""maturity"等，一般被认为即是"公共性"这一概念的词源。其中，"poplicus"这个词有"人民的""成年的人民"的意思，而它作为形容词则具有"与人民有关的"的意思。[①]"与人民有关的"，事实上也表明了它不只是与作为单数的"个人"有关，而是与作为复数的"人民"或者"民众"有关。"poplicus"这个词后来也就逐渐衍生出了英语中的"public""publicness"等概念，具有公共的、公众的、

---

① 高鹏程：《公共性：概念、模式与特征》，《中国行政管理》2009 年第 3 期。

共同的意思。另外，希腊语中的"koinon"一词，导源于希腊语中的另外一个词语"kom-ois"，意思是"关心"。①把这两个词放在一起来理解，则"公共性"就意味着"一个人不仅能与他人合作共事，而且能够为他人着想"②。公共性意味着与他人的一种共同的、合作的生活，并且需要对他人负起责任，这与古希腊时期的城邦公共生活是紧密结合在一起的。"koinon"这一概念后来逐渐衍生出了英语当中的"common"这个概念，形成了目前的公有的、公众的、公用的等意思。简要而言，"公共性"这一概念是与私人性、个体性、私密性等相对的概念，它具有公共的、公有的、公众的等方面的基本内涵。公共性强调了人与他人之间的一种紧密联系，它在古希腊时期主要表现为城邦公共政治生活中的公民之间的团结、合作，有一种比较典型的城邦共和主义的倾向，强调个体的自由与城邦的自由、个体的私益与城邦的公益的融合。

到了西方近现代社会，公共性的概念一方面仍然保留了古希腊时期的一些特点，但是，也形成了一些不同之处，它在个体与共同体、个体与国家的关系当中更突出了个体的自由、权利与尊严，强调以此为基础来追求社会、国家的公共福祉。因而，西方近现代所形成的公共性概念，具有一种比较典型的自由主义的倾向，它是对古典共和主义传统的反思和改造的结果。当然，这种自由主义的倾向，也在很大程度上导致了现代性的个体化进程的加速以及个体人的产生。这在近现代西方思想家的思想理论中表现得非常清晰。

康德作为近代以来最伟大的哲学家之一，他曾对公共性以及人的

---

① 谭清华：《哲学语境中的公共性：概念、问题与理论》，《学海》2013年第2期。
② ［美］乔治·弗雷德里克森：《公共行政的精神》，张成福等译，中国人民大学出版社2003年版，第19页。

公共理性问题进行了深入的探索。康德主张理性与公共性的同一性，他认为，"公共性首先是理性自身的原则。理性在其自主的运用之中，任何时候都需要公共性作为这一运用的主观反思性和它的普遍有效性之间的中介"①。也即是说，理性的运用本身不仅包含着个体的、私人的运用，同时也包含着公共性的、普遍性的运用。康德在其论著中虽然没有直接使用"公共性"（Öffentlichkeit）这一概念，但是经常使用另一名词形式的"公共性"（Publizität）来表达这一思想观点，同时也经常使用"公共的、公开的"（Öffentlich）来表达理性的公共运用。康德反对只是进行理性的私下运用，因为它使人无法摆脱狭隘的私人关系、利益、视野的蒙蔽，从而最终也就无助于人的启蒙。与理性的私下运用相反，理性的"公开运用"则意味着人是站在公共生活领域的基础上来进行理性思考。公开运用自己理性的人，是普遍的人，是作为公众的人。因此，康德说，"人必须有永远公开运用自己理性的自由，并且唯有它才能带来人类的启蒙。"② 这是康德哲学关于公共性以及人的公共理性的重要观点。

在康德哲学的基础上，阿伦特、哈贝马斯等人进一步继承和开拓了公共性的思想理念，并就公共性的基本内涵形成了自身的独特见解。

阿伦特对于人的公共性存在以及公共性的基本内涵进行了深入阐释。阿伦特始终认为，人的存在是一种"复数性"的存在，人不可能孤立地生活，人只有进入公共领域，进入自我与他人的共同的世界，才能成为真正意义上的"人"，才能成为积极生活、追求卓越的人。公

---

① 方博：《政治、启蒙与理性——康德的公共性原则》，《学术月刊》2020 年第 11 期。
② ［德］康德：《答复这个问题："什么是启蒙运动？"》，载康德：《历史理性批判文集》，何兆武译，商务印书馆 1991 年版，第 24 页。

共领域与人的"积极生活"是紧密联系在一起的，它鼓励人们超越私人性的生活，以追求卓越的精神态度积极参与公共事务。阿伦特的这一思想无疑包含着对古希腊城邦生活及古典共和主义传统的推崇。她认为，"公共领域本身，城邦，弥漫着一种强烈的争胜精神。正是为了这个表现卓越的机会和出于对这样一种让所有人都有机会显示自己对政治体的热爱，每个人才多多少少地愿意分担审判、辩护和处理公共事务的责任"①。在这样一种倡导积极生活和追求卓越的共同体当中，人也就有机会并且有意愿积极参与公共事务，履行公共责任。

因此，在阿伦特的思想理念中，公共性包含了这样几个方面的基本内涵：（1）公开性。公共性首先意味着一种公开的、可见的状态，它与人的私密性、个体性是相对的。"在公共领域中展现的任何东西都可为人所见、所闻，具有可能最广泛的公共性。对于我们来说，展现——即为我们，亦为他人所见所闻之物——构成了存在。"②基于此，展现或者呈现（Appearance）是公共性的前提，公共性意味着公共场所中出现，不呈现或者不展现的东西不可能具有公共性。（2）共同性。阿伦特经常使用与"私人地盘"相对的"世界"（World）来解析公共性。"世界是对我们所有人来说是共同的，并且不同于我们在它里面拥有的一个私人处所而言。"③这个世界（也就是我们所生活其中的公共领域），让人们彼此联系，使人们拥有"共同的"（Common）东西，从而使得人们聚集在了一起，参与"共同的"事务。（3）行动性。阿伦特特别提出了"行动"（Action）概念来凸显人在公共领域中的公共性存在。她认为，

---

① ［美］汉娜·阿伦特：《人的境况》，王寅丽译，上海人民出版社2009年版，第26—27页。
② ［美］汉娜·阿伦特：《人的境况》，王寅丽译，上海人民出版社2009年版，第38页。
③ ［美］汉娜·阿伦特：《人的境况》，王寅丽译，上海人民出版社2009年版，第34页。

与劳动（Labor）和工作（Work）不同，行动（Action）才是真正发生于自由而平等的人之间，是人们参与公共生活的主要方式。不论是在劳动（Labor）还是在工作（Work）中，人们都无法摆脱主客体的对立，无法摆脱人的被控制、被奴役的状态，而唯有在行动（Action）中，人们才真正"从被奴役的状态中解放了出来"[①]。"行动"形成了主体与主体之间的公共性的交往实践关系，它展示了人的真正意义上的主体性，这种主体性把人与他人、人与世界更加紧密地结合在了一起，而这也正是人之为人的基本条件。

　　哈贝马斯关于公共性以及公共领域的理论思想显然受到了康德、阿伦特等人的重要影响，但是他对公共领域、公共性也形成了自己独到的学术见解。在《公共领域的结构转型》一书中，哈贝马斯对公共领域以及公共性内涵进行了集中的探究和阐述，其所形成的思想也非常具有代表性。在哈贝马斯看来，公共性是公共领域的根本属性，"公共性本身表现为一个独立的领域，即公共领域"[②]。与之相对的，私人性则是私人领域的根本属性。与私人性不同，公共性具有以下几个方面的基本内涵：（1）公众性。在公共领域中，人们是由私人聚集在一起而成为公众，"他们可以自由地集会和组合，并在自由地表达和公布他们的意见的状态下处理普遍利益问题时，他们是作为一个公众来行动的"[③]。公共性集中表现为公众在咖啡馆、文学沙龙、剧场、政治舞台等空间中自由地参与、平等地聚集在一起来探讨公共事务。（2）沟通性。

---

　　① ［美］汉娜·阿伦特：《人的境况》，王寅丽译，上海人民出版社 2009 年版，第 25 页。
　　② ［德］哈贝马斯：《公共领域的结构转型》，曹卫东等译，学林出版社 1999 年版，第 2 页。
　　③ Jurgen Habermas, "the Public Sphere", in the Rethinking Popular Culture: Contemporary Perspectives in Cultural Studies, Chandra Mukerji & Michael Schudson(eds.), University of California Press, 1991, p.398.

公共领域是开放的领域，它由公众之间的协商、对话而构成，它基于公共的交往、沟通而形成公共舆论，"在这个领域中，像公共意见（公共舆论）这样的事物能够生成"①。因而，公共性也意味着理性沟通、协商对话，它成为"容纳多元意见的共享空间"②。（3）批判性。公共性作为公共领域的基本属性，它也表现为公众的反思性与批判性，从而对公共权力起到理性的监督、批判的作用。批判的能量因为"个人聚集成为公众"而不断壮大，从而保障了公众的自由表达，同时也在很大程度上促进公共权力运作的合理化。（4）公益性。公共性是以公共福祉为追求目标的，它倡导人们通过理性对话、协商合作来参与公共事务，来追求整个社会的公共福祉，从而最大限度地保障和提升公众的权益。当然，这种公益性也并不是对私人利益的完全排斥。公共性的基本要求，事实上一方面是保障人的基本自由及利益，同时通过公共理性及公共精神来使得公众紧密团结在一起，最大限度地追求公共利益的满足。

　　总之，通过康德、阿伦特、哈贝马斯等人对公共性的理论探索，我们可以进一步总结和归纳出西方主流视角下的"公共性"的基本含义。我们大致可以从目的导向、价值追求、主体身份、参与程序等几个方面来把握"公共性"的核心含义：

　　首先，从目的导向的角度而言，公共性意味着"在特定空间范围内的人们的共同利益和价值"③。公共性与私人性的一个根本性的区别就在于，公共性所追求的是社会公共福祉，它是为了更好地实现人们的

　　① ［德］哈贝马斯：《公共领域的结构转型》，曹卫东等译，学林出版社1999年版，第32页。
　　② 周国文：《公民伦理观的历史源流》，中央编译出版社2008年版，第307页。
　　③ 李友梅、肖瑛、黄晓春：《当代中国社会建设的公共性困境及其超越》，《中国社会科学》2012年第4期。

共同利益和价值。这也正是哈贝马斯、阿伦特等人的公共领域的核心内涵。公共性体现出了公共领域的根本属性及要求，以公共性为基本原则而聚集在一起的公众，他们的协商、对话以及行动，最终都是为了追求共同体的公共福祉，都是为了更好地实现彼此的共同利益。因此，从目的导向的角度来看，公共性意指对公共福祉或者说人们的共同利益的不懈追求，当然，通过公共福祉的追求也可以更好地促进个人利益的实现。

其次，从价值的角度而言，公共性所倡导的是公共领域中的普遍性的公共伦理，它要求人们遵循公共生活中的公共价值规范，比如平等、尊重、关怀、责任、友爱等。同时，在西方现代性的公共性理念当中，它主张在私人领域与公共领域相分离的基础上来探讨人的公共价值与私人价值的差异。公共性意味着我们需要遵循社会的普遍的伦理规范和道德价值观，而不只是在私人生活中成为一个道德良善的人。私人伦理与公共伦理、个体价值与公共价值既相互联系又相互分离，公共性的基本原则要求每个人要遵守公共价值，并通过这些公共价值来引导自身的公共行动，来践履自身的公共责任。这些责任也可以说是一种普遍性的公共伦理责任，它使我们能够超越个体人而更好地成为公共人。

再次，从主体的角度而言，公共性肯定了人的主体身份以及主体精神。在康德哲学里，公共性表现为人的理性主体性，在阿伦特、哈贝马斯的思想里则集中体现为人作为行动的主体、公众等主体身份所具有的主体人格。因此，从主体身份的角度而言，公共性强调了人作为理性主体、行动主体的身份，人可以而且应当在公共的行动中来实现自身的主体性，并且这种行动不只是"个体的"，而且也是"公共的"。

它使人的主体精神以及主体行动具有公共的、社会的视野，从而鼓励和推动每个人作为公共生活中的主体来积极参与社会公共事务，来追求国家和社会的公共福祉。

最后，从参与程序的角度看，公共性主要指的是以公开的、透明的、理性批判的方式参与公共事务的过程。公共性要求人们基于理性的、公开的方式来展开思考、对话和沟通，它坚持一种自由、平等、公正的理性协商和沟通对话的机制，反对任何形式的压迫和灌输。在哈贝马斯看来，公共性是与私密性相对的，它要求公众对于公共事务的参与必须是在公开的、透明的公共场合来展开。同时，公共事务的公开性也意味着公共事务要对公众完全开放，凡是理性的公众都可以在公开的场合参与公共事务的对话、沟通和行动。批判性则强调公众的监督和批判的权利，它鼓励公众对公共问题、公共权力的运作展开监督和批判，由此更好地保障人的基本自由及合法权益，同时也更好地促进秩序良好的社会的建构以及公共福祉的达成。

二、公共人的理念与内涵

公共人的古典原型是古希腊时期的古典共和主义公民。在古希腊城邦中，公民作为城邦共同体的成员，他们与城邦融为一体，成为城邦公共政治活动中的公共人。到了近代启蒙运动以后，伴随着公共领域的不断扩大以及公共事务治理要求的不断提高，公共人作为与个体人相对的一种人格形态，被越来越多的人所重视。所谓"公共人"（Public Man），简要而言主要就是指具有公共理性、公共德性、公共精神以及公共行动能力的人。公共人所具有的合作、分享、参与、责任等品质，在现代公共领域以及公共治理中的作用变得愈来愈重要。在当代西方学术领域，诸多学者都曾关注过公共人这一主题，其中不乏哈贝马斯、乌尔里希·贝克、齐格蒙特·鲍曼、理查德·桑内特等知名学者。

哈贝马斯非常重视现代人的生活方式及价值观念的"公共性"维度，在《公共领域的结构转型》一书中，他深入阐释了公共领域以及公共人的核心理念。哈贝马斯虽然没有直接使用"public man"这一概念来描述公共领域中的人格形态，但是他经常使用"公众"（the public）一词来指称那些具有公共品质及公共精神的人。哈贝马斯所言的"公众"，其在根本属性上正是我们在这里所谈的"公共人"。哈贝马斯认为，公共人或者说"公众"（the public），是伴随着资产阶级公共领域的产生而发展起来的，它大致滥觞于17、18世纪的启蒙运动时期。在这一时期，资产阶级的公共领域主要由文学公共领域（报纸、杂志、文学沙龙、咖啡馆等）和政治公共领域（政治集会、社团组织、政党活动等）所构成，它承载了对民众进行理性及民主启蒙的重要功能。同时，随着民众进入公共领域而成为独立性、自主性与批判性的"公众"（公共人），他们又发挥出对国家或政府公共权力的监督和批判的作用，从而促进国家发展和社会秩序的合理化。因此，在哈贝马斯看来，"公众"（公共人）是公共领域中的重要主体，在公共领域中，人们不再是作为"私人"（individuals）而走到一起，而是成为践履公共责任、展开公共协商、追求公共福祉的"公众"。"公众"在公共空间、公共平台上发表自己的意见，并且彼此之间展开理性的、平等的对话。公共领域事实上也就成为"公众"（公共人）发表公共意见、展开公共对话的重要场所，"所谓'公共领域'，我们首先意指我们的社会生活的一个领域，在这个领域中，像公共意见这样的事务能够形成"①。通过公共领域中的协商、对话、反思以及批判等活动，公众就具有了推动政治生活以及社会生活不断发展的能量。哈贝马斯认为，虽然现代性的公共领域面临着"再封建化"的危险，但是，现代人更应积极地参与社会公共事务的协商对话和公共治理，从而构筑起良好的公共生活空间，这是重建当代公共领域的重要基础。

　　鲍曼和贝克也非常关注当代社会的个体化以及公共人的问题。鲍曼认为，当代社会有一种强烈的分割而不联合的趋势，它虽然使人获得了更大的个体自由，但是这种对于人的分割也容易导致个体与他人、个体与社会的脱离，它使人们对社会公共生活及公共福祉失去兴趣，甚至冷漠对之，表现出漠不关心的态度。②这在很大程度上会使个体陷入个体化、孤立化的生活状态，失去对共同体、对社会的归属感，从而也就难以成为现代社会所需要的公共人。与鲍曼类似，乌尔里希·贝克也非常重视"公共人"对于现代社会生活的重要意义。他认为，"公共人"是区别于"个体人"（Individual person）的一种完全不同的人格类型。"个体人"是"为自己而活"③的人，他们在很大程度上过着以自我为中心的生活，哪怕这种生活不是自私自利的，至少也是个体化、孤独化的。他们不想进入他人的世界，不想进入社会的公共世界，他们始终"活在自己的世界里"。这使得他们缺乏应有的团结、合作、参与、奉献等道德品质。与"个体人"不同，"公共人"是具有强烈的公共参与精神的人，他们愿意与他人就公共事务保持交往、沟通和合作，

---

① ［德］哈贝马斯：《公共领域的结构转型》，曹卫东等译，学林出版社1999年版，第32页。
② ［英］齐格蒙特·鲍曼：《个体化社会》，范祥涛译，上海三联书店2002年版，第48页。
③ ［德］乌尔里希·贝克、［德］伊丽莎白·贝克－格恩斯海姆：《个体化》，李荣山、范譞、张惠强译，北京大学出版社2011年版，第26—28页。

他们把自我看作是社会共同体的一员，能够清晰地认识和理解自我与共同体之间的紧密联系，并且在心理、精神上具有共同体的归属感，愿意把自身视为公共社会的有机组成部分，从而自觉地担当公共责任，践履社会义务。这是公共人所具有的基本人格品质。

桑内特是对公共人展开了深度研究的、非常具有代表性的学者。桑内特主要是从批判性的角度来审视公共人在当代社会不断走向衰落的事实。在《公共人的衰落》（the Fall of Public Man）一书中，桑内特探索了近现代社会以来公共人的产生、发展以及不断走向衰落的社会生活图景。桑内特认为，伴随着 17、18 世纪西方社会的封建制度不断走向衰落、资本主义工业生产及大都市文明走向兴盛，世俗的城市文化开始形成，这也促进了公共领域的崛起以及人们的公共意识的觉醒。在这一时期，公共领域和私人领域之间的界限是比较清晰的，这也是公共领域存在的重要前提。人们既能够在公共领域中展现自身作为公共人的品格、精神及能力，同时也能在私人领域中展现自己作为一个个体的本性及需要。但是，到了 19 世纪末尤其是 20 世纪以来，原先的公共领域与私人领域的结构发生了重要的变化，私人领域逐渐对公共领域形成了叠加，造成了"公"与"私"之间的界限变得再次模糊起来，原本属于公共领域的独立性、批判性的功能也面临着消解，文化批判的公众逐渐远离公共领域的批判性，成为文化消费的公众，这也被哈贝马斯称为公共领域的"再封建化"（refeudalization）。桑内特指出，随着公共领域的独立性、批判性等功能的消解，公共意见、公共舆论的表达系统逐渐被个人表达系统所替代，广场、俱乐部、沙龙等公共空间只是成为人们"经过其中"的空间，而不再具有公共领域的属性。人们越来越关注自我，沉浸在自己的内心世界及私人生活之中。人们穿梭在各种各样的公共场所之中，比如咖啡馆、广场、俱乐部等，但是却仅仅是穿行其中，"与陌生人的交往却越来越少了"①。"保持沉默，成为人们参与公共生活的唯一方式，人们也渐渐失去在公共空间进行交流和表达的能力，现代公共领域也由此发生了本质改变，变成一个人们相互看见却又彼此隔离的领域。"② 于是，人们日益陷入了以自我为中心的个体化生存状态，公共关怀意识、公共责任理念及公共道德精神等遭受了严重的阻抑，最终的结果就是逐渐走向了桑内特所言的"公共人的衰落"（The Fall of Public Man）③。

显然，不论是哈贝马斯、贝克、鲍曼还是桑内特，他们对于分析当代社会的公共人及其培育等问题均具有十分重要的启发意义。通过对以上学者的学术理论思想的分析以及结合当前现代化进程的发展现状及趋势，滥觞于西方现代社会的公共人，它体现出了以下几个方面的核心内涵：

首先，公共人是公共领域中的人。公共领域是公共人的生存根基，离开了公共领域，公共人也就失去了生存和发展的基础。公共领域是人们在一起生活的领域，在公共领域中人们展开着各种各样的公共交往活动。公共领域为人们提供了公共性的协作与交往的平台，但是这种公共性并非要取消人与人的差异性，而是在差异性基础上来追求共识性。这体现出了公共领域中人们之间的差异与共生的关系，"公共性如

---

① ［美］理查德·桑内特：《公共人的衰落》，李继宏译，上海译文出版社 2014 年版，第 13 页。

② 汪敏：《从阿伦特、哈贝马斯到桑内特——关于公共性问题中的理论变迁》，《新闻传播》2016 年第 12 期。

③ ［美］理查德·桑内特：《公共人的衰落》，李继宏译，上海译文出版社 2014 年版，第 3—4 页。

同围桌而坐，桌子既使人们相互联系又彼此分开"①。公共人是公共领域中差异性与共生性的行动者，公共领域中各种公共问题的解决、公共事务的治理，都需要人们从公共性的立场出发，展开积极的交往、协商而在差异中寻求共识，使大家最终成为公共行动者，有效参与公共事务的共同治理。因此，也可以说，公共领域与公共人之间所形成的是一种有机共融的关系，公共领域需要公共人的参与品质与行动能力，而公共人也需要公共领域的平台及根基，两者相互促进共同实现公共性的根本追求。

其次，公共人是具有公共理性的人。公共理性是人们基于公共生存的视角来看待个体与他人、个体与社会的关系，并且去追求公共福祉、社会正义的一种独特的理性能力。它使个体站在公共性的角度（而不是私人性的角度）来思考公共问题、处理公共事务，它是如罗尔斯所言的"共享平等公民身份的人的理性"②。通过公共理性，人们具有了公共性的意识，可以"公开运用自己的理性"（To make public use of one's reason）③，从而摆脱狭隘的私人视野、个体利益的束缚。公共人所具有的公共理性能力，一是理性审思的能力。人们能够理性思考社会生活中的公共问题，并且深刻去理解这些公共问题，探索并解决这些公共问题，以更好地提升社会的公共福祉。二是公共协商的能力。公共人能够以理性的协商和对话的方式来解决价值冲突或公共生活中的其他矛盾冲突。正如詹姆斯·博曼（James Bohman）所说，公共理性的

---

① 冯建军：《公共人及其培育：公共领域的视角》，《教育研究》2020 年第 6 期。

② ［美］约翰·罗尔斯：《政治自由主义》，万俊人译，译林出版社 2011 年版，第 196—197 页。

③ ［德］康德：《历史理性批判文集》，何兆武译，商务印书馆 1991 年版，第 24 页。

协商对话是人们"通过自由而平等的对话、讨论、审议等方式"[①]，共同解决彼此的价值冲突和意见不一的过程。公共人能够诉诸理性的、对话的方式来解决冲突，而非使用暴力的、强制的方式来解决冲突。这是公共人所拥有的一种基本品质。三是反思与批判的能力。成熟的反思、批判能力是公共人的重要标志。公共人对社会公共生活中的各类问题持着反思和批判的态度，理性地反思这些问题，并进行批判性的重建工作，这是公共人所应具备的重要能力。

再次，公共人是具有公共德性品质的人。现代人不仅是一种个体性的存在，同时还是一种公共性的存在。缺乏了存在的公共性维度，人们容易"把自我封闭于内心的孤独之中"[②]，成为孤独的个体人。公共人并不是否定个人主体性，它是主张人除了具有个体性的一面，还具有公共性的一面，它强调对于公共价值以及公共德性的追求是现代人所应具有的基本品质。公共人是具有公共德性品质的人，这意味着：一方面，公共人要能够遵循各种公共伦理规范的约束，比如公共生活中的公共礼仪以及各种伦理准则的约束，成为公共伦理的遵循者乃至于捍卫者。另一方面，在遵守这些公共伦理准则的基础上，公共人还应深刻地理解和内化这些公共伦理准则，乃至于超越这些公共伦理准则，形成公正、仁慈、关怀、奉献等公共伦理美德。这可以使人们成为更加自由自觉的道德主体，在内化公共伦理准则的基础上去追求过一种更加高尚的公共道德生活，从而达到"由知而行""由信而行"的道德境界。[③] 这也是公共人所应具有的公共德性品质。

---

① ［美］詹姆斯·博曼：《公共协商：多元主义复杂性与民主》，黄相怀译，中央编译出版社2006年版，第1页。

② ［加］查尔斯·泰勒：《现代性之隐忧》，程炼译，中央编译出版社2001年版，第5页。

③ 叶飞：《参与式公民学习与公民教育的实践建构》，《中国教育学刊》2011年第1期。

最后，公共人还是具有公共关怀精神及参与能力的人。与个体人不同，公共人追求的不是个体化、孤立化的生存，他（她）对他者和社会始终充满着公共关怀的精神，并试图通过合作、参与、分享等参与活动来成为社会公共事务的积极治理者。正如安东尼·吉登斯所言，公共人更愿意投身于社会公共生活，他们对他者和社会持着一种积极的关心、关注的态度，他们拒绝"公民冷漠"（civil indifference）①。公共人具有突出的公共参与能力，公共人的人格品质中本身就内含实践精神和参与精神；公共人愿意主动投入各种公共参与、公共关怀的实践活动当中，紧密地联系了他者和社会，追求公共的福祉。显然，公共人的这些基本品质有助于弥合个体与他者、个体与社会的裂痕，摆脱孤立的、自我中心的状态，使人们成为更加积极的、富有公共担当精神的道德主体，成为对他者充满同情心、对社会充满责任感的人，更好地促进社会公共事业的发展。这样的人才是更加健全的人，也才是这个时代所需要的公共人。

三、公共性与公共人的中国意蕴

中国的公共性与公共人的理念发端晚于西方，它们是在中国式现代化建设的大背景下逐渐形成和发展起来的。习近平总书记曾强调指出，现代化并不等于西方化，我们所要走的中国式现代化道路，它"既有各国现代化的共同特征，更有基于自己国情的中国特色"②。西方式的

---

① ［英］安东尼·吉登斯：《现代性与自我认同：晚期现代中的自我与社会》，夏璐译，中国人民大学出版社 2016 年版，第 158—162 页。
② 习近平：《高举中国特色社会主义伟大旗帜 为全面建设社会主义现代化国家而团结奋斗——在中国共产党第二十次全国代表大会上的报告》，《人民日报》2022 年 10 月 26 日。

现代化道路虽然具有时间上的优先性，但是，"时间的优先性并不等于道路的唯一性。不同地区、民族和国家走向现代化的道路可以是多种多样的"①。具体到公共性以及公共人的话语体系，我们也不能简单移植西方话语，而是应当在批判性地吸取西方现代性以及公共性、公共人等相关理论经验教训的基础上，规避西方式现代化的种种弊端及风险，形成属于我们自身的公共性以及公共人的理论思想，展现出公共性与公共人的中国意蕴。

（一）公共性的中国意蕴

中国的公共性或者说在中国式现代化背景下所产生的新型的公共性理念，它是始终坚持以人民为中心、以人的发展为中心，它坚守"使人成为人"的理念。中国的公共性是在吸取西方式公共性的经验教训的基础上产生的，它坚决拒绝对人的物化、异化，坚持回归于人之为人的本质规定性，也就是真正回归于人的自由、平等以及人之为人的尊严。因此，无论是从基本立场、实现方式，还是从基本程序规则等方面，公共性在中国社会均表现出了新的意蕴。

首先，从基本立场看，公共性体现出了人民性。事实上，在我国现代化建设过程中，我们已经逐渐形成了一种"以人民性品格为内在特质的新公共性"，它区别于西方公共性理论的核心特点就在于，它"坚持人民至上的核心价值观，并以坚定的人民立场作为处理国家和社会事务的根本出发点，以满足人民的美好生活需要为导向来推进经济社会发展，提升人民的获得感、幸福感、安全感"。西方的公共性理论，它是在工业化、城市化、个体化（Individualization）的基础上产生

① 张志恒：《多重视域下的中国式现代化道路》，《西北民族大学学报（哲学社会科学版）》2022年第4期。

的，在这种公共性理论以及实践体系中，西方社会所号称的自由、平等、公正等西方核心价值并未得到真正实现，在自由、平等和公正口号之下隐藏着的是人的物化和异化，人愈来愈成为了资本主义工业生产、技术理性、工具理性的客体对象，它最终导致的是人的身与心、灵与肉、知与德、理智与情感等在资本追求价值增值的逻辑下被篡夺了。与西方社会的现代化进程不同，在中国式现代化的背景下，公共性与人民性是统一的，人民性是公共性的基本价值导向，这体现了中国公共性建设的基本立场和核心价值追求。

其次，从实现方式看，公共性体现出了共建共治性。当前，我们在社会建设过程中，强调了要坚持和完善共建共治共享的社会治理体系，推进政府负责、民主协商、社会协同、公众参与、法治保障、科技支撑的社会治理体系，建设人人有责、人人尽责、人人享有的社会治理共同体。从这个角度而言，共建共治性是新型的公共性理念的集中体现。这种共建共治性，一方面体现为对每个人在国家和社会建设中的主体身份的肯定，它强调每个人以主体性的精神来投入国家和社会的建设实践当中。另一方面，这种共建共治性，还体现为建设责任的共同分担，它强调人人均是国家和社会治理的责任主体，国家以及社会公共事务是大家一起以公共理性的方式来共同协商、共同治理的，这样的共同体才是一个人人有责、人人尽责、人人享有的社会治理共同体。在这种共同体关系当中，我们超越了西方公共性理论中国家与个人相互对立的状态。在西方的现代化进程当中，公共领域在很大程度上是民众聚集在一起来开展公共批判，并进而对抗国家公共权力的一个领域，它虽然也发挥了积极的作用，但是在很大程度上也会导致国家和个人的二元对立，形成了国家和个人之间的紧张关系。在中国的公共性建设当中，事实上我们充分吸取了西方公共性理论的经验教训，我们的公共性主张的是走向国家、社会和个人的和谐关系，相互之间并不是紧张的、对抗的关系，而是共建共治共享的治理共同体的关系，这也使得我们的公共性理念不同于西方，体现出了属于我们自身的特色。

再次，从程序原则来看，公共性体现出了全过程人民民主性。全过程人民民主是推进中国特色社会主义建设过程中所取得的重大理论和实践创新的成果，党的二十大报告也已把发展全过程人民民主确定为中国式现代化建设的一项重要内容。事实上，在中国的公共性理念及实践建设中，全过程人民民主也是公共性的重要程序性原则。它表明我们所倡导的公共性建设，遵循的是全链条、全方位、全覆盖的民主程序原则。这种全过程人民民主，一是它体现为全过程"人民"民主。它坚持以人民为中心，坚持人民至上，坚持公共事业要体现人民意志、保障人民权益、激发人民创造、追求人民的幸福。二是它体现为全"过程"人民民主。这意味着我们的民主原则在实施过程中是全覆盖的，它与西方的"选举民主""投票民主"有显著的不同。我们的民主实施程序是覆盖民主选举、民主协商、民主管理、民主决策、民主监督等全过程的，它坚决反对把民主只限于投票选举的单一过程，主张人们真正地参与民主的选举、协商、对话、决策、监督等全过程之中。三是它体现为"全"过程人民民主。这表明，民主权利的享有是覆盖到全体民众的，民主参与的内容是覆盖到国家社会生活的方方面面的，这打破了仅限于少部分人享有民主权利、少部分事务遵循民主治理原则的弊病。这使我们的民主不是流于形式，而是真正成为全链条、全方位、全覆盖的民主。

最后，从结果角度来看，公共性体现出了公共福祉的共享性。我们的公共性原则在结果维度上强调民众对公共性建设成果的共享性。正如二十大报告中所讲的，我们的社会主义建设"维护人民根本利益，增进民生福祉，不断实现发展为了人民、发展依靠人民、发展成果由人民共享，让现代化建设成果更多更公平惠及全体人民"①。这与西方式的公共性、西方式的现代化建设的道路是显著不同的。西方式的道路并没有带来人的真正的自由和解放，反而使得人们日益成为了资本利益驱动下的客体对象，"人越来越成为了别人的奴隶以及自身卑鄙行为的奴隶"②。它并没有真正实现社会建设成果的共享性，社会的公共福祉并没有真正得到实现。我们所推进的公共性建设则不同，它是建立在人民群众的根本利益之上的，社会建设的发展是为了人民，发展也是依靠人民，发展的成果也是由人民共享。从这个角度而言，我们的公共性建设或者说社会建设，其核心追求是人民的公共福祉，这也使得我们的公共性原则在结果维度上体现出了与西方社会建设完全不同的导向。

（二）公共人的中国意蕴

在中国公共性的独特发展背景之下，我们的公共人也具有了新的人格特征及精神内涵。简要而言，公共人主要是指具有公共理性能力、公共德性品质以及公共担当精神的人，他（她）把自身视为公共社会的有机成员，自觉地担当国家的公共使命，履行社会的公共责任，与国家、社会以及共同体生活紧密地结合在一起。因此，公共人是与个

---

① 习近平：《高举中国特色社会主义伟大旗帜 为全面建设社会主义现代化国家而团结奋斗——在中国共产党第二十次全国代表大会上的报告》，《人民日报》2022年10月26日。
② ［美］马歇尔·伯曼：《一切坚固的东西都烟消云散了》，徐大建、张辑译，商务印书馆2003年版，第21页。

体人（即以个体利益为中心，与他者、共同体和社会相疏离的人）完全不同的人格类型。具体而言，在中国社会公共性发育过程中所产生的公共人，具有以下几个方面的人格特质。

首先，公共人是具有中国特色公共领域中的人。在西方社会的公共性理念发育过程中，公共领域逐渐从资产阶级公共生活的沙龙、咖啡馆、俱乐部以及报纸、杂志等发展成为一个独立性、批判性的中间领域，它"主要是从国家领域、市场领域中分离出来的一个中间领域，它独立于国家领域和市场领域"①。因而，公众借助公共领域对国家公共权力和市场运行的问题展开反思和批判，这其中蕴含了一种国家与社会、国家与个人的二元对立乃至于对抗的关系。与西方公共领域不同，中国公共领域的发展是在政府统筹指导下，接受国家和政府的宏观管理和监督而发展起来的，因此，中国公共领域的一个重要特色就在于它不是一个完全独立性的中间领域，它不制造国家与社会、国家与个人的紧张关系，反而是促进国家与社会、国家与个人走向和谐的重要力量。从这个角度而言，中国现代化进程中的公共人，它与西方的全面批判式的公共人不同，我们的公共人虽然同样具有反思和批判的精神，但是服务于国家发展、担当社会责任才是他们的核心特征。因此，我们的公共人是中国特色公共领域中的主体人格，它们与国家、社会不是二元对立的关系，不是控制与被控制的关系，其所形成的是中国特色公共领域中的和谐关系。国家、社会和个人在公共生活中组成了"有机的"共同体，而非机械的共同体，相互交融促进彼此的发展。

其次，公共人是不断吸收和内化共同价值的人。这种共同价值不

---

① 叶飞：《公共交往与公民教育》，人民出版社 2014 年版，第 137—138 页。

是西方所谓的"普世价值"，而是以社会主义核心价值观为基础的共同价值。公共人对于共同价值的吸收和内化，主要体现在两个基本方面。一方面，公共人是在不断内化中国式现代化建设进程中所形成的社会主义核心价值观，这些核心价值观念（包括自由、平等、公正、法治等）是我们建立良好的公共秩序、追求美好生活的重要价值基础。公共人是能够充分吸收和内化这些公共价值的人，并且把这些公共价值融入自身的人格、精神以及实践活动当中，使其成为自身道德人格的重要组成部分，引导自身的道德人格发展。另一方面，我们的公共人还是不断去追求、探寻能够满足人类共同发展诉求的共同价值的人，从而不断学习和内化人类的共同价值。正如习近平总书记所强调的："我们要弘扬和平、发展、公平、正义、民主、自由的全人类共同价值。"[1]这些共同价值是全世界人民在现代化进程中共建共治共享而得出的价值，它们为我们重新构想未来提供了可能，"共同重新构想未来，就是设想一个更加多样、更加多元、具有丰富的共同人性的社会"[2]。在既有共同价值及共同利益，同时又具有多样性的社会当中，公共人不仅可以收获自身的个性发展，同时也获得了共同的价值及目标。这些共同价值体现了人类的共同需要，展现了共同人性，它们"使人们体验相同的经历，把人们与彼此世界联系起来"[3]。基于此，我们的社会以及教育才能更好地培养出既具有国家忠诚又具有人类情怀的公共人，形成一种更加广阔的精神、情怀以及道德的视野。

---

[1]　习近平：《高举中国特色社会主义伟大旗帜　为全面建设社会主义现代化国家而团结奋斗——在中国共产党第二十次全国代表大会上的报告》，《人民日报》2022年10月26日。

[2]　联合国教科文组织：《一起重新构想我们的未来：为教育打造新的社会契约》，教育科学出版社2022年版，第55页。

[3]　联合国教科文组织：《一起重新构想我们的未来：为教育打造新的社会契约》，教育科学出版社2022年版，第13页。

　　再次，公共人是全过程参与社会共同治理的人。当代中国社会以及教育在现代化进程当中，一方面不断实现了社会以及教育的快速发展，另一方面现代化所带来的系统性的个体分化力量以及教育过程中的竞争性个人主义的不断增强，也非常容易导致人们陷入疏离、封闭的个体化生存状态之中。新时代的社会生活以及道德教育所要培养的公共人，不是这种疏离的、孤立的个体人，而是愿意积极参与、并且有能力积极参与公共事务的主体人，也可以说，公共人是有意愿并且有能力"全过程参与社会共同治理的人"。这就要求，一是公共人必须要具备公共参与的意愿，具备公共参与的精神，它要摒弃自我中心的人格及精神状态，形成一种向社会开放的、积极参与的公共精神及道德人格。二是它还必须要有公共参与的能力。如果仅仅具有公共参与的意愿，但是毫无公共参与的能力，那么它也还不是新时代发展所需要的公共人。公共人需要成为一个有公共参与能力的主体，一个真正意义上的公共生活的协商者、对话者和行动者，成为社会治理共同体当中的主体人格。这样他（她）才能积极、自觉地去践履公共责任，捍卫公共价值，全过程参与国家和社会建设，参与公共事务的共同治理。

　　最后，公共人是追求公共福祉、担当民族复兴重任的人。西方现代性的个体分化往往会造成人与他人、人与社会乃至人与国家的疏离，使个体对他人、社会和国家持着一种不予关心的态度。中国社会的公共性及公共领域所孕育的公共人，它显然不是持着这种冷漠态度的人，而是具有深厚的家国情怀和公共关怀精神的人，这种精神是"孕育于公共生活领域的精神观念，它是人们在积极参与公共事务、维护公共秩序、追求公共利益的过程中所生成和发展起来的道德意识和精神状态"①。这种精神使人们能够超越个体利益的关注，而去追求社会的公共福祉，追求民族的伟大复兴，从而为国家及社会的公共事业发展贡献自身的力量。事实上，当前我们国家和社会的发展也对公共人的精神人格状态提出了新的要求。党的十九大、二十大提出了要推进国家治理体系和治理能力现代化，打造共建共治共享的社会治理格局。这种新的治理格局的形成，显然需要我们造就出能够积极参与公共生活、追求公共福祉、担当民族复兴重任的公共人。而这也正是新时代发展所需要的公共人的基本人格特征。我们的学校教育及道德教育需要不断地培养这种公共性的道德人格及精神理念，为国家和社会的发展奠定更加坚实的人格基础及精神基础。

第二节　公共人的培育：对唯私主义综合征的反思与超越

如前所述，当前中国社会以及教育在不断走向现代化的过程之中，也面临着不断增强的个体化困境。个体化削弱个体与他者、个体与共同体的紧密联结，在学校教育中则表现为加剧了学生与学生之间的竞争性个人主义、占有式学习方式，导致青少年学生的公共品格及公共精神的发展遭受严重阻碍，甚至最终引发唯私主义综合征的产生。显然，这与我们的中国式现代化建设以及社会主义民主法治建设的要求不相一致。也正因为如此，当代道德教育应充分反思个体化困境及唯私主义综合征的弊端，更好地培育具有公共理性、公共德性及公共精

---

① 叶飞：《学校公共精神教育的公共性困境及其超越》，《中国教育学刊》2019 年第 6 期。

神的公共人，以此为基础更好地满足新时代的国家发展和社会建设的
需要。

一、唯私主义综合征的概念由来

"唯私主义综合征"（Citizens' egoism）这一概念的较早提出者是德
国哲学家哈贝马斯。哈贝马斯在《在事实与规范之间》一书中指出，在
现代性社会，伴随着公共领域的不断退化以及公共协商机制的日益消
解，公民个体已越来越倾向于从公共领域中退缩到私己性的个体生活
领域，不愿意参与公共生活，不想承担公共责任，从而患上了"唯私
主义综合征"[①]。唯私主义综合征作为一种观念、心理层面的综合病症，
它集中表现为个体对公共领域中的公共角色以及公共责任持着否定或
者消极的态度，他们倾向于以逃避公共责任的方式来追求自我中心的
身份认同以及私人利益的满足，从而呈现出典型的个体私利主义和自
我中心主义的心理病症及人格特征。

那么，这种唯私主义综合征又是如何产生的呢？在哈贝马斯看来，
唯私主义综合征与现代性社会的发展存在着紧密的联系：一方面，在
西方资本主义现代性的政治发展进程当中，国家政治系统的日益僵化
及腐败化已经导致了公共领域的民主功能不断萎缩，"公民角色被压缩
为单纯的组织成员的边缘性角色"，从而"破坏了那种通过公民的共同
实践而自我决定的共同体模式"[②]。这无疑极大地降低了民众的政治效

---

① ［德］哈贝马斯：《在事实与规范之间：关于法律和民主法治国的商谈理论》，童世骏译，
生活·读书·新知三联书店 2003 年版，第 670 页。
② ［德］哈贝马斯：《在事实与规范之间：关于法律和民主法治国的商谈理论》，童世骏译，
生活·读书·新知三联书店 2003 年版，第 671 页。

能感以及公共参与的热情，迫使他们更愿意返身退回到私人生活领域之中，成为"个体化的"公民。另一方面，以自由主义、功利主义为基础而建构起来的当代资本主义社会，虽然个体的自由、权利得到了较好的保障，但是它也易于使人们走向一种以自我利益为中心的、占有式的个人主义，导致人们片面追求个体私益的满足，而忽视了对他者、对共同体的公共关怀，从而"消解了社群共同体所应该具有的'他在性'维度"[①]。伴随着这种"他在性"维度的消解，个体也就日益脱离于他者和公共社会，逐渐走向了一种以自我及自我利益为中心的生活方式，这最终也导致了唯私主义综合征的不断产生乃至膨胀。

以上是哈贝马斯对当代西方社会的唯私主义综合征的描述。哈贝马斯的这一分析虽然主要是针对西方现代性社会，但是它对于中国社会发展也同样具有启示以及警示的作用。因为，中国社会也正处于现代性的发展进程之中，现代性的个体主义和功利主义的观念体系也在对人们产生着显著的影响。正如阎云翔在《中国社会的个体化》一书中所指出的，改革开放以来，伴随着中国社会的现代化进程，中国人的意识观念也逐渐趋于个体化，"对个体利益的追求与保护个体权利的抗争在整个 90 年代及其之后一直都在发展着"[②]；同时，在当代中国社会，"不管在精英群体还是普罗大众那里，个人主义总是被理解为一种以自我为中心的私利主义，因而，中国社会的个体化进程夹杂着个体主义与私利主义的混合元素，成为一种个体私利主义"[③]。这构成了中国社会个体化进程中的一幅特殊图景，它也在一定程度上强化了以自我

---

① 孔繁斌：《公共性的再生产》，江苏人民出版社 2012 年版，第 256 页。
② ［美］阎云翔：《中国社会的个体化》，陆洋等译，上海译文出版社 2012 年版，第 10 页。
③ ［美］阎云翔：《中国社会的个体化》，陆洋等译，上海译文出版社 2012 年版，第 22 页。

利益为中心的思想观念，并且在一定意义上引发了中国社会背景下的唯私主义综合征的发育。

　　具体而言，当前中国社会的唯私主义综合征，具有以下几个方面的特征：第一，个体私利主义。个体私利主义是个体主义和私利主义杂糅在一起的"产品"。在缺乏公共精神、理性精神的规范和导向下，个体私利主义往往容易使人趋向于自私自利，而社会生活也成为"个人的自我中心视角的聚合"①，其中充斥着各种自私行为，导致个体利益凌驾于公共利益之上。第二，竞争性个人主义。它是竞争主义与个体主义相结合的产物，它强调通过不断地竞争和占有来凸显个人的价值，来展示个人的存在感。在缺乏完善的权利保障体系的社会当中，个人为了不断地获得安全感，更容易陷入竞争性个人主义的观念误区，人们为了生存而不断竞争资源、占有资源，而合作和分享则日益匮乏。第三，以自我为中心的工具主义。它强调自我是中心，自我是唯一的目的，他人只是工具而已，这就形成了一种以工具主义、功利主义的方式来看待他者和社会的思维视角，它把自我看作是唯一的目的性的存在，把他人和共同体看作是实现自我目的的工具或手段。这就在很大程度上放弃了对他者、对社会公共福祉的关注，强化了人们在人格心理层面上的唯私主义病症。

　　显然，从当前推进社会主义民主法治建设、打造共建共治共享的社会治理格局的大背景来看，这种唯私主义综合征是我们必须加以警惕的。社会主义民主法治社会的基础是民主、法治的人格，打造共建共治共享的社会治理格局则需要不断增强人们的道德主体精神和公共

————————————
　　① ［德］哈贝马斯：《在事实与规范之间：关于法律和民主法治国的商谈理论》，童世骏译，生活·读书·新知三联书店 2003 年版，第 437 页。

参与精神。这就要求必须引导公众积极担当公共责任、参与公共生活，而不是退回到个体化的生存状态之中，成为只关注个体私利的"私民"。也正因为如此，我们有必要对当前的唯私主义综合征展开更加深入的分析，探究其根源，寻找解决问题的路径，以更好地摆脱唯私主义综合征对个体人格发展和社会发展的不良影响，更好地推进共建共治共享的社会治理格局的建设和完善。

二、唯私主义综合征的社会以及教育的根源

唯私主义综合征的产生具有社会以及教育的双重根源。一方面，它与社会系统在现代化进程中所产生的个体分化力量紧密相关，另一方面它也与教育系统自身不断强化竞争性个人主义、占有式学习方式等有着深刻的关联。在社会系统与教育系统的相互强化和交互作用下，人们易于形成疏离于国家与社会使命、放弃公共责任、转向以自我私利为中心的唯私主义状态，从而导致公共理性精神以及公共道德品质的发展遭遇阻碍。

（一）唯私主义综合征的社会根源

改革开放四十多年是中国社会积极融入现代性潮流的四十多年，在这一融入过程中，中国社会在制度及观念结构上发生了重大变革，核心的转变就是中国社会逐渐从"总体性社会"（Totalitarian society）趋向于"个体化社会"（Individualized society）^①，人们不再被"捆绑"于社会、集体以及单位的标准化生活模式之中，而是成为更加自主、自由的人。这是积极的方面。但是，从消极的方面来看，个体化社会也会带来一

---

① 文军：《个体化社会的来临与包容性社会政策的建构》，《社会科学》2012年第1期。

系列的问题。个体化社会的来临，虽然有助于提升人的自由和个性，但是它也容易使个体与他人、个体与共同体日益疏离，导致人的共同体归属感、公共精神以及他者意识的丧失。正如鲍曼所言，个体化社会"有一种强大的个体分化力量，它分割而不联合"①。它把人从共同体的生活模式中分割出来，虽然给人以自由和个性解放的承诺，但是也把人带进了孤独、封闭的思维方式和生活模式之中，使人丧失了共同体的身份认同和归属感。显然，伴随着中国社会的个体化进程的推进，人们的共同体归属感以及公共精神也正在遭受着个体分化力量的"解剖"，它导致了唯私主义综合征的不断产生乃至膨胀。

首先，传统的共同体生活方式及价值理念对个体的控制与支持正在消弭，社会成员必须作为个体来主动地创造属于自己的身份认同，这加速了个体与共同体的分裂与疏离。中国人曾经深嵌于家庭、亲属、地方社区等传统关系之中，但是个体化进程却使崛起的个体不断地冲破这种传统关系，并试图建立起新的身份认同。② 按照吉登斯（Anthony Giddens）的观点，在当代社会生活中，个体与社会的关系已经逐渐从"嵌入"关系走向了"脱域"关系，个体从传统的血缘关系、亲缘关系、社区关系等脱离出来，在走向独立自主的同时也逐渐失去了以共同的文化、道德与信仰为基础的身份认同的支持系统。③ 于是，个体失去了从传统关系中建构稳固的"自我"的机会，从而个体对于共同体的归属意识也趋于淡漠，甚至产生了"去共同体主义""去集体主义"的心

---

① ［英］齐格蒙特·鲍曼：《个体化社会》，范祥涛译，上海三联书店 2002 年版，第 13 页。

② 李荣荣：《从"为自己而活"到"利他个体主义"——乌尔里希·贝克个体化理论中的一种道德可能》，《学海》2014 年第 2 期。

③ ［英］安东尼·吉登斯：《现代性的后果》，田禾译，译林出版社 2000 年版，第 18 页。

理倾向。这不断加深了个体与共同体、个体意识与共同体意识的分裂，它使得个体在冲破传统关系的同时也陷入了新的困境，即如何在个体与他者、个体与共同体的分裂中重塑身份认同。

其次，伴随着传统的、稳固的共同体生活方式的瓦解，当代社会也逐渐成为一个"流动的"现代性社会，个体在流动的现代性社会中必须"为自己而活"，这也使得个体私利主义的观念日益泛滥。改革开放之前的中国社会，人们处于相对稳固的生活方式之中，是附着在单位生活或者集体生活中的一颗颗"螺丝钉"。但是，伴随着改革开放的推进和市场自由竞争理念的深化，人们的自由流动正在不断加强，体制层面的束缚也在日益松绑，比如，城市的户籍制度、社会保障制度、医疗制度等，越来越支持人的流动，而以稳定和保守为特征的"单位制度"也逐渐走向了解体，人们从稳固的组织体系及生活方式中分离出来，成为"流动的"个体。① 农民、工人、白领技术人员等从一个城市流动到另一个城市、从一种生活方式流动到另一种生活方式。在这种流动的生活中，没有稳固的道德权威及秩序，有的只是不确定性和道德边界的模糊，因为，"溶解所有固态从一开始就是现代生活形态的根本特点"②。在这种流动的现代生活方式中，由于没有主导的道德模式，人们只有转向他们自身去寻找道德答案。③ 这种流动的现代性生活在摧毁组织化的生活空间和价值空间的同时，也催生了个体在流动社会中"为自己而活"的价值观念。因为，既然社会是不确定的、传统

---

① 王建民：《个体化社会中"社会容纳力"的缺失与重塑》，《学习与实践》2010年第2期。
② ［英］齐格蒙特·鲍曼：《流动世界中的文化》，戎林海、季传峰译，江苏凤凰教育出版社2014年版，第6页。
③ 王建民：《个体化社会中"社会容纳力"的缺失与重塑》，《学习与实践》2010年第2期。

是靠不住的、个体是流动的，那么我们并不需要"为他人而活"，而只需"为自己而活"。这无疑是个体私利主义在现代中国社会不断泛滥的一个重要原因。

最后，当代中国社会的公共领域发育仍然是不健全的，它使得公民合作、团结缺乏稳固的公共生活基础，这也加深了人们在个体化状态下的孤独和封闭，在很大程度上导致了唯私主义综合征的恶化。公共领域是公众参与、公共协商以及形成公共舆论的生活领域。在公共领域当中，"人们作为私人来到一起成为公众"①，并以公共的、理性的方式参与社会公共事务。因而，公共领域是一个平等、理性、主体参与的生活领域，同时也是一个展开公众之间的团结、合作的生活空间。但是，由于中国社会的公共领域发展较晚，公共领域中的志愿者组织、协会组织、慈善组织以及自治组织等还处于相对薄弱的状态，而且绝大多数这类组织都是 20 世纪八九十年代以后才发展起来的，仍处于不太成熟的发展阶段。②这就使得在个体分化力量之下，中国社会由于缺乏公共领域的整合、协调作用，失去了很大一部分的整合力量，最终使得个体与他者、个体与社会之间的联结缺乏稳固的生活基础，从而也就易于造成个体与他者、个体与社会的分裂，导致自私的、封闭的个体人的产生。这不利于人们的公共道德品质及公共精神的发展。

---

① Jurgen Habermas, *"the Public Sphere"*, in *the Rethinking Popular Culture: Contemporary Perspectives in Cultural Studies*, Chandra Mukerji & Michael Schudson(eds.), University of California Press, 1991, p.398.

② 俞可平：《中国公民社会的兴起与治理的变迁》，社会科学文献出版社 2002 年版，第218 页。

（二）唯私主义综合征的教育根源

唯私主义综合征的产生，不仅具有社会层面的根源，同时也具有教育层面的根源。作为社会的子系统，教育无法脱离整个社会大系统的影响。同时，教育又通过自身的相对独立的育人机制，对人的道德品质及公共参与精神产生着至关重要的影响。可以说，当代教育由于自身的一系列的问题及弊端，对唯私主义综合征的产生起着推波助澜的作用。

一方面，当代教育逐渐建构起了一种以竞争性个人主义为核心的教育机制，它使得教育不断强化着竞争、占有和个人成就，而忽视了分享、合作和公共利益。这是唯私主义综合征得以产生的重要教育根源。正如美国学者罗洛·梅所指出，在当代社会及其教育机制中，个人主义与竞争主义融汇在了一起，占有资源、竞争排名、争夺升学机会成为教育的主要目的，整个社会都在倡导"比他人优越或胜过他人"。[①]基于此，不论我们是否承认，当代教育都在不断地强化着竞争性个人主义的观念，它宣扬的是"排他性的个人成功，而不是分享式的公民合作"[②]。于是，教育越来越成为一项"走钢丝"的竞技活动，它鼓励人们通过"走过钢丝"（高考走过"独木桥"）来争夺优质的教育资源及机会。正如乌尔里希·贝克所言，"在一个充满走钢丝般生活经历的社会当中，精神紧张及恐惧给每个人都带来了极大的压力"。[③]同样地，在这种"走钢丝"般的教育机制中，受教育者只能依靠自己的力量、担负着巨大

---

① ［美］罗洛·梅：《焦虑的意义》，朱侃如译，广西师范大学出版社 2010 年版，第 153 页。
② 叶飞：《竞争性个人主义与"孤独的"公民——论公民教育如何应对公共品格的沦落》，《高等教育研究》2013 年第 2 期。
③ ［德］乌尔里希·贝克、［德］伊丽莎白·贝克－格恩斯海姆：《个体化》，李荣山、范譞、张惠强译，北京大学出版社 2011 年版，第 58 页。

的精神压力来"走钢丝"，他们唯有不断参与考试竞争并增强自己的竞争力，才能获得个人成功。在这种教育模式和思维方式的导向下，教育不断地支持分离而非合作，支持孤独的竞争者而非团结的公民。学校教育也就愈来愈成为个人奋斗的场所，它鼓励人们通过激烈竞争来占有资源，获得个人利益，而不是通过团结、合作来分享公共利益。显然，当受教育者不断地接受着这种竞争性个人主义的教育方式以及思维方式的影响，并且认可这种方式的时候，他们的内心世界难免会滋生出个体化、私利化的观念，从而导致唯私主义综合征的不断产生乃至于走向膨胀。

　　另一方面，当代教育也在不断强化着知性主义、功利主义的教育观念，间接导致了公共道德教育的衰落，从而进一步推动了唯私主义综合征的膨胀。学校教育不仅是知识学习的场所，同时更是发展德性品质（包括公共道德品质）的场所，教育应当使人成为一个具有公共道德及公共精神的人。但是，在知性主义、功利主义的教育观念下，教育的最重要的目标（有时候甚至是唯一目标）是为了知识学习和考试升学，而非为了培养具有良好的公共道德品质及公共参与精神的人。在这种情况下，公共道德、公共精神以及公共关怀意识的培养日益走向了边缘化，甚至变得无足轻重。在这种教育观念下，公共道德品质的教育逐渐走向了衰落，而知性、功利性的教育则不断盛行，它使得"学校越来越不像一个'教育'的机构，越来越缺少'教育'的意味，甚至逐渐地堕落为一个没有教育性的'教学'机构，一种纯粹的职业预备或培训机构"①。显然，作为育人的机构，学校教育应当培养健全的道

---

① 石中英：《教育哲学导论》，北京师范大学出版社 2002 年版，第 83 页。

德品质和公共精神，但是，在知性主义、功利主义的教育机制下，教育主要追求的往往是知识传递的高效率和考试升学的高升学率，而优良的道德品质和公共精神的培养则退居其次。也正因为如此，以培养人的公共理性、公共德性及公共精神为目标的公共道德教育是比较边缘的，青少年学生的公共道德品质的健全发展也因此而面临着诸多困境。显然，教育系统中所存在的这些问题，对当前的唯私主义综合征的不断产生乃至于膨胀负有不可推卸的责任。

三、公共人的培育：对唯私主义综合征的教育治疗

我们这里所谓的公共人的培育，主要是指通过引导受教育者以主体身份积极参与学校以及社会的公共生活及公共治理实践，使其获得"他在性"的思维视角，从而培育其公共参与意识、公共德性品质以及公共关怀精神的一种教育活动。通过人的公共精神及品格的培育，可以对唯私主义综合征进行有效的教育治疗。哲学家罗尔斯曾强调指出，现代政治及教育机构有必要引导个体参与社会公共生活，推动其"理智而有效地运用其自由权利和机会"[①]。它可以促进个体成长为具有公共精神及品格的公共人。从这个意义上而言，公共精神及品格的培育不失为"治疗"唯私主义综合征的一个有益的教育方案，它可以更好地促进人的健全人格发展。

首先，它可以增进人的公共理性能力，使人摆脱工具理性及功利思维的束缚，以理性的方式来追求公共价值、公共利益。唯私主义综合征使人屈服于工具理性的思维，这种工具理性思维正如马克斯·韦

---

① ［美］约翰·罗尔斯：《政治自由主义》，万俊人译，译林出版社2000年版，第35页。

伯所描述的，它所看重的不是行为本身的价值，而是行为能否成为达成目的的工具或手段。^①工具理性思维的进一步极端化，也就成为一种把他人和共同体看作是实现个体私利的工具和手段的功利思维模式及心理病症。这种思维模式在无形之中摈弃了公共理性的精神，使人不愿意去追求公共利益及公共价值，而只是追求占有式的个人利益。而这恰恰是公共人培育所希望去改变的。公共人的培育试图通过引导青少年参与社会公共实践，促使青少年学生在实践行动中深刻认识和理解自我与他者、自我与社会的有机联系，认识到不仅自我是目的，同时他者和社会也是目的，而不只是手段或者工具。这可以促使个体从汲汲于个人利益的工具理性思维转向更为博大的公共理性思维，以公共理性的方式来追求公共福祉。通过这种公共人的培育，个体可以形成一种公共理性的思考能力，把公共利益作为一种基本价值，从而超越工具理性思维的不利影响，使人的理性思维上升到一个更高的层次。

其次，它可以培养人的公共德性及公共精神，使人进一步摆脱个体私利主义的影响，从而成为共建共治共享的道德主体。通过多种形式的公共参与及治理活动，个体可以获得一种更为宽广的公共视野，以开放的、公共的心态来看待他者和社会。正如美国学者沃尔特·帕克（Walter Parker）所指出的，学校教育本身就是一个公共空间（Schools are public places），它可以通过引导学生积极参与公共生活中的辩论（discussion）、审议（deliberation）以及行动（action）等来实现公共道德品质及精神的培育。^②可以说，公共参与的过程本身就是公共德性及公共精神的教育过程，它能够在潜移默化中培育学生的公正、平等、

---

① ［德］马克斯·韦伯：《经济与社会（上卷）》，林荣远译，商务印书馆1997年版，第56页。
② Walter Parker, "Teaching Against Idiocy", *Phi Delta Kappan*, 2015, (1).

宽容、友善、合作等公共德性品质。通过引导青少年学生积极参与学校公共生活以及社会公共生活的治理和行动，有助于推动个体与他者、个体与社会形成良好的沟通和互动关系，养成一种积极的公共道德精神，成为敢于担当社会公共责任、捍卫公共权益的公共人。在公共参与中，人们不是作为"私人"而是作为"公众"走到了一起，它推动青少年学生超越自我中心的视角，站在更为广阔的公共利益的视角来思考问题，从而使个体获得公共精神的力量。这可以引导青少年学生走出个体私利主义的"泥潭"，避免成为只关心一己之私利的孤独、封闭的个体人。

最后，它还可以使人摆脱以自我为中心的、自恋主义的身份认同，形成真正意义上的"公共的"身份认同和群体归属感。正如查尔斯·泰勒所指出的，资本主义现代性社会虽然给人带来了以自由和平等为核心的个人主义理念，但是这种理念也容易使人陷入"孤芳自赏"的自我中心主义误区，甚至陷入一种"变态的、可悲的自我关注"[1]。这种自恋的、自我中心的身份认同，把自我封闭于内心的孤独之中，失去了发展健全的公共道德品质以及公共精神的机会。事实上，在中国社会以及教育的现代化进程当中，青少年学生的自我中心主义、唯私主义的心理倾向也正在滋生，它阻碍了公共的身份认同及群体归属感的健康发展。从这个角度而言，公共人的培育对于我们当前的社会转型及教育变革具有重要的现实意义。它可以给我们带来一种以公共参与为核心的道德教育体系，这种教育体系是对传统的以知识和课堂为中心的道德教育模式的反思与超越。通过公共人的教育，可以引导青少年

---

① ［加］查尔斯·泰勒：《现代性之隐忧》，程炼译，中央编译出版社 2001 年版，第 5 页。

学生在公共参与活动中摆脱自我中心、自恋主义的"虚假的"公民身份认同，走向一种能够担当国家事情和社会责任的公民身份认同。这种身份认同超越了个体私利主义的观念误区，真正站在"公共的"立场上来审视自我、他者以及社会的关系，从而形成更加整全的身份认同意识，形成对唯私主义综合征的有效矫正。

第三节　从个体人到公共人：道德教育的公共性建构

现代生活和现代教育在增强人的主体性和独立性的同时，也加剧了人与人之间的个体化生存、竞争性思维以及孤立化的教育及学习方式，使得年轻一代人的公共理性、公共德性以及公共精神等的发展遭受了阻碍。对于新时代的道德教育而言，需要不断打破这种个体化、竞争化、孤立化的生存及教育方式，培育具有公共担当意识、公共参与精神以及公共德性品质的时代新人，从而实现道德教育的国家使命、社会使命和个体成人使命。为此，学校教育及道德教育应通过不断提升制度体系的公共性与民主性，建构公正平等、公共参与、公共关怀的文化氛围，实施"学校—社区"以及"学校—社会"的道德行动计划，从而更好地传递自由、平等、公正、法治等社会主义核心价值观，最终培育中国式现代化建设背景下能够推动国家发展和社会建设的公共人。

一、当代道德教育的公共使命

中国式现代化建设以及中国特色的社会主义民主法治体系建设，对年轻一代人的人格品质及精神观念提出了新的要求，它要求人的公共精神及公共品格的健全发展。但是，当前中国社会在走向现代化的过程中，现代教育在个体化加速的过程中也正在制造孤独的、冷漠的个体人，它使得年轻一代人的公共德性及公共精神等的发展遭到了阻碍。对于新时代的道德教育而言，需要不断打破道德教育的这种个体化困境，致力于去培养具有公共理性、公共德性以及公共精神的公共人。这种公共人的培育，体现着道德教育所肩负的国家使命、社会使命，同时也体现着道德教育所肩负的个体成人使命。

　　培育公共人是道德教育所肩负的国家使命。道德教育有必要通过培养民主的、公共的道德人格来为社会主义民主法治社会做出力所能及的贡献。在中国式现代化建设背景下，中国特色社会主义民主法治社会建设的目标已经明确，而民主法治社会的基础在于民主、法治的人格，而培育这种人格正是道德教育所必须承担的重要使命。杜威（John Dewey）曾言，"民主社会比其他各种社会更加关心审慎的和系统的教育"（a democratic community more interested than other communities have cause to be in deliberate and systematic education）①。因为，民主法治社会比其他社会更需要健全的民主精神和公民人格的培养，而这正是道德教育所应当致力于去完成的教育使命。一旦道德教育无法培育起人们的健全人格和民主法治精神，那么这个社会也就很可能失去成为民主法治社会的基础。从这个角度而言，道德教育事实上承担着为国家培养具有民主法治精神及公共道德品质的人的教育使命，这是建立社会主义民主法治国家的教育基石。也正因为如此，我们看到在"义务教育品德课程标准"中，培养负责任、有爱心的公民成为国家品德课程

---

① John Dewey, *Democracy and Education*, Southern Illinois University Press, 1980, p.93.

标准的重要内容；而在 2017 年颁布的《中小学德育工作指南》中，"树立规则意识、法治观念，培养公民意识"也成为道德教育的重要目标及内容。从这个角度而言，培养具有公共秩序意识、公共道德素养以及民主法治意识的公共人，是道德教育所肩负的至关重要的国家使命。作为国家发展以及社会建设的重要部分，学校道德教育工作有必要积极地承担这一国家使命，促进青少年学生的公共德性与民主法治精神的成长，为社会主义民主法治国家的建设培养具有优良的道德品格及民主法治精神的公共人。

培育公共人是道德教育所肩负的社会使命。当前我们的社会建设是围绕着自由、平等、公正和法治等社会主义核心价值观来展开的。显然，为了建成自由、平等、公正、法治的社会，道德教育在其中应当肩负起重要的职责。只有当道德教育体系不断为社会培养和输送自由、平等、公正以及法治的公共人——而不是自私自利的个体人——的时候，我们的社会才能真正成为自由、平等、公正而法治的社会。基于此，道德教育事实上肩负着这样一种社会使命，它必须把自由、平等、公正、法治等公共价值观传递给青少年学生。自由意味着道德教育必须摆脱以灌输和强制为主的传统德育模式，赋予青少年学生以更多的自由与个性的发展空间；同时，它还意味着必须让学生理解自由是一种公共价值，自由不是放任自流，而是在法律限度内对自身的自由以及对他人的自由的珍爱和捍卫。平等意味着道德教育必须引导青少年学生去认知、理解和体验公民身份、法律权利以及人格尊严的平等性，任何人都不得因为种族、阶层、性别、家庭背景等因素而遭受不平等的对待。公正意味着道德教育必须引导青少年学生去公正地对待他人，不歧视他人，维护社会的正义秩序和基本道义，追求公平而正义的社会秩序。法治意味着道德教育应当以合乎青少年学生的年龄特征和思维发展规律的方式来开展法治教育，自觉地去引导青少年学生知法、懂法和守法，培育青少年学生的民主法治精神。当学校道德教育能够承担起培育自由、平等、公正和法治的公共人的教育使命，全面提升青少年学生的自由、平等、公正以及法治精神的时候，我们的社会也才能真正成为自由、平等而公正的法治社会。

培育公共人是道德教育所承担的个体成人使命。道德教育还承担着使人成为人、提升人的存在价值的个体成人使命。个体成人不仅是成为私人生活中具有良善品格的人，同时还要成为在公共生活中具有公共品德及公共精神的人。正如古希腊哲人亚里士多德早已关注到的，人不仅过着个体的、私人的生活，同时也过着公共的、政治的生活。[①] 对于现代人而言则尤其如此，因为现代社会的公共生活领域的发展日趋成熟，人们的公共生活空间日趋拓展，它要求人们在私人生活之外还要积极参与公共生活，践履公共德性。也正因为如此，阿伦特在《人的条件》（*The Human Condition*）一书中才特别强调，一个人如果无法进入公共领域，无法过一种自由而平等的公共生活，那么他就不可能成为一个完整的人。[②] 这也就意味着，教育以及道德教育有必要使人成为一个能够过公共生活的公共人，从而达至自身的完整性。道德教育是使人成为人的公共事业，它需要肩负起培育人的公共德性及公共精神的使命。人的道德品格的完善与提升，不仅需要私己性的道德品质的发展（比如私人生活中的彬彬有礼、温文尔雅、真诚友善等），同时

[①] ［古希腊］亚里士多德：《尼各马科伦理学》，苗力田译，中国人民大学出版社 2003 年版，第 173—176 页。

[②] ［美］汉娜·阿伦特：《人的条件》，竺乾威等译，上海人民出版社 1999 年版，第 29 页。

也需要公共性的道德品格的发展（比如公共生活中的平等、民主、宽容、尊重、正直等）。通过这种私人的及公共的道德品格的培养，道德教育才能使人成为真正的人，提升人的生命价值，同时最终也才能促进公共社会的发展。由此而言，培育公共人不仅是道德教育所肩负的国家使命和社会使命，同时也是道德教育所承担的个体使命，它是促进个体成人的教育基础。

二、道德教育的公共性建构：公共人培育的基本理路

道德教育从培育个体人走向培育公共人，不仅体现着国家使命、社会使命，同时也体现着道德教育的个体成人使命。在个体人的兴起而公共人不断走向衰落的当代社会，自私的、冷漠的、孤独的生活方式及教育模式阻碍了青少年学生的公共品格成长，并易于制造孤独、封闭的个体人。因此，对于新时代的道德教育而言，要想更好地实现自身的国家使命、社会使命以及个体成人使命，必须实现自身的公共性建构，引导公共人的培育，促进人的公共理性、公共德性以及公共精神的发展。笔者认为，从逻辑上而言，一种真正有效的公共人培育机制，需要对教育的制度生活、文化氛围、课程教学、交往平台、实践行动等层面进行整体性的建构，从而获得制度层面的刚性保障、文化层面的柔性支持以及课程教学、交往平台、实践行动等层面的实践支撑。具体而言，学校教育以及道德教育应做好以下几个方面的重要工作：

首先，从制度层面而言，学校道德教育应促进学校制度生活的公共性与民主性的建构，使公共人的培育具备坚实的制度基础。制度不仅是重要的规范力量，同时制度也是重要的育人力量，不同的制度体

系可以保障和促进不同的价值观念和人格品质的养成。① 为了更好地促进公共人的培育，学校德育工作应当对学校制度生活进行公共性的建构，使之成为公共人培育的制度保障。这就要学校制度生活逐步发展成为一种公共治理的制度体系，通过这种公共治理来促进青少年学生的公共品格与公共精神的生成。因而，学校制度生活要逐步摆脱自上而下的垂直管理模式，而走向一种多元主体的合作共治的治理模式。这里所谓的"治理"，主要是指诉诸多元主体的协商、对话和合作共治的一种新型管理模式，它强调教师和学生在学校管理体系、制度体系中的民主参与、平等合作和共同管理。② 治理倡导的是一种均衡的权力分配，它致力于维护教师和学生的平等的治理权，保障每个治理主体都有平等参与的机会和权利，以此促进学校管理的公共性与民主性的提升。治理意味着公共事务管理的主体是多元的，而不是单一的，它"要求公民的参与和社群的自治，将公民参与和自治作为基本的策略"③。为此，学校在组织管理层面上应当引入民主管理的机制，通过民主管理来肯定学生的治理权利、鼓励学生的治理行动。在公共事务的民主管理中，教师必须与学生展开充分的协商、对话，聆听学生的声音，从而使学校管理过程成为一个民主治理的过程。这不仅可以提升学校管理的民主性和科学性，也可以有效地培育学生的公共意识及行动能力。同时，学校可以通过构建"学生管理委员会""学生听证会""学生申诉委员会"等新型的组织机构，鼓励开展各种类型的公益活动、志愿者活动、学生社团活动等，以保障教师和学生在公共平台上就公共议题

---

① 叶飞：《学校制度生活与公民品质的教育》，《教育发展研究》2016 年第 8 期。
② 俞可平：《治理与善治》，社会科学文献出版社 2000 年版，第 5—6 页。
③ 孔繁斌：《公共性的再生产》，江苏人民出版社 2012 年版，第 33 页。

展开公共协商、民主决策以及权利救济，更好地保障学生的参与权利和其他合法权益。由此，教师与学生之间才能真正建立起"平等－协商－合作"的关系，而在这种关系中，学生的公共精神及公共品格才能得到更加全面的提升。

其次，从文化层面而言，学校道德教育应推进建构公正平等、交互主体、公共参与、权责明确的公共文化。通过这种公共文化的基础性支持，可以引导青少年学生走出唯私主义综合征的误区，在主体间性的文化氛围中积极担当公共责任。这就需要做好以下几个方面的基本工作：第一，建构起公正平等的文化，使学校空间成为一个公平正义的生活空间。这就要求教师必须以一颗公正、平等之心来对待学生，不因性别、民族、家庭背景、学业成绩等方面的差异而歧视某些学生、偏爱某些学生。教师应始终把学生视为平等的道德主体，尊重每一个学生的人格尊严以及平等权利。如此，学校空间才能形成公正平等的文化氛围，也才能培育学生的公正、平等的道德理念。第二，建构交互主体性的公共文化。这种文化不仅主张建构学生的道德主体身份，同时致力于建构师生、生生之间平等的、交互的主体间关系，它推动青少年学生从生活世界的主体间性视角来看问题，从而"超越个人的特殊性，坚持共同的立场"[1]。这才能增强教师与学生、学生与学生之间平等的交往关系，形成他们的价值共识，并培养他们的合作精神、团队精神。第三，建构参与性的公共文化。这种参与性的公共文化主张每一个受教育者都是学校和社会的公共事务的参与者，它鼓励青少年学生参与学校公共生活、参与社会公共生活，把对他者的关怀、体谅、

---

[1] ［英］尼克·史蒂文森：《文化与公民身份》，陈志杰译，吉林出版集团有限责任公司2007年版，第53页。

宽容、尊重等价值观渗透在学校的文化建设当中，培养青少年学生"关心他者、关怀社会的品质"①，从而养成一种深切的公共关怀意识。在参与性的公共文化建构中，学校和教师可以通过一系列的校园文化活动（比如文化沙龙、公益文化活动、法治宣传活动等），使学生获得公共参与精神的熏陶，实现公共道德品格的成长。第四，建构权责明确的公共文化。道德主体身份是一种权责统一的身份意识。在公共生活中，个体不仅要懂得捍卫自身的权利，同时也要懂得担当社会的公共责任，因为"一个人不能躲在'私人的'招牌之下逃避公共责任；公共责任不是集体的责任，而是我们每一个人的责任"②。公共人的培育不仅要倡导保护学生的基本权利（比如受教育权、生命健康权、自由表达权等），同时也要引导学生去积极履行自身的公共责任（比如遵守校纪校规的责任、尊重教师的责任、遵守法制的责任等），从而在教育活动中形成权责的明确性，在担当责任的过程中体会自我与他者、自我与社会的紧密联系，最终超越狭隘的私人利益的束缚，更好地去追求公共价值以及公共利益的实现。

再次，在课程教学活动中，学校道德教育应推进各门课程教学工作对学生的话语"赋权"（empowerment），鼓励学生与教师在课程教学中展开公共交往。学生不是教学过程中的被动接受者，而是主动的学习者和参与者。学生有权参与教学目标、教学内容、教学方法等方面的交流与探讨，与教师一起促进课堂教学的改进。在教学目标的设定上，教师并不是凌驾于学生的权威者，教学目标（不论是德育学科教

① Nel Noddings, *Educating Moral People*, Teachers College Press, 2002, p.20.
② [美]乔治·弗雷德里克森：《公共行政的精神》，张成福译，中国人民大学出版社2003年版，第47页。

学，还是其他学科教学）不是教师一个人说了算，学生也应当具有充分的参与权。当教师在思考和定位教学目标的时候，必须与学生展开充分的协商和对话，鼓励学生发表自己的意见，从中更深入地了解学生的愿望和需要，并且在教学目标的设定中能够更好地尊重学生的意见。只有当教师与学生就教学目标展开了民主的沟通和对话之后，课程教学才可能更好地满足学生的需要，教师与学生也才能真正共享"教与学"的权利[①]，从而更有效地实现对学生的赋权。此外，在教学的内容设置上，应注重自由、平等、公正、法治、爱国、敬业、诚信、友善等社会主义核心价值观的传递，同时注重"和平、发展、公平、正义、民主、自由"等人类共同价值的传递。教师应在课程教学（包括德育教学以及其他学科的教学）中潜移默化地渗透社会主义核心价值观以及人类共同价值，并且在教学中与学生展开真诚的、民主的对话，真正进入学生的内心世界，使教学内容及其所蕴含的社会主义核心价值观及人类共同价值引领学生的道德认知、道德情感、道德信念、道德意志以及道德行为等的全面发展，从而提升道德教育以及其他学科教育的育人质量和育人效果的全面提升，使社会主义核心价值观以及人类共同价值的教育获得课程教学的坚实支撑，促进学生的公共品格及公共精神的培育。在课程教学实施过程中，教师也应当与学生展开民主的、公共的交往，以此来形成更加和谐的师生交往关系。通过教师和学生在课程教学中的平等对话、民主参与、公共协商等的建构，可以使课堂生活及教学活动体现出更丰富的民主色彩和公共精神，这可以推动学生更坚定地认同于自身的公共道德主体的身份，而学校生

---

① 肖龙海、郑锡灯：《共享学习的权利——关于协商式学习的研究》，《教育发展研究》2003年第11期。

活及课程教学也将更好地促进学生的公共品格发展，促进公共人的培育。

最后，学校道德教育应开展公共实践行动的教育，推动青少年学生在实践行动中养成良好的公共道德品格。道德教育不能脱离生活世界中的实践行动，人的道德成长既是道德认知及道德理性的成长，同时也是道德实践能力的成长。道德实践行动可以使学生走出学校、走向社会，在学校、社会的共育中实现公共人的培育。道德教育归根结底应该是一种实践性、行动性的教育，在实践行动中才能培育人的稳固的道德价值观。为了更好地推进公共实践行动的教育，学校道德教育应把握好以下两个方面的基本工作。一方面，构建以学校公共生活为基础的实践行动，在学校公共生活中促进学生的公共道德品格的成长。正如佐藤学教授所言，学校不仅是传递知识、接受教育的场所，还是一个形成学习的亲和、培养伙伴关系的场所。[①] 学校生活本身就是一个重要的公共生活空间，在其中可以形成学生之间的伙伴关系，并在伙伴关系的基础上展开公共合作、公共行动，比如开展学校的公共绿地的养护、学校公共财物的保护、学校公共问题的讨论和协商等。通过这一系列以学校为基础的公共实践行动，青少年学生的公共道德意识和行动能力可以得到更好的发展。另一方面，构建以社区公共生活为基础的公共实践行动，在社区公共生活中促进青少年学生的公共道德品格的成长。学生不仅生活于学校，同时也生活于身边的社区。对于学生而言，社区是其每天生活其中的、几乎没有什么距离感的公共空间。美国学者沃尔特·帕克认为，社区生活是儿童道德成长的重要场

① ［日］佐藤学：《学习的快乐——走向对话》，钟启泉译，教育科学出版社 2004 年版，第 77 页。

所，学校应该为学生走入社区生活搭建起中间的桥梁。① 显然，对于中国学生的道德成长而言，社区生活也同样是非常重要的。学校道德教育有必要组织青少年学生参与各种类型的社区公共活动，比如引导学生参加社区的经济活动、法治活动、生态活动、公益活动等，把学生的道德认知与社会实践有机地整合在一起，为学生更深入地理解社会生活以及社会道德规范打下扎实而稳固的生活基础。② 通过学校、社区以及更为广阔的社会生活空间的有机联结，道德教育就与社会生活实践取得了紧密的联系，从而成为真正意义上的实践教育，而非知性教育。它有助于打破道德认知与道德行动、学校生活与社会生活之间的隔离墙，提升道德教育的社会性与实践性，在实践中促进青少年学生的公共理性能力、公共德性品质以及公共精神的成长，从而真正达成培育公共人的教育目标。

---

① ［美］沃尔特·C. 帕克:《美国小学社会与公民教育》，谢竹艳译，江苏教育出版社2006年版，第79页。

② 郑富兴:《现代性视角下的美国新品格教育》，人民出版社2006年版，第197—204页。

第三章　公共生活与公共人的人格养成

公共生活是公共人成长的生活基础，学校公共生活是培育公共人的重要生活场域。学校不仅是知识教育、知识传递的场所，同时也是公共价值培育、公共人品格养成的重要场所。学校以及社会的公共生活，事实上构成了公共性的道德品格成长的基础性生活空间，在这个生活空间中，学生与他人、学生与教师、学生与学校管理者、学生与社会生活中形形色色的陌生人发生着各种各样的公共交往关系，同时也承担着各种各样的社会角色，它们为学生的公共品格成长提供了基础性的空间和平台。通过学校以及社会公共生活的建构和引导，通过公共生活中的理性、平等、民主、公正等公共价值的传递，不仅可以促进学校以及社会生活的公共性内涵的提升，同时也能有效地提升学生的公共品格及公共精神，从而促进公共人的培育。

第一节　公共生活及其育人价值

公共生活可以为人的公共品格及公共精神成长提供陶冶和培育的空间，人们可以在公共生活中深刻感受和体验公共性的精神理念，并养成公共性的道德人格。正如陶行知先生所言，过什么样的生活，就受什么样的教育；过好的生活就受好的教育，过坏的生活就受坏的教育；
过高尚的生活就受高尚的教育，过卑劣的生活就受卑劣的教育……事
实上，过一种美好的公共生活，我们也能受到公共精神的教育。公共
生活具有显著的育人功能，在培养新时代所需要的公共人格的过程中，
可以发挥出重要的育人效果。

一、公共生活：一种基于公共伦理的交往生活

公共生活与私人生活具有显著的差异，它在促进公共人的培育和
发展的过程中发挥着独特而重要的作用。公共人的培育需要一个持久而
稳定的公共生活空间，以此通过公共性的交往生活实践及公共价值观的
传递，来陶冶和塑造学生的公共品格及公共精神。孤立的、自私自利的
交往生活显然无法达成培养公共人的目标，只有通过公共生活、通过人
与人之间的公共交往实践，才能培育真正意义上的公共人。约翰·杜威
在《民主主义与教育》一书中曾指出，"孤立的生活只能使生活僵化和
形式制度化，使群体内部只有静止的和自私自利的思想"。缺乏公共性
的、孤立的交往生活实践只会导致个体丧失公共精神和公共品格，成为
平庸的个体人。相反，以平等、公正、理性、民主、责任、尊重等公共
原则为基础而构筑的公共生活，可以把学生从个体化的、孤立的生活
状态中解放出来，不断生成和发展学生的公共精神，从而使学生成为
公共生活的积极思考者、参与者和行动者，成为有担当的公共人。

汉娜·阿伦特曾言，"一个人如果仅仅过着个人生活（像奴隶一样，
不让他进入公共领域，或者像野蛮人那样不愿建立这样一个领域），那
么他就不是一个完整的人"①。在阿伦特看来，公共生活领域是一个自

---

① ［美］汉娜·阿伦特：《人的条件》，竺乾威等译，上海人民出版社 1999 年版，第 29 页。

由、平等、非暴力的领域，而私人生活并不具备这样的特征。由此观之，公共性是公共生活的根本属性，没有公共性，人们虽然可以在社群和团体中形成"共同的生活"，但是却无法形成"公共生活"。公共生活虽然体现出了"大家在一起"的共同生活样态，但是"大家在一起"的方式也显得尤为重要，即只有当大家以遵循公共伦理原则为基础，形成彼此之间的以平等、公正、理性、民主、责任、尊重等为基础的交往生活关系，这样的生活才能称之为公共生活。

从这个意义上来说，公共生活就是指以公共伦理原则为基础、以公共的善和正义为根本追求的生活，它体现出了以下几个方面的基本特性：

首先，公共生活是遵循公共伦理的生活。在私人生活中，私人之间的伦理关系不是以公共性来衡量的，私人之间的温情、友爱、关怀等并没有太多涉及公共生活和公共利益，因此也并不需要完全遵循普遍性的公共伦理规范。但是，在公共生活中，人与人之间的交往关系所应遵循的伦理原则已经不再是私人性的人际关系伦理，而是一种普遍性的公共伦理，因为人与人之间的交往关系已经发展成为现代性的公共交往关系。这种交往活动不能以私人的情感来限定，而是要以公共伦理来界定。公共伦理的一个基本准则就是，即使对方与你没有任何的情感关系，但是你依然要把对方当作一个平等的道德主体来对待，相互之间的交往关系应当遵循普遍性的公共伦理原则。因此，在公共生活当中，人们之间的交往关系在很大程度上超越了私人的情感、利益、温情和友爱，而走向了对公共价值、公共利益以及公共伦理的深刻认同。

其次，公共生活是公共理性的生活。在公共生活中，作为遵循公共伦理的公共人，人们是以理性的方式来思考、对话、批判和行动的，理性在其中起到了重要的作用。人们通过理性的思考来形成自己对于公共事务的看法和观点，来追求公共利益和公共价值。经过了公共理性的思考，人才可以与其他个体、社群或者团体展开理性的对话、交往。理性对话、理性交往的目标是促进公共社会的发展，为公共社会争取更好的福祉。以理性的方式来进行公共交往，是按照既定的程序和议题来展开的，它杜绝了非理性的吵闹、争论和互相责骂。在必要的时候，人们还可以就公共问题展开理性的批判。公共生活中的理性批判，不论是对公共政治问题、公共环境问题，还是对公共道德问题、公共交通问题等的反思和批判，都可以对整个公共社会的良性运转产生良好的效果，它可以促进相关问题的有效解决，同时也可以促进个体的公共品格的培育。

再次，公共生活是平等协商性的生活。公共生活中交往双方是平等的，是出于自愿、平等的原则来参与交往活动的，相互之间对公共问题和公共事务展开平等的协商对话。这种交往关系意味着人与人之间享受着平等的权利，同时也承担着同等的公共责任。人们一起探讨公共问题，展开着公共性的交往实践活动，"在这种交往实践中，交往行为的主体同时也明确了他们共同的生活语境，即主体间共同分享的生活世界"①。这个世界是我中有你、你中有我的世界，维系它们的是共同的伦理原则和理性原则。在这种交往生活中，人与"他人"共同存在，并且把"他人"看作是与"我"完全平等的主体。在这种交往对话关系之中，交往主体双方始终把对方看作是平等的人，而非被控制、被压迫的对象，并且人们从对方身上来真正理解自身的主体身份，来确

---

① ［德］哈贝马斯：《交往行为理论：行为合理性与社会合理化》（第一卷），曹卫东译，上海人民出版社 2004 年版，第 13 页。

认自身作为道德主体的权利与责任。

最后，公共生活是以追求公共福祉为根本目标的生活。与私人生活不同，公共生活的首要目标是公共福祉。在公共生活中，道德主体不再是以"个人"的身份进入到公共社会之中，而是以"公共人"的身份进入到公共社会之中。他们意识到了自身所享有的权利以及所应当承担的公共责任，意识到自身作为公共社会成员所应当去担负的公共使命。在这个时候，他们抛开了私人利益、私人情感和私人爱好的束缚，全身心投入公共生活实践之中，把自身的思考、批判和行动自觉融入公共社会的发展当中，从公共社会的整体利益出发来看待问题，以追求公共福祉的实现为根本目标。因此，在公共生活中，我们所看到的不再是作为"私人"的个人，而是作为公共社会的重要组成部分的公共人。公共人展示着自身对于公共政策、公共事务、公共问题以及公共生活的深度思考和行动，这种思考和行动主要不是出于私人的目标，而是出于公益的目标，它是追求公共福祉的，致力于实现共同体的公共利益。

二、公共生活作为公共人培育的实践基础

培育具有良好的公共品格及公共精神的公共人是当前教育的重要使命。但是，在当前的教育观念及实践体系中，人们往往会忽略了公共人是在公共生活实践中培养起来的这一事实。事实上，公共生活作为一种特殊的生活方式，为公共品格及公共精神的发展提供了认知、行动、体验和认同的平台。公共人培育不可能通过孤立的、自私自利的生活实践来完成，而是需要通过公共生活实践来实现其目标。一旦学校生活蜕变为一种孤立的、僵化的生活，而缺少公共生活的基础，那

么教育将丧失公共精神，这与公共人的培育目标是背道而驰的。可以说，公共生活为公共人培育提供了重要的实践基础。

一方面，公共生活为公共人培育提供生活实践基础。公共生活可以为学生品格成长提供一个公共性的生活实践空间，在这个空间中，学生可以自由地开展交往、对话和协商的活动。这种对话和协商是自由而平等的。当学校教育中充满这样的公共生活氛围，那么显然可以更好地为学生成长为公共人提供生活实践基础。因此，学校生活空间的公共性建构对于学生品格发展非常重要，对于公共人培育的整体效果的提升也至关重要。没有公共性生活基础的有效支撑，公共人培育将成为空的"口号"，学生的公共理性、公共品德和公共精神的发展也将因为失去生活实践的基础而成为不可能完成的任务。因为，在一个缺乏公共性的生活空间中，学生从来没有运用公共理性来思考过公共事务或公共生活中的问题，没有为公共事务付出过任何的努力，也没有参与过任何的公共生活实践。在这种情况下，他（她）的公共品格将是"虚假的"品格，而不可能成为真实的公共品格。也正因为如此，为了更好地开展公共人培育，学校有必要为学生提供稳固的公共生活空间，引导学生在参与公共性的交往生活过程中得到陶冶和锻炼。学校中的公共生活可以是多种多样的，包括公共论坛、公共辩论、公共社团活动等。通过这些不同形式的公共生活活动，学校生活的公共性将得以巩固和加强，而公共人培育也才能获得稳固的生活实践的根基。

另一方面，公共生活为公共人培育提供伦理实践基础。公共人培育所要传递的伦理观念是一种公共性的伦理观念，而公共性的伦理观念显然主要不是经由强权或暴力压制而形成的，而是经由道德主体在公共生活的基础上共同协商对话而达成的。公共伦理的本质属性正是其"作为公共生活规范的内在属性"[①]。在公共生活中，伦理规范本身是道德主体所共同认可的普遍性的伦理规范，而"普遍性"显然必须是经由理性的交往主体共同协商而产生的。汉娜·阿伦特曾把公共生活领域看作是一个自由、平等和非暴力的生活空间，其根本原因在于公共生活是基于交往主体的平等、自由的人格及权利，不接受任何暴力的强制和权力的控制。[②]也可以说，公共生活促进了公共伦理观念的生成和发展，为公共伦理规范提供了"程序合法性"的保障。正是在公共生活当中，人们之间进行着伦理的商谈与对话，从而形成"公共的"伦理准则。公共伦理准则的合法性正在于它是人们共同认可的公共性的伦理规范，它是人们共同协商和制定的伦理规范。对于公共人培育而言，促进学生的公共伦理观念的发展是非常重要的目标，同时也只有当学生形成了公共伦理观念，公共人培育才是成功的。而要让学生更好地形成公共伦理观念，则首先必须让学生理解公共伦理规范不是一种外在的强制，而是一种内在的、经由理性协商所形成的伦理共识。对于公共伦理规范的理解和体验，最好的方式就是让学生参与学校的公共伦理规范的协商和制定的过程之中，使他们深刻地体会到公共伦理规范不是"外在于"自己生活世界的伦理规范，而是"内在于"自己内心世界的伦理规范。这可以为学生成长为真正意义上的公共人提供学校生活以及伦理生活的准备。

总而言之，公共生活对于学生作为公共人的品格发展是至关重要的，只有当学生能够充分参与学校的公共生活，参与学校公共伦理规范的协商、对话和制定的过程之中，公共人培育才具有了坚实的生活

---

① 周国文:《公民伦理观的历史源流》，中央编译出版社 2008 年版，第 31 页。
② ［美］汉娜·阿伦特:《人的条件》，竺乾威等译，上海人民出版社 1999 年版，第 36 页。

基础。在学校公共生活及公共伦理机制不断发展的同时，它也为公共人培育提供了坚实的生活实践和伦理实践的基础，并在实践中不断促进学生的公共品格及公共精神的发展。

三、公共生活与公共品格的养成

公共生活可以为公共人培育提供生活实践的基础，同时还可以为公共人培育提供公共伦理的基础。在民主和谐的公共生活实践以及公共伦理氛围之中，学生的公共品格及精神显然能够得到更有效的陶冶和培养，公共的德性品质、民主品质、理性品质和行动品质也将得到更好的培育。学校以及社会的公共生活对于学生的公共品格的提升是全方位的，它可以促进学生的品格及精神的健全发展。

首先，公共生活可以提升学生的公共德性品质。公共生活是人与人之间所形成的一种公共性的交往生活，它反映着人们的公共伦理关系。在学校公共生活之中，学生不仅需要遵守相互之间的人际道德，同时还必须遵守公共道德规范。因此，在这个过程当中，学生将自觉地去认识和理解公共道德，内化这些公共道德规范，把它们吸收进入自身的内心世界和生活世界，最终成为自身的公共德性品质的有机组成部分。从这个意义上来说，公共生活事实上为学生提供了认识和理解公共道德的基础，同时也为学生提供了发展自身的公共品格的基础。在学校及社会的公共生活当中，学生不仅可以学会遵守各种不同类型的公共伦理规范，并且在更高的层面上，学生还可以形成关于公正、仁慈、善良、诚信、勇敢等公共美德的深刻理解。① 由此可见，在公共

---

① 叶飞：《参与式公民学习与公民教育的实践建构》，《中国教育学刊》2011 年第 10 期。

生活的基础上，学生可以不断吸收、内化、践行公共德性品质，最终实现从"伦理规范—公共美德—公共行动"的渐进式发展，培养出更完善的公共德性品质。

其次，公共生活可以发展学生的社会主义民主品质及精神。公共生活可以引导学生运用民主的思维来思考公共问题、批判公共问题以及参与公共事务，最终发展出社会主义民主的品质及精神。正如中西方诸多思想家所关注到的，民主在其根本意义上是一种生活方式。尤其是对于社会主义民主而言，它是一种全过程人民民主，是全链条、全方位、全覆盖的民主，它贯穿在人的所有生活的始终。这种全过程人民民主要求我们遵循民主的原则、认同民主的价值、参与民主的生活。如果学生所过的是不民主的、等级化的生活，那么要想形成他们的民主思维、民主品质以及民主精神几乎是不可能的。因为，民主的品格及精神的发育已失去了它们的生存土壤。从这个意义上来说，公共生活的重要性在于它保障了民主的生活方式，让学生每天都能浸润在民主的生活之中，以民主的方式来思考问题，以民主的方式来参与协商对话，同时也以民主的方式来参与学校以及社会的公共事务。如此，学生才真正成为全过程人民民主中的重要成员，它们的健全的民主思维、民主品质以及民主精神也将在这个过程中得到培育。

再次，公共生活可以增强学生的公共理性能力。理性的能力也是一项重要的能力。公共人需要学会去理性地思考、理性地协商以及理性地解决问题。在公共生活当中，学生不是一个人生存，而是与其他人一起共同生存。在面对共同生存中的各类问题时，比如教师与学生之间的问题、学生与学生之间的冲突矛盾等，学生必须学会站在公共伦理规范的角度来理性地思考解决问题的策略，在不违反公共伦理准则的情况下妥善地处理好各种问题及关系。在处理问题的过程中，理性的协商和对话是必不可少的。公共生活事实上为学生提供了和其他人（比如学校管理者、教师或学生）的交往、协商的机会，在交往过程中学生可以学会与其他主体展开理性的协商对话，追求共赢的结果。总而言之，公共生活为学生的公共理性的发展提供了一个基础平台，让学生可以充分发展理性思考、理性协商以及理性解决问题的能力，从而形成更为健全的公共理性品质。

最后，公共生活可以发展学生的公共行动品质。行动品质也是公共品格的重要构成部分。公共生活为学生的行动品质的培育提供了一个生活实践的平台。在公共生活中，学生不是以静止的状态来展示自身的主体身份的，而是以动态的、实践的方式来展示自身的主体身份的。不论是协商对话、社区服务、志愿者服务，还是学校中的公共讨论、公共审议以及公共决策等活动，学生均需要以行动者、实践者的角色进入其中。这种行动者的身份增强了学生的公共实践意识，在公共生活中的各种实践活动的积极参与中，学生作为公共行动者可以不断地积累自身的公共实践经验，获得各种各样的公共体验，成为各种各样的公共活动的参与者和体验者。在这些实践活动中，他们也可以更好地发展起自身的公共行动品质，成为一名勇于实践的公共人。

第二节　公共生活的四维功能与公共人的培育

公共生活为公共人教育提供了坚实的生活基础，促进了人的公共品格及公共精神的发展，从而在公共人培育过程中发挥出了重要的功能。哈贝马斯曾提出了公共生活的三个基本功能：一是公共生活可以形成人们之间的协商对话，从而达成相互的理解与共识；二是公共生活可以协调人们的公共行为，促进行为的合理化；三是公共生活可以促进行为者的社会化，提升对社会的归属感与认同感。[①] 笔者认为，哈贝马斯所提出的公共生活的"三维功能"是比较精练的，具有重要的借鉴意义。但是，正如哈贝马斯自己曾注意到的，公共生活是一个允许人们展开反思与批判的生活空间，人们通过反思、批判活动而形成公共舆论，激发公共行动，从而监督和制衡公共权力的滥用，最终提升社会的公共福祉。因此，笔者认为，公共生活除了具有哈贝马斯所述的"三维功能"之外，还具有另外一个重要功能，即"反思与批判的功能"。

　　概而言之，公共生活具有四个维度的育人功能：一是对话和理解的功能，它可以促进人们之间的对话和理解，摆脱道德教育活动中的话语独白和价值灌输；二是"客我"与"主我"的转化功能，促进人们的主我人格与客我人格的有效转化，培养健全的人格；三是反思与批判的功能，使学校生活成为一个具有批判性的公共生活领域，推动学生的公共品格及批判能力的发展；四是理性与行动的功能，它在增进认知理性的基础上发展公共理性和行动能力，引导学生从理论走向实践。通过发挥公共生活的四维功能，可以促进道德教育的理解性、对话性、转化性以及行动性等，推动学生在公共生活中反思、批判、对话与行动，从而涵养他们的公共品格及精神，实现公共人培育的目标与使命。

---

　　① ［德］哈贝马斯：《后形而上学思想》，曹卫东、付德根译，译林出版社 2006 年版，第 82—83 页。

一、公共生活的"对话－理解"功能与公共人培育的理解性建构

公共生活的"对话－理解"功能，主要体现为公共生活为人们提供了一个对话与理解的空间，人们可以在这个公共空间中展开协商对话，从而摆脱独白式、灌输式的话语模式。在道德教育中，独白式、灌输式的话语模式长期居于主导地位，在很长一段时期里，道德教育几乎成为价值灌输的代名词，其首要目标就是将价值观以强制的方式灌输给学生，而没有给予学生以思考、讨论与协商的空间。在这种情况下，道德教育所传递的价值观只能是一种未经过民主对话和协商讨论的价值观。道德主体缺乏对伦理规范进行反思、交流、选择的权利，因此，道德学习的过程不是一个交往对话、公共参与的过程，而是一个被动学习、被动接受、被动选择的过程。也正因为如此，价值澄清学派所提出的理论观点具有非常现实的意义，即要给予学生选择、思考、澄清价值观的权利，要鼓励学生"更加明智地选择，更加清楚他们所珍视和珍爱的事物，更好地把选择整合到日常行为之中"[1]。价值澄清理论虽然远非完美的理论，但是在倡导学生的选择权利、反对伦理灌输、价值强迫等方面却有很强的实践价值。如果道德教育仅仅停留于独白与灌输，那么道德学习往往只能是被动的、消极的学习，缺乏自主选择的空间。这样的道德学习本身不是"善"，它甚至可以说是一种"恶"，因为它以道德独白代替了道德对话，以价值强制代替了价值选择。它剥夺了学生的思考、协商、对话与选择的权利，不仅使得学生失去了理性选择的机会，同时也使得整个公共人培育与道德教育弥

---

① 〔美〕路易斯·拉思斯：《价值与教学》，谭松贤译，浙江教育出版社 2003 年版，第 2 页。

漫着独白、专断和强制的色彩，使得学校生活空间不再是一个民主的公共领域，而成为一个独白、专断的生活领域。在这种生活空间中成长起来的青少年，难以真正理解和体验公共价值观，也难以成为真正意义上的道德主体。

公共生活的"对话－理解"功能，正是为了使学生从这种独白式、灌输式的话语模式及教育模式中解放出来，它引导人们在公共生活中建构起理想的话语情境，增强教师与学生之间的协商与对话，极大地促进公共人培育的理解性、对话性，推动教师与学生的相互理解与共识达成。理解性的教育坚持协商对话的基本原则，倡导教师与学生之间的平等对话。对于公共人培育而言，独白式、灌输式的教育方法并无多大的效果，因为教育所要培养的是一种主体性、独立性和批判性的人格品质，其本身需要一种协商对话的教育方式。基于"对话－理解"来建构的公共人培育，它要求教师与学生享有同等的身份，学生有权对人们价值观进行选择、反思或批判。教师与学生之间基于平等的身份展开着协商对话，由此而形成学校的公共生活领域。在这个公共生活领域中，公共伦理和道德规范不再是价值强制、价值灌输的结果，而是人们协商、对话的结果。学校公共生活把教师和学生联结在了一起，允许教师和学生共同参与伦理价值问题、公共生活问题的讨论，发表各自的意见，形成公众的舆论。在这个公共生活空间中，学生的主体身份和话语权利得到了应有的尊重。

经由平等的协商和对话，理解性的教育可以更好地形成人们之间的理解和共识。在以"对话－理解"为基础的公共人培育中，人们之间的对话和协商成为公共人培育的主要方式，人们之间的理解和共识也能够得到更好的实现。在罗尔斯看来，一个秩序良好的社会应当允许人们展开充分的协商对话，它并不要求形成一种"强制性的共识"，而是在尊重多元差异的基础上形成"重叠共识"①。基于"重叠共识"的理念，理解性的教育期望在各个理论学说或伦理规范之间架设起沟通的桥梁，通过对话、交往活动来促使各种理论学说、道德观念之间达成理解和共识。正如罗尔斯所说的："我们永远把人们看作是理性的、合理的、自由而平等的，而且我们也把民主社会中所发现的各种合乎理性的宗教学说、哲学学说和道德学说看作是民主社会之公共文化的一个永久性特征。"②因此，在理解性的公共人培育中，最重要的问题不在于"什么道德理论才是完美无瑕的""什么才是绝对的善"，而在于"什么是可以理性地形成共识的""什么是我们应当尊重的""什么是我们需要加以理解和宽容的"。在公共人的培育中，我们显然也应该鼓励学生在道德生活中寻求理解和共识，这种共识是基于公共性的交往生活，通过交往生活和协商对话来形成自主的价值选择和价值判断，而不是强制性地要求所有人"臣服"于某种价值选择，服从于某种强制性的伦理观念。公共人的培育应允许学生进入公共生活的领域，聚集在一起讨论公共问题。这种讨论是平等和开放的，它导向人们之间的对话、理解和共识，相互尊重彼此的意见，同时尽可能地寻求相互之间的理解和宽容。

因而，理解性的教育所传递的是包容他者的价值观念，而不是排斥他者的价值观念。它所传递的价值观是一种包容性的价值观。包容性的价值观遵循自主、平等、多元的理念，主张各种价值体系之间是可以共融的。公共人的培育不是要灌输某种价值观，而是要赋予人们

---

① ［美］约翰·罗尔斯：《政治自由主义》，万俊人译，译林出版社 2000 年版，第 152—153 页。

② ［美］约翰·罗尔斯：《政治自由主义》，万俊人译，译林出版社 2000 年版，第 144 页。

价值选择的权利，为不同族群、不同文化、不同性别的学生提供自主选择的空间。包容意味着对他者的尊重，意味着"平等地尊重每一个人，并非仅仅针对同类，而且也包括他者的人格或他者的他性"①。也即是说，哪怕他者并非我的同类，哪怕他者与我有不同的种族、阶层、性别、文化背景等，我也尊重他（她）的平等人格，尊重他们身上所体现出来的种族的、阶层的、文化的、性别的特性。包容他者意味着消除一切歧视以及由歧视所带来的苦难，包容把平等和尊重的价值观扩展到各种边缘群体、弱势群体以及特殊群体当中，尊重他们的生活、惯习以及价值选择，从而建构一个相互尊重、平等相待的共同体生活。"这样建构起来的共同体不是一个迫使一切成员用各自的方式都彻底趋于同化的集体。"② 它致力于尊重他者的文化差异，在差异中寻求文化的共识。但是，这种共识并非强制性的共识，而是多元的、对话的共识。因此，包容他者是一个不断与他者展开交往、对话的过程，使得人与人之间的理解得以达成。它促使公共人的培育尊重差异、尊重他者、尊重不同文化与价值的选择。而这也为公共人培育目标的实现提供了文化与价值的基础。

二、公共生活的"客我－主我"功能与公共人培育的转化性建构

道德教育不仅培育人的自我意识，同时也促进人与他人、与社会的交往和互动，使个体人逐渐成长为社会人。正如涂尔干所指出的，"道德是各种明确规范的总体，道德就像许多具有限定性的边界的模

---

① ［德］哈贝马斯：《包容他者》，曹卫东译，上海人民出版社 2002 年版，第 1—2 页。
② ［德］哈贝马斯：《包容他者》，曹卫东译，上海人民出版社 2002 年版，第 1—2 页。

具，我们必须用这些模具去框定我们的行为"①。事实上，道德教育所
发挥出的一个重要功能，正是为青少年提供一个社会伦理规范的边界，
使得他们能够遵循社会的公共伦理与道德规范，适应社会的生存。当
然，除了涂尔干所指出的社会化功能之外，道德教育还有个性化的功
能，即个体成长为具有个性的、自由的人。也可以说，"社会人"是人
的"客我"的典型体现，而"个性人"则是人的"主我"的典型体现。
关于这一点，乔治·H.米德（George H. Mead）曾精辟地指出，人的自
我意识是由"主我"和"客我"所共同构成的。所谓"客我"，即是把
自己界定为共同体中的一个成员，服从于社会共同体的基本规范，保
持共同体的归属感和认同感；所谓"主我"，则"不仅是共同体中的一
个成员，而且他对共同体作出反应……在对它作出反应时改变它"②。也
即是说，人们的自我意识隐含着"客我"以及"主我"的双重意识。"客
我"要求人们服从于共同体的规范，归属于共同体；而"主我"则要
求人们超越于共同体的规范，进行独立的思考和批判活动，最终改造
和完善共同体。显然，单纯的"客我"或者"主我"都无法构成人们
的健全的公共品格及身份认同，人们只有形成"主我"和"客我"的
良性沟通和转化，平衡"主我"与"客我"的关系，才能发展出更完
善的公共品格及精神。

　　那么，人们的"客我"和"主我"是依赖什么而进行沟通和转化的呢？
乔治·H.米德认为，"客我"和"主我"的沟通和转化主要是依赖人们
之间的交往生活，即通过人们之间的社会交往活动，让自我与他人、自

---

　　①　[法] 爱弥尔·涂尔干：《道德教育》，陈光金等译，上海人民出版社 2006 年版，第 23 页。
　　②　[美] 乔治·H·米德：《心灵、自我与社会》，赵月瑟译，上海译文出版社 1992 年版，第 175 页。

我与社会不断地展开公共性的交往活动，从而使人们更好地形成自我认同与社会认同，推动个体承担社会公共角色，促进个体成长为一名兼具个性特征和社会意识的人。唯有通过社会性、公共性的交往活动，人们才能真正理解自我和他人、自我与共同体的紧密联系，让自己归属于共同体；也唯有通过社会性、公共性的交往活动，人们才能认识到自我与他人、自我与共同体的个性差异，形成对自我个性与特殊性的认同。通过个体性和社会性的双重认同，个体最终才能成长为健全的人。

正因为如此，公共生活（包括学校以及社会的公共生活）事实上为"客我–主我"之间的转化提供了生活的基础，实现着转化的功能。公共生活的转化功能主要体现在以下两个方面。一方面，公共生活为"客我"与"主我"的互动提供了生活实践的空间，从而促进了人的个体性与社会性的融合。在公共生活中，个体与其他人发生着各种交往关系，同时在交往关系中理解和体验共同体的规范要求以及自我的个性诉求，在两者的冲突和合作中完善着自我的心灵结构和理性结构，从而实现"主我"与"客我"的有效对接。这种对接使得人们不仅追求自我的个性、自我的价值，成为一个"主我"；同时也使得人能够考虑共同体的利益以及社会性的价值，成为一个具有社会归属感的"客我"。因此，"客我"和"主我"之间获得了内在的平衡，人们最终成为合格的社会人。另一方面，公共生活也促进了"主我"的超越性与"客我"的适应性的有机融合。如果说"客我"追求妥协于现实社会，"是一个循规蹈矩、因循守旧的个体"①，为了归属于一个共同体而不惜放弃自我；那么，"主我"则是超越于现实社会，不惜为了自我的理想而独立于共

---

① ［美］乔治·H·米德：《心灵、自我与社会》，赵月瑟译，上海译文出版社 1992 年版，第 176 页。

同体，甚至批判共同体。超越性与适应性的有机融合，正是健全人格的基本特征。人既不能成为社会现实的附庸，同时也不能成为不食人间烟火的纯粹理想化的"圣人"。人的公共品格及精神应当更好地融合超越性与适应性，使得人们既能适应社会生存，又能超越于社会生存，从而实现"主我"和"客我"有机融合。学校以及社会的公共生活事实上为人们提供了一个认清自我同时又超越自我、认识社会同时又超越社会的生活空间，使人们既能够遵守社会公共伦理规范，同时又能超越社会公共伦理规范，服从于普遍的社会正义原则，追求公共的善。在这种情况下，人的公共品格也才能更加完善。

公共生活的"客我－主我"的转化性功能可以实现"转化性"的公共人培育。转化性的公共人培育，概而言之就是在公共人培育活动中实现学生的"客我－主我"的有效转化。转化性的公共人培育是一种引导人们与他人、社会形成相互承认关系的教育，它使个体与他人、社会形成更合理的互动，实现"客我"与"主我"之间的有效转化。"客我"的人具有显著的被动性的特征，它把人的道德身份视为被动的身份，在公共生活中完全屈服于社会共同体，成为共同体的附庸，从而失去了自身的个性与主体性。而"主我"的人则具有显著的个体性与主体性，他（她）试图超越社会共同体的限制，成为一个独特的自我，彰显自我的价值。显然，转化性的公共人培育，不是纯粹追求"客我"的培育，也不是纯粹追求"主我"的培育，它所期望的是在"主我"和"客我"之间架上沟通的桥梁，让"主我"中融入"客我"的元素，同时也让"客我"中融入"主我"的元素。通过公共生活的建构，使得"客我"与"主我"紧密联结，使个体在参与社会的生活实践当中，体会作为一个公共人的基本权利和责任，理解公共的伦理规范，成长为一名合格的公共人。因此，基于公共生活而建构的公共人的培育机制，它可以实现"客我"与"主我"之间的互动和转化，使人们从"片面的人"中解放出来成长为"整全的人"，实现"主我"与"客我"的内在平衡和有效转化，培养出更为健全的公共品格及精神。

三、公共生活的"反思－批判"功能与公共人培育的批判性建构

公共生活作为人们均有权参与其中的生活，具有非常显著的"反思－批判"功能。公共生活的"反思－批判"功能集中体现为它为人们提供了一个展开公共批判的生活空间，允许人们发出批判的声音。公共生活中的人们不仅是一个个体，更是共同体的合法成员，他们具有批判的权利，同时也具有批判的责任。公共生活作为一个生活空间事实上为人们提供了展开民主交往、理性商谈和批判反思的平台。在这个公共生活空间中，人们进行自由、平等而理性的批判活动，由此而形成公共舆论，最终促进公共生活的改善。

公共生活的"反思－批判"功能，其核心是经由理性的批判来重建共享的公共生活领域，重建反思性与批判性的公共人培育机制。正如哈贝马斯所指出的，现代人所生存其中的公共领域正面临着"殖民化""权力化""去批判性"的危机。一方面，文化消费以及文化工业替代了批判性的文化公共领域，使得文化公共领域被"殖民化"了，人们从"文化批判的公众"逐渐退化为"文化消费的大众"。① 文化的消费性逐渐取代了文化的批判性，这极大地阻碍了人们的批判意识和批

---

① ［德］哈贝马斯：《公共领域的结构转型》，曹卫东等译，学林出版社 1999 年版，第 187 页。

判能力的发展。另一方面，资本主义的权力关系、官僚体制在政治公共领域中的盛行也剥夺了人的批判性，使得人们缺乏挑战公共权力的意识、能力和勇气。因此，在当代社会中重建公共领域就显得非常必要而紧迫；只有建构批判性的公共领域，才能使人们在公共生活中进行理性的对话、商谈和批判，表达公共的意见，形成公共的舆论，对公共权力展开制约和监督。为此，我们只有重建公共生活的反思与批判的功能，交往生活和公共领域才能获得公共性的特征，而公共生活也才能体现出自由、平等、反思与批判的特性，从而培育学生的批判精神和批判品质，促进学生的公共品格的成长。

批判性的公共人培育是以批判性与反思性的公共生活为基础的，它倡导培育人的批判品格，它致力于把学校生活空间建构成为民主的公共领域，使公共人培育的过程成为民主的、批判的过程。正如我们所知的，要想使学生成长为具备独立精神和批判意识的人，那么首先就必须使学校生活和教育成为允许学生展开批判与反思的活动。正如亨利·A.吉鲁（Henry A. Giroux）所指出的，"作为民主的公共领域，学校是由各种形式的批判性探索所构筑起来的，而这些探索的目的在于赋予有意义的对话与人的能动作用以尊严"①。只有学校生活空间成为允许批判与反思的公共领域，教师与学生的道德主体身份和人格尊严才能得到尊重，教师与学生的参与公共领域的权利也才能得到保障，他们就学校公共问题的公共对话也才能顺利地展开。此外，在公共人培育的过程当中，批判性的公共人培育致力于把教育过程建构成为一个批判性的过程，这将使公共人培育不再是"照本宣科"的知识教育，

————————

① ［美］亨利·A.吉鲁：《教师作为知识分子——迈向批判教育学》，朱红文译，教育科学出版社 2008 年版，第 4 页。

或只是服从于某种主流价值观念的教育，而是成为一种多元、宽容、开放的教育。在公共人培育中，教师与学生可以一起批判和思考各种道德理论和价值观念，并以一种开放的姿态来面对各种价值观念。由此，公共人培育的目标就不再是灌输某种强制性的、外在性的价值观念，而是引导学生去思考和辨析各种价值观念，反思各种价值观的合理性与合法性，形成一种理性的价值批判意识和自主的价值选择能力。

另一方面，批判性的公共人培育试图把教师和学生培养成为批判性的道德主体。从学生的角度而言，批判性的公共人培育要求将学生培养成为合格的批判者，而不仅仅是知识的接受者。学生在其人生的最为重要的成长阶段，应该适当地接受批判性思维的教育，应该让他们在面对学校或者社会中的不公现象时敢于批判，同时也有能力批判。通过批判活动，学生可以更好地形成善的观念和正义的观念，并且能以这些观念作为基础来观照社会生活，对社会生活中的丑陋与恶进行批驳。因此，教育应引导学生去关心社会，关心公共生活，教育不能"只关心如何促进个人获得成就，或者推动学生沿着职业的阶梯进步，还要赋予学生以权能，从而使他们能够批判性地观察社会，并在必要时改变社会"①。通过批判性的教育，可以把批判性与民主性引入学生的日常生活、引入公共人培育的实践活动之中，学生的批判意识和批判能力才能真正成长起来，他们的公共品格也才能得到锻炼和提升。此外，教师的批判思维和批判精神也是公共人培育的重要部分。教师作为学生的道德榜样，他们所具有的人格品质及精神将在日常生活中深刻地影响学生的品格发展。因此，批判性的教育不是仅仅针对学生的

---

① ［美］亨利·A. 吉鲁：《教师作为知识分子——迈向批判教育学》，朱红文译，教育科学出版社 2008 年版，第 6 页。

教育，同时也应该是针对教师的教育。教师在某种意义上应该成为学生道德品质的引领者和示范者，他们以自身的榜样作用来引导学生走进学校以及社会的公共生活实践，对公共问题展开思考、讨论、辨析和批判，从而更深刻地认知、理解和体验公共价值观念。总之，批判性的公共人培育将致力于把学校生活塑造成为批判性的公共领域，在这个公共领域中教师与学生开展着公共性的交往活动，并自觉地形成公共品格和公共伦理观念。

四、公共生活的"理性－行动"功能与公共人培育的行动性建构

公共生活具有"理性－行动"功能，可以促使学生经由认知理性走向实践理性，最终形成健全的公共品格。公共生活不仅可以锻炼人们的认知理性能力，同时可以在生活实践中增强一个人的实践行动能力，从而使得理性与行动、认知与实践紧密地结合在一起，促进学生的人格品质的完善。概而言之，公共生活的"理性－行动"功能主要表现在两个基本方面：一是公共生活通过实践可以促进人们的认知理性和公共理性的提升，发展他们的理性认识能力；二是公共生活可以通过生活实践促进认知理性走向实践理性，由理性而走向行动，最终促进学生的公共品格的健全发展。

公共生活的"理性－行动"能力首先体现为公共性的交往生活可以提升学生对公共事务、公共问题的认知、感受与体验，增强公共生活的认知理性，提升他们的公共理性思维。公共生活是以理性协商为基础的交往生活，无论是在咖啡馆、沙龙、辩论会，还是在公共论坛、听证会等场合，人们之间均是以理性的方式来展开公共协商的，理性

协商成为人们参与公共生活的方式，而理性能力也成为人们所必须具有的基本能力。罗尔斯曾言："人凭借其两种道德能力（正义感和善观念的能力）和理性能力（判断能力、思想能力，以及与这些能力相互联系的推论能力）而成为自由的。"① 显然，人们的道德能力（正义感和善观念的能力）和理性能力（包括判断能力、思想能力以及与这些能力相互联系的推论能力等）是人们成为自由而平等的人的基础，而理性能力的基础作用更为突出，因为正义感和善观念也是人的理性能力的一种体现，人们对于社会正义和公共善的理解不仅需要感性的体验，更需要理性的思考。公共性的交往生活，事实上为人们提供了一个生活空间，让人们在与其他人的交往过程中学会理性地思考、理性地对话、理性地处理公共生活中的基本问题。在公共生活中，人们是以公共理性的逻辑方式来思考正义问题，参与公共问题的讨论，追求社会的公共善。由此，他们在公共生活中履行自身的公共角色，发展自身的理性认知能力，以公共理性的思维来思考公共问题，锻炼自身的公共品格及能力。

公共生活的"理性－行动"功能还集中体现为通过公共生活可以促进人们从"认知理性"走向"实践理性"、从公共理性的思维走向公共理性的行动。如果说认知理性仅仅是引导人们去认识和理解公共生活的正义、理性、善等认知性问题，而不涉及实践行动维度，那么实践理性则是一种引导人们去实践的理性能力。认知理性所关注的是"事物是什么"，而实践理性所关注的是"我应当怎么做"。公共生活试图在认知理性和实践理性之间形成有效的沟通，通过具体的实践活动来改造人们的经验，促进他们的实践能力的提高。正如约翰·杜威所强

---

① ［美］罗尔斯：《政治自由主义》，万俊人译，译林出版社 2000 年版，第 19 页。

调的，教育是生活经验的改造，"这种改造或改组，既能增加经验的意义，又能提高指导后来经验进程的能力"。[①] 在公共生活中，人们获得了改造和改组自身的道德经验的生活空间，这不仅可以加深人们对于自身的公共身份的认知、对公共角色的理性认同，同时还可以引导他们从抽象的认知维度走向理性的行动维度，获得全新的道德体验。通过公共生活，人们的认知真正付诸实践，公共理性的思维走向了公共理性的行动。在实践行动中，学生的内心世界与外部世界形成了实践性的联结，他们的经验得到了改造或改组，由此他们不仅在认知理性的维度上成为一个公共人，并且在实践行动的维度上也成为一个公共人。这最终促进了学生的公共品格及精神的提升。

总之，公共生活的"理性－行动"功能使得公共人培育成为一种"行动性"的教育。行动性的教育摒弃了知性的、灌输性的模式，它要求学生积极参与公共性的交往活动，融入学校以及社会的公共生活实践，成为更加积极的道德主体。它引导学生积极参与学校的公共管理生活、社区公共生活以及更为广阔的社会公共生活，为公共生活作贡献，同时也健全了自身的公共品格。正如本杰明·巴伯所指出的，个体有权利也有责任参与到重大公共问题的讨论与实践当中，参与社会公共生活中的管理活动，"他们并不必要在每个层次和每个事件上进行具体管理，但是，在作出基本决策和进行重大权力部署的时候他们必须充分地和详尽地参与"。[②] 个体的社会参与不仅可以促进社会发展，同时也可以提升自我的公共品格和行动能力。通过让学生参与学校以

---

① ［美］约翰·杜威：《民主主义与教育》，王承绪等译，人民教育出版社 1990 年版，第 87 页。

② ［美］本杰明·巴伯：《强势民主》，彭斌、吴润洲译，吉林人民出版社 2006 年版，第 180 页。

及社会的卫生、交通、基础设施、生态建设等实践活动，不仅有助于学校以及社会生活质量的提升，同时也可以潜移默化地培养学生的公共品质和行动能力。在这种以学校以及社会生活的参与行动为基本内容的公共人培育体系中，学生将更好地理解自身的公共权利与公共责任，并在思考和解决公共问题的过程中锻炼自身的公共品质及公共精神，最终成长为负责任的公共人。

第三节　公共生活的构建：超越"孤独的"个体人

在个体化不断加剧的现代教育及现代学校之中，学校空间往往成了知识、考试和学业成绩的"竞技场"，而很难成为充满合作、关爱与互助精神的公共生活空间。这使得学生易于走向孤独和分裂，最终成为孤立的个体人。[①] 个体人难以真正体验合作、团结、互助的价值与意义，他们往往以孤独的、分裂的态度来对待学校生活及人际交往，这难以培育学生的公共品德及公共精神。为了更好地培养具有公共精神和合作精神的公共人（而不是孤独的个体人），学校道德教育需要重塑班级的公共生活空间，建构学校的民主生活内涵及公共精神，增进学校生活与社区生活的有机联结，从而使教育生活空间成为公共人培育的重要场所，促进学生的公共品德及精神的健全发展。

一、孤独的个体人与公共冷漠

个体人的产生与传统生活的现代性转型有着紧密的联系。在传统

---

① 叶飞：《竞争性个人主义与"孤独的"公民——论公民教育如何应对公共品格的沦落》，《高等教育研究》2013 年第 2 期。

生活方式中，由于人们极其重视血缘关系和亲缘关系，形成了"人与人之间的亲密关系"①。但是，在现代性的生活方式中，血缘关系、亲缘关系逐渐解体，个体分化力量不断得到强化，它在增强人的主体性和独立性的同时，也使人变得越来越孤独、封闭。这种孤独、封闭的心理状态已经影响到了现代生活和现代教育。在现代教育中，青少年学生的个体化生存也开始变得明显，个体生存愈来愈脱离了群体生存，个体人深陷于"孤独的生活""孤立的存在"之中，逐渐形成了对公共生活的冷漠态度，从而面临着成为公共冷漠的个体人的风险。这主要体现在以下几个方面：

首先，个体人以竞争性个人主义的思维逻辑看待共同体生活中的他人，对他人持不信任的态度。在现代社会和现代教育中，个体总是试图通过在竞争中击败对手来获得占有式的个人成功，并以此来作为自我价值实现的标志。竞争性个人主义使得个人孤立于他人，只关心自我利益和竞争优势，把他人和共同体仅仅看作实现个人成功的工具和手段。在学校教育中，这种竞争性个人主义也正在损害着青少年学生的心灵、人格和道德感，它鼓励学生不断地去占有和竞争，而不是鼓励学生去合作和分享。当前，我们的教育观念结构事实上正是这种"以占有式的个人成功为基础的教育竞争结构"，它的目标就是培养"通过竞争获胜的佼佼者"。②学校教育在某种意义上成为青少年学生展开激烈的个人竞争和个人奋斗的场所，而不是共同学习和团结合作的场所。显然，竞争性个人主义将严重阻碍青少年学生积极的道德心态及道德品格的发展，它使得人的内心走向了封闭和冷漠，个人与他人、

---

① 曾盛聪：《伦理变迁与道德教育》，广东人民出版社 2006 年版，第 37 页。
② 金生鈜：《保卫教育的公共性》，《教育研究与实验》2007 年第 3 期。

共同体处于隔离的状态，身体的、物理的距离虽然近在咫尺，但是精神的、心灵的距离却非常遥远。

其次，个体人对公共社会保持疏离和冷漠的心理状态。社会学家乌尔里希·贝克将此称为个体与社会的"脱域"。这种脱域体现为"个体从历史地规定的、在统治和支持的传统语境意义上的社会形式与义务中脱离"，同时也是"个体与实践知识、信仰和指导规则相关的传统安全感的脱离"。① 也即是说，在传统生活及其道德信仰走向衰落的过程中，个体逐渐从传统的道德信仰和责任伦理的束缚中获得了自由和解放，个体成为"独立的人"。这一方面提升了个体的独立自主的意识和能力，但是，另一方面它也导致了个体与公共社会的疏离和分裂，使得个体走向了道德、精神上的自我封闭。对于青少年群体而言，孤立的生活、与社会责任的疏离，也同样会导致他们对群体利益和公共福祉的冷漠态度，使他们体会不到自我与公共社会之间的联系纽带，甚至可能促使一些青少年学生不惜为了个人利益而损害公共社会的利益。这将在很大程度上阻碍他们的公共品德和公共精神的发展，使他们难以体验到团结感和凝聚感，而更多的只是体验到归属感缺乏、安全感丧失，以及人与他人、人与社会之间的信任感的消弭，从而以一种更加疏离的、冷漠的心态来看待公共社会和公共生活。

再次，个体人坚持过一种"原子式"的个体生活，避免参与社会的公共生活。个体人往往把自我的关注点置于个人的"私己生活"之中，而缺乏对公共生活的关注。这是一种现代性的"原子式"生活，它集

---

① ［德］乌尔里希·贝克：《风险社会》，何博闻译，译林出版社2004年版，第156页。

中体现为把个人当作是完全自足的人、完全独立的主体性存在，他不受任何社群规则和群体利益的约束。在孤立的、个体化的社会生活当中，人们只愿意相信自我，只愿意承认自我的权利、自由和价值，从而也就使得自我走向了孤独和封闭，最终失去了公共生活的目标导向。因此，我们看到当代人（不论是成年人还是青少年学生），他们对于公共社会的梦想已经有衰退的风险，他们对于公共生活的参与热情也在降低。在西方社会中，青少年参与公共政治生活的热情正在减退，这一方面与资本主义政治生活本身的弊端有关，另一方面也与现代性的"原子式"生活方式、个体化力量有关。在当代中国的教育体系中，学校教育系统也存在着一些显著的不足，比如，孤立的知识学习和考试竞争构成了青少年学生的基本生活状态。这最终只能使青少年学生患上严重的孤独症和公共冷漠症，从而选择消极面对公共生活及公共责任，成为孤独的个体人。

最后，在冷漠、疏离、不信任的心理状态下，个体人从共同体生活中"解放"了出来，个体与公共社会的天然纽带被潜在地击碎了。个体人把公共责任视为"不可承受之重"，他们把自我封闭于内心的孤独之中，不愿意履行自身的公共责任，也失去了捍卫自身权利的勇气。在现实生活中我们也看到，不少青少年学生只关心个人在学业成就、考试竞争中的成败，不关心公共生活中的公益事业、慈善活动、志愿者活动等。他们不愿意参与公共生活，不愿意承担相应的公共责任，这表明青少年群体在公共性和私己性、公共利益与私人利益、公共价值与私人价值之间失去了内在的平衡。孤立的生活使青少年学生只关注自我的利益，而忽视了公共社会的福利和发展的重要性；但是事实上，个体的生存永远无法离开公共的生存，公共福祉的增长才可能促进个体利益的增加。个体人从共同体生活中隐退，不仅损坏了共同体生活的发展，同时最终也将损害个体自身的利益。

二、"班级 – 学校 – 社区"的联结：公共生活的构建

公共生活对公共人培育具有基础性的作用，公共生活的建构是为了更好地培养具有理性精神、合作精神、团结精神的公共人，从而使人从个体化、孤独化的生存状态中摆脱出来，形成人的公共品格及公共精神。这种公共生活的构建和培育，不仅需要我们重建班级生活的公共性，构筑学校生活的民主性与公正性，同时还要加强班级、学校与社群生活之间的紧密联结，以此为基础真正实现公共生活的系统构建，通过公共生活来促进公共品格及精神的培育。

（一）构筑班级的公共生活实践

构筑班级的公共生活实践，就是要将学生从竞争主义、个人主义的孤独学习方式中解放出来，构建班级生活的合作学习机制和公共生活氛围。在传统的学习观念中，学习只是个人的事情，学习者在孤立的环境中进行学习，从而提高学习考试的效率。这使得学习成为一个静态的、孤立的过程，而不是一个动态的、合作的过程。它虽然可以提高教学效率，但是却也使班级生活被割裂成"碎片"，使学生生活于"碎片"之中。"孤立的学习会给予孩子们一个错误的暗示，即学习是个人的事情，而与其他人无关。"[1]孤立的学习强调了个体的学习体验和学习方式，而忽略了学习在很多时候是需要相互合作的，并且合作本身就是学生在班级生活中所应该学会的内容。"合作学习"理念的提出，

---

[1]　David C. Bricker, *Classroom Life As Civic Education*, Columbia University Teachers College Press, 1989, p.50.

正是对孤立的、封闭的学习方式的反思和批判，同时也是一种超越性的建构。合作学习倡导人与人之间的团结、合作，并且通过团结、合作来沟通和共享知识观念和价值观念，形成更加紧密的公共交往关系，培育人们的合作精神。

为了培育人们的合作精神，形成合作性的学习机制，班级生活应鼓励学生之间展开多样化的沟通和交流，让学生能够在与其他同学的交流和沟通中打破孤立的学习方式，进入一种相互合作的学习状态。比如，在班级生活、班级教学中成立各种类型的"学习小组"或者"兴趣小组"，引导学生在学习小组或兴趣小组中开展合作性的学习活动。小组的或者团体的学习方式可以让学生以开放的心态面对班级中的其他同学，并且在参与小组的讨论和学习的过程中培养他们的团队精神，形成他们的合作意识。此外，还可以在班级生活中开展一些以团队为基础的竞赛活动或者讨论活动，让学生参与到这些活动当中，从而在团体活动中形成合作精神，培养相互沟通、相互协调以及相互关怀的意识。如此，班级生活将不再是一个孤独的学习空间，不再是一个记忆僵硬的知识体系的空间，而是成为相互合作、相互促进的公共生活空间。这有利于促进学生的合作意识及公共精神的萌生和发展，使得他们在未来更好地成为具有团队合作意识的公共人。

构筑班级的公共生活实践，还要发展学生的分享观念，避免占有式的竞争性个人主义观念的膨胀。当前的学校教育一直在倡导竞争的理念，不论是教师和家长都在有意或者无意地要求孩子在知识学习和考试竞争中击败对手，成为教育竞争中的优胜者，通过不断的"竞争"和"占有"来填补内心的空虚，来展示自我的虚幻的力量感和存在感。于是，人与人之间的关系走向了孤独和对立，"充斥着竞争、对抗和恐惧"①。这使得学生在内心充满了焦虑感，过度焦虑使得他们对学校教育产生恐惧心理。他们害怕自己在学校生活中处于劣势地位，害怕自己成为考试竞争的失败者，害怕遭受教师与同学的歧视。这种竞争性个人主义观念显然已经不是一种良性的竞争，而是一种恶性的、病态的竞争。学校及班级生活应该防止这种竞争性个人主义观念的泛滥，引导学生理性地对待其他同学，把学习看作是一种发展自我的途径，而不是击倒敌人的途径，由此来形成一种理性的竞争观念，祛除竞争中的病态心理。理性的竞争理念要求学校和教师鼓励每一个孩子发现他人身上的优点，学会去欣赏他人，同时也悦纳自己。班级生活应该是一个分享知识、分享成长的生活空间，而不是一个进行激烈的考试竞争、排名竞争的生活空间。显然，我们希望孩子们在班级生活中不仅是学习知识，同时更是学会合作、学会分享，保持一颗平和的、友善的、慷慨的心。作为未来社会的主人，学生必须学会尊重他人、平等对待他人，与他人展开合作。同时，在人与人之间的合作与分享中，不断地完善自我的品格，使自己成长为一个健康的、友善的、有德性的道德主体。

　　构筑班级的公共生活实践，还应当通过组织各种实践活动来完善班级知识教学，实现公共知识与公共行动的有机融合。在传统的班级生活中，班级的主要功能就是传递知识，知识教学的效果以及考试成绩几乎是评价教师、学生的唯一标准。在这种情况下，民主生活和公共实践往往被忽略了，一切与知识学习无关的实践活动几乎都被驱逐出了班级。一旦民主的公共生活在班级中消失，班级也就失去了公共

---

① ［德］埃里希·弗罗姆：《占有还是生存：一个新社会的精神基础》，关山译，生活·读书·新知三联书店1988年版，第120页。

人培育的功能。因此，为了重构班级公共生活实践，我们必须对班级生活进行改组和改造，使得民主的生活方式重新进入班级。首先，班级应该是一个能够进行对话的班级，这种对话可以是发生于学生与学生之间，也可以是发生于教师与学生之间。班级对话应该允许学生在班级中提出疑问；教师不应该禁止学生对于班级生活和课程知识的发问，而是要鼓励这种发问，以此来形成教师与学生之间的真正的民主对话。其次，班级生活还应该是一个允许学生展开批判甚至抗辩的空间，学生不应该只是一个被动的接受者。当班级生活中出现不公平的事件或者现象时，学生可以在班级中发出属于自己的声音，进行合理的批判或者抗议。最后，班级生活还应当打破传统的"静态"的知识班级模式，使班级成为一个活动的班级。班级生活不应该仅仅是一个知识学习、知识演绎和知识记诵的班级，更应该成为一个鼓励学生积极参与的班级。静态的班级束缚了学生的身体、思维和主体精神，而唯有活动的班级才能解放学生的身体、思维、主体性以及创造力。活动的班级通过各种实践活动让教师与学生共同参与其中，打破僵硬的、封闭的、压抑的教学模式，而走向了实践性、动态性与多元性。它使班级生活能够承担起培养健全人格的重任，更好地实现公共人培育的目标与使命。

构筑班级的公共生活实践，还需要建立一个关怀他者的班级伦理空间。道德教育要教会学生去处理好自我与他者、自我利益与他者利益、自我权利与他者权利的关系，形成正确的他者意识。为了培育学生的他者关怀意识，教师一方面要避免以"权威者""控制者""灌输者""教育过程中的唯一主体"的身份来展开教育教学工作，一旦教师认为"自我"（教师）高于"他者"（即学生），以自我为中心，导致班级教学工作中的教学权力的绝对化，那么师生之间的冲突与对抗将不可避免。[①]因此，在班级生活空间中形成关怀伦理氛围，首先要求教师尊重学生的主体性，避免价值强迫、价值灌输和价值控制；教师要把自我看作是他者的价值观的引导者，形成自我与他者之间的平等、民主的伦理关系，形成一种他者性的平等、关怀的视角。另一方面，班级生活空间还要培育学生与学生之间的他者关怀意识，引导学生关怀熟悉的朋友、关怀班级的同学、关怀弱势学生。正如每个社会都有它的特殊人群，都存在着边缘群体、贫困家庭等。事实上，每一个班级也存在着一些特殊的学生，比如"成绩不那么好的学生""在班级生活中总是感到自卑的学生""家庭比较困难的学生""学习存在障碍的学生"，等等。对于这些处于弱势地位的学生或者学生群体，我们需要予以关怀，并通过关怀关系的拓展逐渐形成开放性的"他者"关怀意识。当然，这种关怀意识是建立在普遍的正义理念的基础之上的，即把关怀看作是一种社会责任，一种对于社会正义的追求，而不是看作对于弱者的怜悯和同情。这种关怀可以形成学生的更加深邃的公共关怀的精神品质，可以推动学生更好地理解、尊重他人，从而践行关怀、尊重、责任、奉献的公共精神。

（二）构筑民主公正的学校公共生活

为了培育学生的公共德性品质及精神，学校道德教育也需要构筑起民主的学校生活氛围，允许学生积极参与学校的公共事务。民主的学校公共生活，并非没有任何权威关系，而是一种权威与民主形成合力的公共生活。从辩证的角度来看，"民主"与"权威"是相互对立又

---

① 旷剑敏、袁怀宇：《自我与他者：教师的伦理责任与价值》，《道德与文明》2009年第3期。

相互依存的关系，民主恰恰体现于对权威的法理限制和有效平衡之中；没有无民主的权威，也没有无权威的民主。学校公共生活的民主建构，并非要排斥一切的权威要素，而是要把权威限制在公共规范所允许的限度之内，对权威加以理性的限制。事实上，在教师与学生的交往关系中，教师需要承担起一定的权威角色与榜样作用，由此才能对学生产生教育引导与正向规范的作用。[①] 只不过这种权威必须受到民主生活原则的制约，不能逾越学校共同体的规范要求，不能使权威成为一种滥用。权威只有在合理的限度之内，接受民主程序和法理规范的监督和检验，才能符合于学校民主生活和公共人培育的需要，才不会由于自身的过度膨胀而损害学校公共生活的建构。

　　构筑一种民主公正的学校公共生活，必须让学校公共生活处于民主与权威的辩证关系当中，使权威受到法理和道德的有效规范，同时使民主成为真正的灵魂和核心。在学校民主生活空间中，应实行民主的管理和决策，引导学生参与学校的公共管理活动，以此来培养学生的民主精神。通过民主管理的实施，一方面可以促进学校管理的民主化，有利于提升学校的管理水平；另一方面，也可以促进学生以公共人的身份参与学校的管理、决策、讨论等公共生活之中，使学生成为勇于行动、敢于行动、有能力行动的主体，同时也使整个学校在生活中充满公共精神氛围。在学校的民主生活中，学校的组织管理是开放的，它摈弃了传统学校管理的封闭性、等级性，实现了管理权利的民主变革。在民主的管理体制中，不论是普通教师还是学生，都有资格成为学校管理决策的参与者和讨论者，都可以对学校的发展与变革提

---

　　① 叶飞：《教师角色与权威的合法性探析》，《中国教育学刊》2008 年第 3 期。

出自己的意见，发出属于自己的声音。从教师的角度而言，学校应当尽可能地把所有的教师都纳入管理者的团队当中，以"教师代表大会""全体教师会""教师工会"等形式来邀请教师全过程参与学校公共事务的管理决策。普通教师不再是局外人，而是管理团队的组成部分，是学校管理的重要参与者。这种管理权力的赋予可以促进教师对于学校共同体的认同感和归属感，使教师感觉到自己是学校公共管理活动中的重要成员，可以通过自身的行动来影响学校的管理决策。这无疑可以提高教师的效能感，使教师感觉到作为道德主体和管理主体的荣耀感和效能感。

民主公正的学校公共生活应坚持民主的价值商谈原则。这种价值商谈，是人们在公共生活中展开沟通、交流的基础。在传统的学校生活中，学生在很多时候往往是不自主的，他们是价值观的接受者，这种价值接受甚至在很多时候是完全被动的。在这种情况下，学生作为道德主体的权利、学生作为发展主体的需要、学生想要被理解以及被认可的愿望，往往就被忽略了。"强大的"学校教育体系、教师权威在挤压着他们的主体性，在同化他们，在不断地把他们束缚在确定性的价值轨道当中，直至隐蔽它们的主体性存在。显然，这是民主公正的学校公共生活所不允许的。民主公正的学校公共生活，它倡导的是民主的协商机制，并以公正的原则来肯定学生的权利，给予学生选择的机会以及发出属于自己的声音的机会。因而，民主公正的学校公共生活，事实上需要更好地坚持价值商谈的基本原则，通过价值商谈来实现教育以及道德教育的目标。"价值商谈"是一种基于平等尊重和协商对话的互动形式，它是一种"对话伦理学"的建构，即对话的双方并不是通过暴力或妥协来解决道德冲突，而是用沟通和对话来解决他们之间的冲突。① 在这种对话和协商中，学校和学生、教师和学生、学校与教师处于一种民主的交互关系之中，学生和教师有权利参与学校的管理决策和规章制度的制定，而学校也有义务接受学生和教师的监督、建议。在教学活动中，学生也同样有权利与教师展开价值观的沟通与交流，价值观不是强加的，而是教师与学生共同讨论、共同协商的结果。这种协商和讨论体现出了对于他者的尊重，它强调了学校教育中各个主体性要素之间的平等关系，同时也强调了学校教育不是忽视他者、隐蔽他者的场所，而是相互尊重、相互承认的主体权利的场所。通过价值商谈，我们将看到一种更加民主、公正的学校公共生活，在这种公共生活中，学生可以更好地学习并且成长为民主、公正的道德人。

　　民主公正的学校公共生活不再是把学生看作"知识人"，而是视为民主生活中的"公共人"。"知识人"的教育信条使得知识成为学校教育唯一重要的事物，使得学生的生活世界成为一个"意义缺失的世界"②。这种知识人的教育观念导致学生只能生活在一个缺乏道德内涵、公共内涵的世界当中，这个世界不是一个充满意义与信念的世界，而是一个枯燥的、苍白的知识世界。显然，学生的生活世界一旦被压缩为狭隘的知识世界，那么学生的人格发展也就被知识化了，学生极有可能成为单纯的知识人、考试人。为了防止这种情况的出现，我们必须把学生纳入学校共同体生活之中，让学生积极参与学校的民主管理生活；学校要对学生进行"赋权"，给予学生权利，促进学生的公共参

---

① ［德］哈贝马斯：《包容他者》，曹卫东译，上海人民出版社 2002 年版，第 42 页。
② 鲁洁：《一个值得反思的教育信条——塑造知识人》，《教育研究》2004 年第 6 期。

与，允许学生在知识学习之外开展各种公共实践活动，尤其是要允许学生自主组织公共社团，通过公共社团活动来参与公共生活。社团生活可以推动学生超越课本和教室，引导学生进入更为广阔的公共生活领域，通过公共生活实践来锻炼他们的公共品格及公共精神，以此培育他们更为健全的人格品质。

总之，通过班级以及学校的民主正义秩序的建构，学校公共生活将不再是一个充满着控制与被控制、管理与被管理、规训与被规训的生活空间，而是一个体现着民主精神和公共品格的公共生活空间。在这个生活空间中，教师与学生共享平等的主体身份，共同参与学校的公共管理和公共生活实践。这不仅可以使学生的公共品质得到有效的提升，同时也可以使教师的公共品格和公共精神得到有效地增强；而教师与学生所共同组成的学校生活共同体也将在民主正义的公共生活方式中得以不断发展，最终实现学校公共生活的整体建构。

（三）构筑班级、学校与社区生活的有效联结

公共人的培育不能离开社区公共生活，社区公共生活本身就是公共人教育的重要的隐性课程机制，它可以在潜移默化中促进青少年学生的公共品格的发展。因此，走向社区公共生活，构筑班级、学校和社区生活的有效联结，是推动公共人的培育的重要途径。唯有通过班级、学校和社区生活的有机联结，青少年学生的个体生活与社会生活、道德认知与道德实践才能实现有机统一，也才能使青少年学生养成健全的道德品格。

为了构筑班级、学校与社区生活的有效联结，首先教师应引导青少年学生去发现社区生活中的道德问题。这些道德问题往往是多方面、多维度的，而对于这些问题的发现和探索是青少年学生参与社区生活

的开端，也是在社区公共活动中发展自身的德性品质的开端。学校和教师引导青少年学生去发现社区生活中的道德问题，意味着"青少年学生不能只是成为社区生活的被动接受者、社区道德事件的被影响者"①，而是应该成为社区生活、社区道德问题的主动发现者、探索者和建构者。这就需要学校和教师不断引导青少年学生去发现社区生活中的多维度、多方面的道德问题，这些问题包括：（1）社区的公共道德问题，比如社区居民在公共场合不讲公共道德，缺乏基本的文明礼仪，破坏公共物品，不遵守公共道德秩序等；（2）社区的生态伦理问题，比如社区居民没有生态保护意识，在社区的溪流中随意倾倒污染物，或者恶意破坏社区的绿化以及树木，对社区生态环境造成损害；（3）社区的公益慈善问题，比如社区的孤寡老人、贫困家庭不仅没有获得社区的帮助和扶持，反而遭受了各种歧视性的待遇；等等。基于此，学校和教师有必要引导青少年学生去发现身边社区的道德问题，让学生形成发现社会道德问题的敏锐的眼光。通过有意识地培养，可以不断地增强青少年学生的道德观念意识，提升他们的道德理性思考能力，同时也让他们更深刻地去理解和体验社区生活中的各种道德困境，推动他们在潜移默化中形成道德责任感和社会责任感。这无疑是青少年学生道德成长的重要方面。

其次，教师还应当引导青少年学生去分析社区道德问题产生的根源，从而为有效地治理及解决社区的道德问题打下良好的基础。社区道德问题的形成往往都是有原因的，而对于这些原因的分析和探索，可以增强青少年学生的社会分析能力和道德理性思考能力，并且推动

---

① 叶飞：《公共交往与公民教育》，人民出版社 2014 年版，第 326 页。

学生以更高的道德责任感及道德精神去解决社区生活中的道德问题。比如，对于社区生活中的溪流、湖泊或者绿地的破坏问题，教师可以引导学生去反思为何这些违背生态道德的现象总是屡禁不止？这些行为的产生是因为社区民众的生态伦理意识的低下，还是因为社区管理的规章制度及道德规范不够严明？另外，社区生活中的生态破坏问题，是不是也与社区里边的污染企业、加工厂等有关？这些污染企业在多大程度上对社区生态环境造成了伤害？同时，有关社区的公益慈善问题，学校和教师还可以引导青少年学生去分析为什么社区中的孤寡老人、贫困家庭、弱势群体等得不到有效的帮助，为什么大家不愿意去帮助那些最需要帮助的人？等等。通过引导青少年学生去分析和反思这些社区道德问题，可以推动他们全面而深入地理解和体验社区的公共道德、生态伦理、公益慈善等方面的问题，使他们通过社区实践不断地检验和反思班级课堂教学、学校教育活动中所习得的道德价值观，这也就更有效地联结了学校德育与社区实践，使学校德育超越了狭隘的课堂生活，获得了更为广阔的社会生活系统的支持。

最后，教师不仅要引导青少年学生去发现、分析社区道德问题，更为重要的是，还要引导青少年学生去解决这些社区道德问题，通过积极的、主动的社区治理活动来改善社区道德状况。当社区生活中出现各种各样的道德不良现象，比如社区公共物品被破坏、社区公共秩序一团乱、社区生态环境被污染等不良现象，教师、学生以及学生社团可以通过团结合作的方式，共同寻求对问题的解决。在解决社区问题的过程中，由于学生力量的薄弱性，因而可以通过发动家庭、社区机构等多方力量，让学生与家长、社区居民一起参与社区的公共治理，从而弥补学生力量的不足。比如，可以成立家校合作联盟、社区教育合作委员会等组织机构①，使青少年学生在解决社区道德问题的过程中有效地借助家庭、社区的力量，在更大范围内团结多方面人员以及获得多方面资源及保障条件，从而在社区公共治理中形成合力，促进社区公共问题的解决。这不仅可以提高青少年学生的公共问题的解决能力，还可以培养他们在社会合作中的团结精神，形成他们强烈的道德责任感和公共参与意识。通过社区公共治理的参与，青少年学生可以坚定自身的道德信念，培养自身稳固的道德意志和品质，锻炼自身的道德行动能力，从而成长为具有良好道德品格和公共精神的公共人。

---

① 檀传宝等：《公民教育引论：国际经验历史变迁与中国公民教育的选择》，人民出版社 2011 年版，第 301 页。

第四章　公共治理与公共人的制度支撑

　　从 20 世纪八九十年代至今，公共治理（Public Governance）理念在全球范围内形成了一股学术研究的热潮，在政治学、社会学以及教育学等学科领域中发挥了重要影响。鲍勃·杰索普（Bob Jessop）曾说，"过去 15 年来，公共治理在许多语境中大行其道"[①]。这一评价在一定程度上确实反映了公共治理理念在学术领域以及大众生活中受关注、受欢迎的程度。当然，公共治理不仅仅是一个学术上的时髦概念，它事实上还在现实中促进了当代社会的新型组织管理模式的生成和变革。可以说，公共治理以及在公共治理思想基础上形成的教育公共治理的理念，促进了社会组织以及学校组织的管理革新乃至于再造。

　　这场组织管理的革新、再造运动一经提出就引起了社会的巨大反响，从而使之成为知识分子和大众所熟稔的学术概念及思想观念。当然，公共治理理念对我们国家的治理体系以及教育治理机制的影响，在进入新时代以后也逐步显现。伴随着新时代的国家治理能力以及治理体系的现代化转型，我们越来越强调政府、社会、学校、教师、学生均需承担公共事务治理（包括教育公共治理）的重任，实现真正意

---

　　① ［英］鲍勃·杰索普：《治理的兴起及其失败的风险：以经济发展为例的论述》，漆芜编译，载俞可平：《治理与善治》，社会科学文献出版社 2000 年版，第 55 页。

义上的共建共治共享。学校组织作为一种特殊的育人组织机构，作为培育人的公共品格及公共精神的重要场所，它也需要基于公共治理的基本原则来实现自身的组织机制、权力结构以及教育资源分配机制等变革，从而使自身成为一个公共治理的空间，在打破传统学校管理模式的同时完成学校组织结构的再造，建构师生之间的治理伙伴关系，形成多元共享、相互协作的公共治理秩序，从而在公共治理变革的基础上更好地实现公共人的培育，使公共人的培育获得学校组织制度的稳固支持。

第一节　公共治理的概念与内涵

当代社会的公共治理理念所倡导的是一种新型的政府、社会、学校、个人等的平等协作、共同治理关系，它为多方主体开辟了一个平等、尊重、包容、开放的共治空间。因而，当代社会的"治理"（Governance）与古代社会的"统治"（Governing）、近现代的科层管理（Management）有着本质的区别。如果说"统治"主要体现出的是一种专制的、暴力的权力关系，科层管理则体现的是近现代科层组织的非人格化的、垂直型的管理机制，那么公共治理则展现的是一种民主的、包容的、合作的新型管理方式，它打破管理者与管理对象的二元对立，并建构一种共同管理、协商合作的共治机制。当然，公共治理作为一个新的学术概念，它的内涵和意义还处于不断发展和变化之中，众多学者（包括中西方的学者）在近些年来关于公共治理提出了许多新的思想观点，值得我们进一步分析和探索，并进而更深刻地理解公共治理的核心内涵，更好地阐释并实现公共治理的理论及实践的意义。

一、公共治理的发端及不同学术观点

1989 年，世界银行在描述非洲国家的可持续发展危机时使用了“公共治理的危机”（Crisis in Governance）这一概念，这可以看作是公共治理这一概念较早的运用。此后，公共治理这一概念逐渐被运用到公共行政理论和社会学研究当中，用于描述国家或者管理部门的不同于传统的行政模式和公共管理行为。[①] 而到了 1992 年，由 28 位国际知名人士联合发起成立了全球治理委员会（Commission on Global Governance），并进而创办了倡导公共治理理念的《全球治理》杂志，试图重新探索全球社会的公共治理问题，主张建立多层次性、多主体性、非歧视性、开放性、透明性、互惠性、包容性的公共治理新秩序，促进社会组织机构的治理变革，同时也促进全球治理体系的革新。由此，公共治理所具有的新内涵及意义也就被明确地提了出来。

关于公共治理的概念内涵，公共治理理论的创始人之一的罗西瑙（James N. Rosenau）在其著作《没有政府统治的公共治理》和《21 世纪的公共治理》中曾把公共治理定义为一系列活动领域中的管理机制，是一种由共同的目标支持的活动。[②] 罗西瑙从三个方面界定了公共治理的基本含义：一是公共治理是一种基于公共目标的活动，而不是一种基于私人目标的活动。公共治理主要是为了达成组织管理的公共目标，服务于公共福祉的提升，而非为了私人利益的满足。公共治理的主体虽然是自觉、主动地展开治理活动，但是个体的自主自觉主要不是为

[①] 俞可平:《中国公民社会的兴起与治理的变迁》，社会科学文献出版社 2002 年版，第 191 页。

[②] 俞可平:《引论: 治理与善治》，载俞可平:《治理与善治》，社会科学文献出版社 2000 年版，第 2 页。

了个体私利，而是为了实现组织管理的公共利益。二是公共治理并不认可垂直型的权力结构及管理机制。公共治理活动不是自上而下的垂直型管理，治理主体也不再只是上级部门，个人、市场、社会组织等也都可以成为治理主体，相互之间形成合作、共享以及共治。三是公共治理中各方主体共享管理权利，同时也共担管理责任。治理活动是多方主体的共同活动，体现着共治与自治的辩证统一关系，多方治理主体共同享有的治理权利，同时也共同承担治理的责任。

另外一位公共治理研究者斯托克（Gerry Stoker）也曾对当代的公共治理概念作了一番细致梳理。斯托克认为，学者们对作为一种学术概念的公共治理至少提出了五种主要的观点。这五种观点分别是：[①]（1）公共治理意味着一系列来自政府但又不限于政府的社会公共机构和行为者，它对传统的国家角色和政府权威提出了挑战，主张政府并不是"孤独的"权力机构，各种公共的和私人的机构也可以行使治理权利，承担治理责任。（2）公共治理意味着在为社会和经济问题寻求解决方案的过程中存在着界限和责任方面的模糊性，它表明国家与社会、公共部门与私人部门之间的泾渭分明的界限日益消除，不仅国家担负着社会发展的责任，同时公民个体、志愿团体、私人部门等也承担着相应的责任。（3）公共治理明确肯定了在涉及集体行为的各个社会公共机构之间存在着权力依赖。这里所谓的"权力依赖"指的是致力于集体行动的组织必须依靠其他组织。各个组织需要相互交换资源、协商形成共同目标；交换的结果不仅取决于各个参与者的资源，而且也取决于游戏规则以及进行交换的环境。（4）公共治理意味着行为者成为自

---

① ［英］格里·斯托克：《作为理论的治理：五个论点》，华夏风编译，载俞可平：《治理与善治》，社会科学文献出版社 2000 年版，第 35—46 页。

治的主体，并且行为主体之间最终将形成一个自主的网络。这个自主网络拥有某个发号施令的权威，但是体系本身是作为一种非正式的基础、为了进行相互之间的协商、对话而形成的，它并不具备包容一切的权威机构。（5）公共治理意味着办好事情的能力并不仅限于政府的权力，而在于政府运用新的公共管理技术方法来对公共事务进行指引，树立正确的领导方式，建立多方主体之间的治理伙伴关系，形成多层次、多维度的公共治理结构。

英国地方公共治理的倡导者罗茨（Robert Rhodes）也曾对公共治理的含义进行了深入分析。罗茨认为，公共治理标志着政府管理含义的一种重要变化，"它指的是一种新的管理过程，或者一种改变了的有序统治状态，或者一种新的管理社会的方式"①。但是，罗茨认为要给公共治理（这种新过程、新状态和新方式）来一个清晰、明确的界定是很难的，因为我们至少可以从六个不同角度来理解公共治理的概念内涵。这六个角度分别是：②（1）作为最小国家的管理活动的公共治理，它指的是国家削减公共开支，以最小的成本获得最大的效益。（2）作为公司管理的公共治理，它指的是指导、控制和监督企业运作的组织体制。（3）作为新公共管理的公共治理，它指的是将市场的激励机制和私人部门的管理手段引入政府的公共服务。（4）作为善治的公共治理，它指的是强调效率、法治、责任的公共服务体系。（5）作为社会－控制体系的公共治理，它指的是政府与民间、公共部门与私人部门之间的

---

① ［美］罗伯特·罗茨：《新的治理》，木易编译，载俞可平：《治理与善治》，社会科学文献出版社 2000 年版，第 86 页。

② 俞可平：《引论：治理与善治》，载俞可平：《治理与善治》，社会科学文献出版社 2000 年版，第 2—3 页。

合作与互动。（6）作为自组织网络的公共治理，它指的是建立在信任与互利基础上的社会协调网络。这是罗茨对于公共治理内涵及其边界的一种理解，它从六个不同视角概括了治理的基本含义，对公共治理的研究及实践具有启发意义。

　　除了这些学者的定义之外，作为跨国性的组织机构及研究机构，全球公共治理委员会（Commission On Global Governance）也对公共治理的概念内涵进行了详细的分析，形成了比较权威的定义。全球公共治理委员会于1995年发表了题为《我们的全球伙伴关系》（Our Global Neighborhood）的研究报告，在该研究报告中对公共治理的含义作了以下的基本界定：公共治理是各种公共的或私人的个人和机构管理其共同事务的诸多方式的总和；它是使相互冲突的或不同的利益得以调和并且采取联合行动的持续的过程。这既包括有权迫使人们服从的正式制度和规则，也包括各种人们同意或以为符合其利益的非正式的制度安排。基于这个定义，我们也可以认识到公共治理存在以下几个方面的基本特征：[①]（1）公共治理不是一整套规则，也不是一种活动，而是一个过程；（2）公共治理过程的基础不是控制，而是协调；（3）公共治理既涉及公共部门，也包括私人部门；（4）公共治理不只是一种正式的制度，也包括非正式的制度，它是一种持续的互动过程。根据全球公共治理委员会关于公共治理内涵的界定，我们不难发现公共治理是一种公共机构、私人机构以及个人参与管理公共事务的基本方式，公共治理主要是一种持续的交往、协商和互动，以此来取得交往主体各方的公共认同，从而共同来管理公共事务。总之，公共治理是一种

---

① 俞可平：《引论：治理与善治》，载俞可平：《治理与善治》，社会科学文献出版社2000年版，第4—5页。

更具有民主性、包容性、非歧视性、开放性、透明性的新型管理方式，它倡导通过平等尊重、开放包容的方式来解决公共事务治理问题，实现组织管理的公共利益。

以上是一些国外学者及相关机构就公共治理所提出的比较具有代表性的学术思想及观点，对我们开展公共治理的研究具有重要的启发意义。同时，正如我们所知，进入 21 世纪以来，尤其是在最近这十余年时间里，国内学术界就公共治理问题也展开了深入的研究和探索，不少学者就公共治理的内涵提出了自己的见解，也值得我们加以深入分析和借鉴。

国内比较早开始研究公共治理的学者是俞可平教授。俞可平教授对公共治理的概念内涵也进行了详细的解析。他认为，公共治理作为一种政治管理过程，也像政府统治一样需要权威和权力，最终目的也是为维持社会秩序，这是两者的共同之处。但是，公共治理也有自身的独特含义：[①]（1）公共治理虽然需要权威，但这个权威并非一定是政府机关或上级部门；而统治的权威则必定是政府机关或上级部门。统治的主体一定是社会的公共机构，而公共治理的主体既可以是公共机构，也可以是私人机构，还可以是公共机构和私人机构的合作。公共治理是国家与社会、政府机构与非政府机构、公共组织与私人部门的合作共治。（2）公共治理与统治在管理过程中权力运行的向度是不一样的。统治的权力运行方向是自上而下的，它通过发号施令、制定政策和实施政策来对社会公共事务实行单向度的管理。与此不同，公共治理则是上下互动的管理过程，它主要通过合作、协商、伙伴关系等方式实

---

① 俞可平：《引论：治理与善治》，载俞可平：《治理与善治》，社会科学文献出版社 2000 年版，第 5—6 页。

现对公共事务的管理；公共治理的实质在于建立在市场原则、公共利益和公共认同之上的合作。公共治理所拥有的管理权威主要是合作网络的权威，它是共享型的权力结构。

国内学者麻宝斌认为，公共治理就是一定范围内的多元主体基于多元目标，运用多样化手段对公共事务进行协同管理的过程和活动。因此，可以从主体、对象、手段、目标等层面来理解公共治理的基本内涵与特征：[①]（1）公共治理主体是多元的，包括政府、公共部门、第三部门或非政府组织、企业和社会志愿者；政府不再是社会公共事务管理的唯一主体。（2）公共治理主体之间结成了相互依赖的网络关系，也由此而造成了权责的模糊化，这种模糊化主要体现为政策制定者与政策执行者、公共部门与私人部门、管理者与工作人员、政府与公民等六个方面的边界的模糊化。（3）公共治理的目标函数是多元的，公共治理的目标体系中包含着积极的可持续增长、稳定的社会秩序、广泛的公众参与和社会正义与福利等多项要素，最终是为了社会的协调发展和全面进步。（4）公共治理的手段是多样化的，不再是以强制和压迫为主要手段，而是主要依靠民主协商、合作互助以及网络化管理等手段。（5）公共治理的对象主要是公共事务或者公共问题，即公共治理意味着对公共事务或公共问题的有效治理。

孔繁斌认为，在当代公共治理理论语境下，治理的活动应采用多中心性的结构及模式。这种新型的公共治理结构的基本含义是：（1）它意味着在地方的社会生活中，存在着个人的、民间的自治自主秩序与力量，这些力量分别作为独立的主体围绕着特定的公共事务问题，并

---

① 麻宝斌等：《公共治理理论与实践》，社会科学文献出版社2013年版，第9—10页。

按照一定的规则及秩序要求，采取弹性的、灵活的、多样性的集体行动组合，寻求高绩效的公共事务问题的解决途径。（2）它强烈要求公众的参与和社群的自治，将公众参与和自治作为基本的策略。只有这样才能保证他们具备公共治理的能力，才能使公共治理运转起来，并获得可持续的动力。（3）主体的利益同样是多元的。多元利益在公共治理行动中经过冲突、对话、协商、妥协，达成利益的平衡和整合。（4）它还表现为不同性质的公共物品和公共服务可以通过多样性的主体及选择来提供，包括个人、市场及社会机构等。[①]

根据以上关于公共治理的内涵阐释，我们看到，国内外学者对于公共治理的概念内涵的理解是多样性的，他们提出了关于公共治理概念的不同观点和见解，为我们更好地把握公共治理的内涵提供了更加坚实的基础。这些不同的观点和见解，不仅展现出学者的诸多观点，同时也在一定程度上表明了公共治理概念本身的复杂性和多样性。当然，在复杂性的外表之下，我们也可以看到公共治理的一些"共通的"特征，而这些"共通的"特征为我们理解公共治理的核心内涵奠定了基础。

二、公共治理的内涵厘定

基于以上国内外学者的观点以及新时代国家治理体系和治理能力现代化转型的重要导向，我们可以把公共治理主要界定为指国家、社会或个人"管理公共事务的诸多方式的综合，它是使相互冲突的或者不同的利益得以调和并采取联合行动的持续的过程"[②]。公共治理的核心议题就在于设计和建构多方治理主体的权责边界，通过主体间合作

[①]　孔繁斌：《公共性的再生产》，江苏人民出版社 2012 年版，第 33 页。
[②]　麻宝斌等：《公共治理理论与实践》，社会科学文献出版社 2013 年版，第 9 页。

和协同共治来追求公共利益。当前，我们的治理体系转型的重点就是要建立起政府负责、社会协同、公众参与、法治保障等的社会治理体系。[①]坚持国家、政府的宏观指导和统筹规划，同时推动多方主体的协商、合作和共治，这既是中国治理体系的特色，也是中国治理体系与西方治理体系不同的地方。

第一，从治理主体的角度而言，公共治理是在政府宏观指导和统筹规划下的多方主体的合作共治。国家及政府机关负有统筹指导的作用，承担着公共治理的重要职责；同时，社会的公共机构、私人机构或者个人也享有公共治理的权利，也是公共治理的主体。比如，当前广泛存在的志愿者团体、公益协会、企业、公司、学校乃至个人等，都应参与公共治理的主体，均可以参与社会公共事务的治理，享有作为社会组织机构或者个人的治理权利，同时需要履行国家、社会所赋予的公共责任。公共治理之所以如此重要，乃在于它关涉整个社会的组织、机构和个人，可以全方位地影响整个国家和社会的公共事业发展。公共治理可以通过形成个人、社会与国家之间的有效互动，从而实现更高效、也更全面的管理。

第二，从治理对象的角度而言，公共治理的对象是公共的事务。这些公共事务关涉国家、社会的公共利益，同时也会存在着多方主体的利益冲突，需要国家、社会以及各利益相关方来共同协商，从而找到解决公共问题、促进公共事务管理的有效途径。因此，公共治理主要不是为了解决私人问题，除非这种私人问题已经关乎国家、社会、

---

① 《中共中央关于坚持和完善中国特色社会主义制度、推进国家治理体系和治理能力现代化若干重大问题的决定》，http://www.gov.cn/zhengce/2019-11/05/content_5449023.htm，2019-11-05/2020-06-07。

集体的公共利益。公共治理活动更多的是指向于公共的事务，指向于公共利益的满足，而非私人利益和私人欲望的满足。因此，公共治理的对象是公共事务，追求的是公共事务的善治。

第三，从公共治理的运行机制而言，公共治理所依托的主要是一种合作共治的机制。公共治理体现了国家机关、社会组织、公共部门、私人部门以及个人之间的合作，"公共治理是政府与非政府的合作、公共机构与私人机构的合作"①。公共治理所建构的是一种合作共治的治理机制，在公共治理过程中权威关系不是来自外在的强制力量，而是来自治理主体的自主选择和行动。公共治理所遵循的是一种民主的、合作的、非歧视性的、公开的、透明的公共规则，在多方治理主体之间所形成的是平等尊重、协同共治的合作关系，自主自愿以及协商共识成为公共治理机制的重要组成部分。

第四，从公共治理的目标而言，公共治理追求的是协调相互冲突的利益关系，追求公共利益的实现。公共治理敦促多方主体积极参与公共事务，采取联合的行动，有效地分配和利用公共资源，形成政府、社会、组织和个人之间的共治共建，最终促进公共利益的达成。公共治理意味着在国家、社会和个人之间形成有效的合作机制，完善政府、社会和个人的行为，促进公共事务的有效管理。因此，也可以说，公共治理立足于个体积极参与国家、社会公共事务，来实现公共资源的优化配置，最大限度地增进公共利益，促进公共生活的发展。通过公共治理活动，各方的利益诉求可以得到更有效的协调，而国家的、社会的以及公众的联合行动也更有利于形成社会资源的均衡分配，最终

---

① 俞可平：《引论：治理与善治》，载俞可平：《治理与善治》，社会科学文献出版社 2000 年版，第 6 页。

促进社会均衡、有序的发展。

　　总而言之，从治理主体、治理对象、运行机制、目标追求等方面来分析，公共治理都体现出了与传统管理模式的显著差异，公共治理倡导建构一种协商性、包容性、开放性、透明性等的合作共治机制，它把政府、社会、个人等都纳入这个合作网络当中，通过政府的统筹指导来加强各方主体的协商、对话、参与、伙伴关系的建立，实现国家和社会公共事务的共建共治共享。公共治理可以有效地促进国家、社会、个人之间的良序互动关系的建构，最终促进公共福祉的提升。

第二节　公共人的制度支持：学校组织的公共变革之道

　　如前所述，公共治理是当前国家治理体系和治理能力现代化转型的重要导向。正如《中共中央关于坚持和完善中国特色社会主义制度、推进国家治理体系和治理能力现代化若干重大问题的决定》（2019 年）中所指出的，我们所要建立的现代化的治理体系，它是政府负责、民主协商、社会协同、公众参与、法治保障等的新型治理体系，它致力于建设"人人有责、人人尽责、人人享有的社会治理共同体"，从而实现公共事务的共治和善治。事实上，伴随着我们国家的治理体系的转型，学校组织管理也需要积极转变自身的管理模式，建构以多方主体的协商对话、合作共享、共治共建为基本特征的公共治理机制。公共治理对于当前我们的学校组织管理变革而言具有很强的适切性。不论是作为管理机构还是教育机构，学校组织都有必要走向公共治理，在实现合作共治的同时促进健全的主体人格的培育。为此，学校组织有必要推进协商性、包容性、非歧视性、公开性、透明性的治理变革，实现学校事务的公共治理，并在公共治理过程中有效传递合作、分享、责任、参与、尊重、包容等公共价值理念，使年轻一代人更好地成长为具有公共担当意识与公共道德精神的公共人。

一、公共治理与学校组织的现代化转型

在推进中国特色治理体系和治理能力现代化转型过程中，我们始终坚持人民主体地位，坚定不移走中国特色社会主义发展道路，健全民主制度，丰富民主形式，通过民主协商、决策、对话、管理、监督等过程来更好地推动国家、社会组织、个人等的公共治理，从而超越传统管理的单一中心模式，在政府统筹、社会协同和公众参与的合作共治下促进公共事务的善治。从这个角度而言，我们当前的公共治理包含着两个方面的基本含义：一是当前的公共治理超越了传统的中心—边缘管理模式，它强调通过多方主体的协同合作以及权力共享来实现共建共治；二是公共治理在整个机制和运作过程上是一种民主、包容、开放、透明、协商、对话的过程，而非传统管理的控制、压迫、歧视、灌输的过程，它是在平等身份基础上形成协商、对话、合作以及治理伙伴关系，通过公共的、协商的力量来实现公共事务的治理，更好地实现公共利益。

因此，公共治理倡导的是国家和社会公共事务的合作共治和善治，它对传统的中心—边缘管理模式构成了反思和超越。这种传统管理模式秩序在事实上造成了管理中心对管理边缘的非民主性、非人格化的控制，它是管理对象的"观念与行为的操纵性控制"[①]。事实证明，无论

---

① ［美］埃莉诺·奥斯特罗姆：《公共事务的治理之道》，余逊达、陈旭东译，载孔繁斌：《公共性的再生产》，江苏人民出版社 2012 年版，第 29 页。

是在学校组织当中，还是在其他类型的社会组织机构中，这种中心—边缘管理模式既不科学、也不合理，它阻碍了公共事务管理效果和质量的提升。著名社会学家吉登斯（Anthony Giddens）曾提出，在当前的社会发展阶段，我们需要一种"更加灵活的、中心分散的权威系统来取代官僚等级制"，它"明显地表现出自治原则"。[①] 这种对自治原则的遵守，并非对共治的排斥，而是自治和共治的辩证统一。公共治理事实上是对单一中心的、自上而下的资本主义现代性的科层管理机制的一种批判和超越，它倡导的是多方主体基于共建共治共享来实现民主、包容、平等、开放的共同治理。

当前，伴随着我们的治理现代化建设的不断推进，尤其是党的十九大、二十大以来国家治理体系和治理能力现代化理念的不断贯彻和落实，学校组织管理实现从传统的单一中心模式向多方主体的公共治理模式的转型，已经成为一种重要趋势。学校组织作为一个重要而独特的社会组织，也面临着实现治理现代化转型的需要。这种转型也对学校公共治理提出了新的要求：其一，学校公共治理的主体是多样性的，而非单一性的。公共治理强调主体的共治共建，实现权力共享和责任共担，它强调形成一种交互主体性的治理关系，倡导多方主体的合作共治。其二，学校公共治理的过程是一个包容、开放、民主、尊重的过程。由于摈弃了中心对边缘的控制而倡导交互性的治理主体性，学校公共治理的过程可以成为一个多方治理主体之间的民主互动、协商对话的过程，它更多是遵循民主共治的逻辑，而非单向度控制的逻辑，从而能够更充分地发挥政府、学校、教师、学生以及家长等多

---

① ［德］乌尔里希·贝克、［英］安东尼·吉登斯、［英］斯科特·拉什：《自反性现代化：现代社会秩序中的政治、传统与美学》，赵文书译，商务印书馆2004年版，第245页。

方主体的治理积极性。其三，学校公共治理的目标是公益性的，它致力于提升学校教育的公共福祉。学校公共治理追求学校、教师、学生以及家长的共同利益，并更好地协调多方主体的利益冲突，使冲突的利益最终服务于公共的利益，促进学校教育的公共福祉的实现。总之，学校公共治理体现着多方治理主体的合作共治和共识生产，它可以推动学校公共事务的协商共识和共建共治，全面提升学校组织管理及教育活动的公共性与公益性。

二、公共治理对学校变革及公共人培育的适切性

公共治理理念的提出不仅具有学术理论的意义，同时还具有极强的实践意义。治理现代化的转型已经成为一场静悄悄的治理革命。[①]当前，我们国家及社会的治理现代化的水平正在不断提高，传统的中心—边缘管理模式已无法适应新时代的治理转型需要。对于学校组织而言，无论是作为一个管理机构、育人机构还是一个公共生活空间，都有必要进行管理模式的革新，以更好地培养适应社会发展趋势的时代新人，这样的时代新人是具有公共参与精神以及公共治理能力的公共人。从这个意义上而言，公共治理作为一种新型的管理理念及实践模式，对于当前学校组织的治理变革以及公共人的培育具有很强的适切性。

首先，作为一个管理机构，公共治理对于学校组织管理变革具有适切性。传统学校管理模式往往强调中心对边缘、顶层对底层的控制，它自上而下地完成学校管理的任务、追求学校管理的效率。但是，这

---

① 孔繁斌：《公共性的再生产》，江苏人民出版社 2012 年版，第 43 页。

种管理模式以技术理性的时间管理、空间管理、业绩管理等来实现对管理对象的近乎窒息性的控制，使得管理对象往往成为被管理的、被控制的对象，而非主体性、能动性的人。这种管理模式极大地损害了学校组织管理的公共性，阻碍了公共精神以及公共治理能力在学校公共事务管理中的培育。随着治理现代化的转型，学校组织管理必须积极面对新的发展趋势，由传统的中心—边缘管理模式逐渐转向多方主体的公共治理模式，从而更好地促进学校组织的高效而有序的运转。[①]这种公共治理的转型可以使学校组织管理的权力、资源为多方主体所共享，充分发挥教师和学生的治理积极性，把学校组织管理提升为一种柔性的、民主的、互动的治理，从而避免物化、工具化、技术化等不良影响。公共治理所倡导的是一种权益共享、责任共担的均衡结构，并且通过这种共享来达到相互之间的平等协作与有效制衡，以避免学校公共权力的滥用。通过这种权益共享、责任共担的均衡体系的建构，学校管理者、教师和学生可以更好地捍卫自身的权益，同时也更好地履行自身的公共责任，从而既保障了学校管理的公共性、民主性，同时也很好地培育了学生的权利意识与责任意识，使学生成长为具有均衡的权责意识的公共人。

其次，作为一个教育机构，公共治理对于学校组织的育人功能的发挥具有重要的适切性。学校组织不仅是一个管理机构，同时更是一个育人机构，它需要培育人的公共道德品格以及公共精神。也可以说，它需要造就能够适应治理现代化转型需要的治理主体。在传统的中心—边缘管理模式下，学校组织往往倾向于"通过不同形式的控制权力和控

---

① 俞可平：《治理与善治》，社会科学文献出版社 2000 年版，第 6 页。

制技术，竭力把儿童培养成'温驯而有用'的工具，强制性地把它们造就成特定类型的人"①。这种管理模式事实上阻碍了青少年学生的公共品格和主体性精神的发展，甚至于这些品格和精神在传统管理模式中本身就是不重要的，因为传统管理模式所需要的是"驯服的人""听话的人"，而不是具有反思性、主体性的公共人（公共事务的积极参与者、共治者）。雅斯贝尔斯（Karl Jaspers）曾言，教育不是客体化、对象化的训练和控制，教育是使教师和学生"处于一种身心敞放、相互平等的关系中"②。这种平等关系体现出对人的人格及尊严的尊重。唯有如此，学校教育才能使师生进行心灵的对话和沟通，也才能在这种对话和沟通中促进理智和品德的健全发展。公共治理正是通过建构教师和学生之间的民主共治关系，鼓励教师和学生在课程教学以及社会实践等活动中进行民主、包容的对话和沟通，从而促进学生形成稳固的身份认同，培育他们良好的公共道德品格和公共精神。这是培育公共人的重要基础。通过这种公共治理的建构，青少年学生可以在学校公共治理的实践活动中承担自身的公共角色以及履行相应的公共义务，在内化社会公共规范要求的同时，追求过一种更加积极的、高尚的公共道德生活，养成公正、平等、友善、宽容、尊重等公共美德，成为更加自主自觉的、具备良好公共道德品质的公共人。正因为如此，公共治理不仅可以促进学校组织管理的治理和水平的不断提升，同时也可以推动青少年学生的公共道德品格以及公共精神意识的健全发展，为培养作为公共治理主体的公共人奠定更加坚实的基础。

---

① 金生鈜：《保卫教育的公共性》，福建教育出版社 2008 年版，第 86 页。
② ［德］雅斯贝尔斯：《什么是教育》，邹进译，生活·读书·新知三联书店 1991 年版，第 2 页。

　　最后，作为一个生活空间，公共治理对于学校生活空间的公共性与民主性的建构具有适切性。学校生活与家庭生活、社会生活一起构成了学生成长的重要生活空间，而学校生活空间的民主性、包容性以及平等性等，对于青少年学生的社会主义民主精神与公共品格的成长具有重要的作用。正如约翰·杜威所强调的，民主的品格以及参与的精神是来自于共同生活的基础，共同生活过程本身就具有教育的意义，它"拓展并增进人的经验；它刺激并丰富人的想象力；它促使人们对思想和表达的准确性和生动性承担责任"（It enlarges and enlightens experience; it stimulates and enriches imagination; it creates responsibility for accuracy and vividness of statement and thought）[1]。学校公共治理通过建立一种体现着社会主义核心价值导向的民主、包容、非歧视、开放、透明的公共生活实践，并通过这种生活实践可以不断地拓展、激发学生的理解和体验，推动学生更好地养成公共品格及公共精神。在学校组织的公共治理活动中，教师和学生可以在公共精神和共治理念的相互交流和传递中实现公共品格的发展。[2] 公共治理机制可以通过鼓励学生积极参与学校、社会的公共事业，并且使学生在公共参与、公共服务活动中构筑起紧密的合作共治关系，从而在生活实践中不断增强学生的团体归属感、公共责任感，培育学生的合作、分享以及团结的意识。在此过程中，青少年学生的公共品格及公共精神得到了成长，并且这种成长具有了稳固的组织制度的基础和公共生活的基础。这对于公共人的培育是至关重要的。

---

[1]　John Dewey, *Democracy and Education*, Southern Illinois University Press, 1980, p.9.
[2]　叶飞：《公共交往与公民教育》，人民出版社 2014 年版，第 178 页。

三、学校组织的公共治理变革：超越传统的中心—边缘管理模式

学校组织的公共治理模式是对传统的中心—边缘管理模式的一种反思和超越批判。在传统中心—边缘管理模式下，学校组织管理深陷于科层官僚机制、工具理性思维、权威主义等思维惯性之中，不断制造了管理活动的"边缘人"，实施了单向度的管理和控制，从而导致学校管理者、教师和学生之间形成了"权威—依附—服从"的扭曲关系，这不利于学校事务的公共治理，也不利于培养具有公共精神以及公共能力的公共人。与中心—边缘管理模式不同，学校公共治理模式是对这种科层官僚机制、工具理性思维、单一控制性的全面反思、超越，它主张建构学校管理者、教师与学生之间的"平等—信任—协商"的合作伙伴关系，从而使学校管理更具有公共性与民主性的内涵。具体而言，学校组织的公共治理对中心—边缘模式的超越主要集中在以下几个方面：

首先，公共治理是对中心—边缘管理模式的单一主体性的超越。中心—边缘模式以单一主体的控制性取代了多主体的共治性，它使得少数的学校领导或者管理者享有管理的权力，而绝大多数的普通教师和学生则失去了本应当享有的管理权力，从而成为学校公共治理活动中的边缘人。这就在无形之中形成了中心者与边缘人的不对等地位，管理活动不断地强化了中心者的权力，而弱化了边缘人的权力，导致两者形成了巨大的管理差距。在学校组织管理的中心—边缘模式下，边缘人并不只是单个人，而往往是一整个群体，即那些处于边缘位置的、无管理权力的群体，这一群体涵盖了当前学校组织中的很多教师和学生。他们被剥夺了参与学校组织管理的机会，成为管理活动的被动的

对象，而非参与治理的公共人。显然，公共治理是对这种中心—边缘管理模式的全面超越，它强调的是通过学校管理者、教师以及学生之间的公共治理和协商民主的建构，来实现学校组织管理的公共目标。公共治理放弃了单一中心的管理秩序，它倡导通过相互博弈、共同参与、公民合作等互动关系，形成多样化的公共管理制度及组织模式。[①]因此，公共治理允许多元的公共治理主体的存在，在学校管理活动中，这种多元主体包括了学校管理者、教师、学生以及家长等。他们可以通过合作伙伴的关系来展开学校公共事务的有效治理，通过合作的方式来开展公共治理的活动，提升学校公共治理的公共性。

其次，公共治理是对中心—边缘管理模式的工具理性思维的超越。中心—边缘管理模式习惯于把处于边缘位置的管理对象视为实现中心者或者中心集团的利益的工具，因此，管理活动中的边缘人并无本体价值，他们往往只具有工具价值。这就形成了强烈的工具理性思维。正如韦伯所指出的，工具理性思维看重的不是人或事物本身的价值，而看重的只是其对于达成某种目的的工具价值。[②]在这种工具理性思维模式之下，学校组织中的教师和学生往往被当作了实现学校组织管理目标的工具，而非目的本身。这种管理思维缺乏对管理对象的关怀意识，它总是从工具化、物化的思维逻辑来看待学校管理活动中的人，把人当作物来对待。正如博克斯（Richard C.Box）所发现的，这种工具理性的管理思维"借助于目的－理性的思维方式，回避探寻理智和终极结果，只是专注于'把事情做好'……（最终）把单个的公民转化成为生产机

---

① ［美］麦克尔·麦金尼斯：《多中心体制与地方公共经济》，毛寿龙译，上海三联书店2000 年版，第 69—75 页。
② ［德］马克斯·韦伯：《经济与社会（上卷）》，林荣远译，商务印书馆1997 年版，第 56 页。

器上一个被控制的零部件，一个为他人而进行工作的单元"①。这无疑是工具理性思维走向极端的体现，其管理活动丧失了基本的人道精神与主体精神。与此相反，学校组织的公共治理模式，它遵循的是一种民主公共治理的思维逻辑，它强调管理对象不是手段或工具，而是活生生的人，不论是校长、教师还是学生，在学校组织中都具有平等的主体身份，都可以成为学校组织的公共治理主体。因而，公共治理也就摒弃了工具理性和"物化"的思维逻辑，它真正把管理对象当作主体的人来对待。公共治理的推进和落实，可以使教师和学生不再成为实现管理利益的工具，使得学校组织不再是边缘人的生产车间，而是成为人性化的、主体性的公共生活空间，其培育的是参与治理的公共人，而非管理活动的边缘人。

再次，公共治理是对中心－边缘管理模式的科层官僚机制的超越。自启蒙现代性以来，以推崇理性、等级、效率、服从等为核心特征的科层官僚机制就在管理领域中占据了主导位置，它虽然在消解封建专制权力的过程中发挥出了重要的作用。但是伴随着现代社会及现代管理模式的不断演进，科层官僚机制的弊端也日益显现，它使得学校组织内部形成了金字塔形的权力结构，有的学者曾把这种学校组织管理模式形象地描述为："管理方式主要是自上而下贯彻上层意图，即领导者命令管理者、管理者监督教师、教师与教师之间相互竞争"②。而在学校权力体系中，处于最底层的无疑是学生，层层权力控制最终落到学生的身上，使学生面临着"不可承受之重"。在这种科层管理机制当中，

---

① ［美］理查德·C.博克斯：《公民治理：引领 21 世纪的美国社区》，孙柏瑛等译，中国人民大学出版社 2014 年版，第 48 页。

② 孙联荣：《非行政性组织的创建》，《教育发展研究》2009 年第 8 期。

学校管理者、教师与学生之间所形成的是一种权威与依附的关系，学生依附于教师，把教师视为唯一权威，教师依附于学校领导，把领导视为权威。这种畸形的管理关系使得教师和学生在管理活动中越来越丧失了自身的主体性和尊严感，在某种意义上他们都成为科层管理机制上的"螺丝钉"或者零部件。公共治理试图把教师和学生从科层官僚机制中解放出来，打破金字塔形的垂直控制，对教师和学生进行"赋权"（Empowerment），使他们有权参与学校组织的公共管理，并且在获得参与权的同时对学校组织的公共权力展开有效的监督与制衡。在这种情况下，均衡的治理权的分布将有效避免顶层与底层、中心与边缘的权力分化，打破传统管理模式中的权威与依附的怪圈，建构学校管理者、教师和学生之间的相互信任、共建共治的公共治理关系。

最后，公共治理是对中心—边缘模式的效率主义、功利主义的超越。中心—边缘管理模式所追求的是把管理任务、目标层层落实，管理活动是为了以最有效率的方式下达任务，实现目标，因而其中渗透着非常强烈的效率主义、功利主义的色彩。事实上，这种效率主义、功利主义的管理思维在20世纪初期就曾一度盛行。比如，著名的管理学者泰罗（Frederick Winslow Taylor）、吉尔布雷斯（Frank Bunker Gilbreth）等人均曾致力于通过科学化、技术化的管理手段和标准化的操作方式来提升工人的生产效率，他们"关心的重点是那些靠肌肉的重复动作来完成的任务"[①]。这是一种典型的功利主义和效率主义的管理思维。在当前的学校组织管理中，我们依然可以看到这种管理思维逻辑。学校组织管理对于泰罗、吉尔布雷斯等人的管理理论的运用，首先就落实

---

① 黄志成、程晋宽：《教育管理论》，上海教育出版社2001年版，第24页。

在了追求教学效率和考试效率上，"效率第一"成为很多学校、教师的工作口号。在效率主义的口号下，学校对教师的教学效率、学生的学习效率、时间管理的效率、空间运用的效率等进行着不断强化和控制。为了追求这种效率，教师和学生每天的活动（往往是从早晨7:00到晚上10:00）都要接受严格的时间管理和空间控制，目标是以高效率、快节奏的方式来追求最好的教学效果，从而实现"最大多数人的最大利益"，也即大多数学生的考试升学率。[1]在这种效率主义的背后，渗透着一种显著的功利主义的目标。显然，公共治理体系是对这种效率主义、功利主义的非人性化管理活动的反思和超越。公共治理试图去不断地矫正效率主义、功利主义的管理逻辑，它把管理对象（教师和学生）当作真正的主体人来看待，教育和管理的过程不是为了贯彻单向度的管理意图，而是为了多元主体的公共利益和兴趣满足。公共治理更加尊重教师和学生的主体意愿和价值选择，它试图给予教师和学生更多的参与权利、选择权利，管理活动不是为了效率至上的管理绩效，也不是纯粹为了考试升学的功利目标，而是为了让学生真正成长为具有健全人格的人。

第三节　基于学校治理现代化推进公共人的培育

如上所述，伴随着党的十九大、二十大提出要不断推进国家治理体系和治理能力现代化转型，打造共建共治共享的治理新格局，学校治理的现代化也就成为当前教育体系革新的重要议题。同时，近几年

---

[1]　蒋燕、叶敬忠：《农村学校的规训与"差生"的制造——对四川省洪峰中学的质性研究》，《清华大学教育研究》2015年第5期。

来，中共中央、国务院先后印发了《中国教育现代化 2035》《中共中央关于坚持和完善中国特色社会主义制度、推进国家治理体系和治理能力现代化若干重大问题的决定》《新时代公民道德建设实施纲要》等重要文件，也多次强调了要推进学校治理体系的现代化，全方位提升人的公共道德品质及参与治理的能力，促进人的全面发展。由此可见，学校治理现代化与新时代公共人的培育之间有着内在的、紧密的联系。我们有必要对学校治理现代化的核心要义展开进一步的学理探究，并进而探索如何更好地基于学校治理现代化来推进新时代的公共人培育，从而为新时代的教育现代化建设、公民道德建设提供有价值的学术思考。

一、学校治理现代化的中国意蕴与时代特色

治理理念是影响国家政治、经济、文化以及教育等诸多方面的公共事务管理的重要理念，它在国家治理体系和治理能力现代化转型过程中发挥着重要的作用。而学校治理的现代化转型，在当前也已成为教育领域综合改革的重要议题。与传统的教育管理理念不同，学校治理现代化倡导的是在中国式现代化背景下，不断促进"国家机关、社会组织、利益群体和公共人个体通过一定的制度安排进行合作互动，共同管理教育公共事务"①。学校治理现代化遵循的是平等合作、公共协商、共建共治共享等核心原则，它集中体现了国家、社会、学校、教师、学生等多主体共同参与教育公共管理的全过程，致力于实现教育公共事务的共治和善治的有机统一。显然，当前我们所推进的学校治

---

① 褚宏启：《教育治理：以共治求善治》，《教育研究》2014 年第 10 期。

理现代化建设，它是与中国式现代化建设紧密结合在一起的，它彰显出了中国特色、中国优势，它是中国式现代化理念在学校治理领域的进一步落实。简要而言，学校治理现代化的这种中国特色主要体现在以下几个方面：

首先，在学校治理的核心理念层面上，我们的学校治理现代化是政府负责、社会协同和公众参与等有机统一的现代化。我们的学校治理现代化强调要继续加强国家和政府的宏观管理和统筹指导，同时推进多方治理主体的协同合作和共同参与，从而真正发挥出国家、社会和个人的协同合力，实现教育公共事务的优良之治。在党的二十大报告中，习近平总书记已明确指出，中国式现代化不同于西方式的现代化，它"既有各国现代化的共同特征，更有基于自己国情的中国特色"[1]。具体到教育领域，我们的学校治理现代化也是如此，它并不唯西方马首是瞻，而是在反思西方式现代化问题、避免西方式现代化弊端的基础上，走出"一条符合自身发展的现代化之路"[2]。众所周知，在西方的学校治理体系当中，以美国、英国等为代表的西方发达国家，由于教育分权体制的性质及需要，学校治理往往倾向于追求去中心化，倡导自治化、扁平化的治理逻辑，它们并不强调政府的宏观管理和统筹指导，而是主张多方主体"在同一平面上的"、以自治来寻求共治的治理思路。但是，由于缺乏国家、政府的宏观指导和统筹规划，西方的学校治理体系也就深深地埋下了"治理失灵"的隐患，容易走向学校治理体系

---

① 习近平：《高举中国特色社会主义伟大旗帜 为全面建设社会主义现代化国家而团结奋斗——在中国共产党第二十次全国代表大会上的报告》，《人民日报》2022 年 10 月 26 日。

② 李建华、刘畅：《中国式现代化新道路的伦理意蕴》，《武汉大学学报（哲学社会科学版）》2022 年第 4 期。

和治理秩序的失序和混乱。我们的学校治理现代化道路与西方式的学校治理道路是不同的。中国的学校治理现代化不可能、也不应该脱离政府宏观管理和统筹指导。正如中共中央、国务院印发的《中共中央关于坚持和完善中国特色社会主义制度、推进国家治理体系和治理能力现代化若干重大问题的决定》中所明确强调的，我们要不断完善社会主义民主政治建设，"完善党委领导、政府负责、民主协商、社会协同、公众参与、法治保障、科技支撑的社会治理体系，建设人人有责、人人尽责、人人享有的社会治理共同体"[①]。当前，我们所推进的学校治理现代化建设，也正是要基于国家、政府的宏观管理和统筹指导，并以此为基础促成多方治理主体在教育公共事务上的民主协商、协同合作以及共建共治，从而建设"人人有责、人人尽责、人人享有"的学校治理格局。这是中国学校治理体系的特色，也是中国学校治理体系不同于西方学校治理体系的优势之所在。[②] 这种治理特色可以为全球学校治理变革贡献中国智慧和中国经验，对全球学校治理体系的创新和发展具有重要的启示意义。

其次，在学校治理的过程性层面上，我们所推进的学校治理现代化是彰显社会主义民主法治精神的现代化。学校治理现代化与社会主义民主法治精神是有机的、紧密地联系在一起的。民主治理、依法治理是社会主义学校治理体系的重要途径及方式，同时它也是学校治理不断深入发展的重要基础和保障。这具体体现为：一方面，学校治理现代化彰显了社会主义的教育民主精神。这种教育民主精神要求政府、

---

① 中华人民共和国中央人民政府：《中共中央关于坚持和完善中国特色社会主义制度、推进国家治理体系和治理能力现代化若干重大问题的决定》，http://www.gov.cn/zhengce/2019-11/05/content_5449023.htm，2019-11-05/2020-06-07。

② 俞可平：《国家治理的中国特色和普遍趋势》，《公共管理评论》2019年第1期。

社会和民众形成民主治理的合力，实现基于民主精神的教育协同，推进新时代教育的高质量发展。与西方的教育民主容易流于形式不同，社会主义教育民主不仅是一种程序性的规则，更是一种实质性的规则。在学校治理及师生关系的建构中，我们的教育民主既符合程序性的规则，而且更为重要的是，它还要求成为一种实质性的交往生活方式。当前我们所推进的学校治理现代化，就是试图使教育民主重新回归于实质性的交往生活实践，并且用这种生活实践来塑造学校教育活动的交互性、民主性和包容性。从这个意义上来说，学校治理现代化事实上不仅是建立民主的程序和规则，而且更注重学校管理活动、课程教学活动、师生交往活动的实质性民主，促成民主治理与学校公共生活的融合为一。另一方面，我们的学校治理现代化也彰显了社会主义的法治精神。不论是民主、平等抑或合作的学校治理，都需要有完备的法治体系的支撑。从这个意义上而言，我们的学校治理现代化的重要特征就是坚持教育的法治性，以法律为准绳来开展依法治校、依法施教的活动。"学校治理理应需要顺应依法治理的时代要求，依托教育法治构建起制度化的学校治理体系。"[①] 学校治理要想充分彰显现代化的法治精神，则必须以"法治"来超越"人治"，以法律的公共权威来代替个人的专断权威，从而基于现代化的法治精神来形成教育的优良之治。因而，我们的学校治理的现代化建构，它需要不断提高法治化的水平，以法治化来推进学校治理的现代化。这也就要求各级教育主管部门要坚持社会主义法治的基本原则，根据国家宪法以及各项法律、法规的要求，对各级各类教育公共事务展开依法治理的活动。学校管理活动

---

① 陈亮、李惠：《论教育治理法治化》，《高校教育管理》2016 年第 4 期。

以及教师的教学行为也必须符合《中华人民共和国教育法》《中华人民共和国义务教育法》《中华人民共和国教师法》《未成年人保护法》等法律法规的要求，严格按照法律规定开展依法治校、依法施教的活动。基于这种社会主义民主法治的基础，学校治理现代化也才有了坚强的民主精神和法治精神的支撑，才能在民主法治制度体系的基础上追求教育公共事务的共治和善治。

最后，在学校治理的效果性层面上，我们所推进的学校治理现代化是真正追求教育的公平正义的现代化。学校治理现代化在最终的效果层面上应当追求一种公平正义之治，它不仅要求人人享有自由而平等的治理权利，同时也要求学校治理的结果应当最大限度地保障和促进教育的公共利益，达成真正意义上的教育的公平正义。罗尔斯曾指出，公平正义的社会不仅要求每个人都"拥有最广泛的自由和平等的权利"①，同时，它还要求社会资源的分配"要最有利于那些处境最不利的社会成员"②。只有当社会资源和教育资源能够尽量向最不利的社会成员（弱势群体）倾斜时，这才能促进社会公共福祉和教育公共利益的提升，从而实现真正的公平正义。但是，在西方的社会治理和学校治理体系中，这种公平正义事实上从来没有真正得到实现，西方社会的教育资源配置依然是非常不平等的，甚至是两极分化的。显然，我们的学校治理现代化，是致力于解决教育资源配置非公平正义问题，真正实现教育的公正之治。中国的学校治理现代化，一方面是真正肯定和认可人的平等权利，它致力于最大限度地保障政府、社会、学校、教师、

---

① ［美］约翰·罗尔斯：《正义论》，何怀宏、何包钢、廖申白译，中国社会科学出版社1988年版，第60页。

② ［美］约翰·罗尔斯：《政治自由主义》，万俊人译，译林出版社2011年版，第5页。

学生等多方治理主体的平等权利，这对促进学校治理体系的公平正义具有基础性的作用。同时，另一方面，我们的学校治理现代化也强调要充分关注、兼顾地区与地区之间、学校与学校之间、教师与教师之间、学生与学生之间的差异性，在教育资源和教育机会的分配上要向处于弱势地位的地区、学校、教师、学生等进行适当的倾斜，从而获得均衡、公正的发展平台及机会。从这个意义上而言，我们的学校治理现代化真正体现出了一种平等基础上的差异性原则，体现出了对他者真正意义上的关怀意识，并在此基础上更好地追求教育的公共福祉，进而真正实现教育的公平正义。这也正是我们的学校治理体系的重要特点及优势所在。

二、学校治理现代化提供公共人培育的重要基础

学校治理现代化与新时代的公共人培育具有内在的联系。学校治理现代化通过不断构筑和深化中国式现代化背景下的法理性、民主性与公共性的学校治理体系，进而更好地形成了新时代公共人成长的公共治理机制及平台，在此基础上不断促进新时代的公共人的平等、正义、民主、关怀、合作等价值观念的传递与学习。这为新时代的公共人培育奠定了重要的制度基础、观念基础和实践基础。

（一）学校治理现代化为公共人培育提供制度基础

如前所述，中国学校治理的现代化转型彰显了社会主义的民主法治精神，体现了法理性、民主性和协同性等基本特征，它注重教育的制度体系和治理机制的法理规范和社会协同，主张多方主体在法律制度和协同共治基础上追求教育的公共福祉。它为新时代的公共人培育提供了重要的制度基础，这集中体现在两个主要方面：一方面，它为

新时代的公共人培育提供了法律与道德并重的制度基础。韦伯曾强调现代社会的权威来源是法理权威，而非传统权威或克里斯玛权威。[①] 但是，事实上，法理权威本身也内含了道德的要求，"法律的道德权威是法律概念不可缺少的一部分"[②]，法律的有效性本身也是以道德性为重要前提的。对于现代社会的治理变革而言，法律与道德并非非此即彼的关系，法律与道德的并重是现代化制度体系的基本特征。正因为如此，当前我们所推进的学校治理现代化，不仅强调了遵循社会主义的民主法治精神，同时它也强调了合作、关怀、责任等一系列的道德价值，彰显了法律强制性和道德规范性的有机统一。我们的学校治理现代化通过其所建构的法理的、合作的、关怀的、责任的制度体系，可以促进公共人的道德意识及法治精神的双重培育，为培养新时代的公共人奠定坚实的制度基础。另一方面，学校治理现代化也为新时代的公共人培育提供了协同共治的制度基础。我的学校治理现代化，它强调政府、社会、学校、教师和学生之间的协商合作、共建共治，教育管理的过程并不是单向度的、垂直型的"命令"和"服从"的过程，而是"强调公私伙伴关系、合作网络和共同管理"[③]。这种协同参与、合作共治的管理模式及制度体系，不仅可以促进教育公共治理的合理化、科学化，同时它还可以形成协同育人的有效机制，充分发挥出政府、学校、家庭、社会等的协同育人效果，推动学生积极参与学校公共事务乃至于社

---

① ［德］马克斯·韦伯：《经济与社会（上卷）》，林荣远译，商务印书馆1997年版，第241—242页。

② 艾四林、王贵贤、马超：《民主、正义与全球化——哈贝马斯政治哲学研究》，北京大学出版社2010年版，第131页。

③ Jan Kooiman & Svein Jentoft, "Meta-governance: Values, Norms and Principles, and the Making of Hard Choices", *Public Adminstration*, 2009,（8）.

会公共事务的合作治理。这可以不断培育学生的主体性的公共道德品质及治理能力，从而为新时代的公共人培育提供协同共治的制度基础。

（二）学校治理现代化为公共人培育提供观念基础

当前，我们的学校治理现代化的核心就是要不断推进社会主义的民主法治、协商对话和共建共治的学校治理新格局、新机制的建立和完善，从而促进教育公共事务的有效治理。这种学校治理的新格局和新机制，事实上也在潜移默化地传递着公共人的核心价值观念，包括公共人的平等观、正义观、权责观、参与观等，从而为新时代的公共人培育奠定坚实的观念基础。第一，公共人的平等观。学校治理现代化所依托的不是自上而下的垂直型管理模式，而是通过建构民主平等的合作、协商和伙伴关系来展开治理活动，这可以极大地培育人人平等的教育观念、教育氛围，增强教师、学生、家长等多方治理主体的平等意识，加强学生的平等观念的养成。第二，公共人的正义观。在现代治理体系中，正义不仅是一种"分配正义"，同时也是一种"承认正义"，它要求承认人与人之间的差异性，承认不同文化背景、不同族群、不同性别的人等所享有的平等权利。我们的学校治理现代化体系，事实上正是这样一种既注重"分配"又重视"承认"的体系，即承认学校管理者、教师、学生、家长等差异主体可以共享治理权利，并可以在追求公共福祉的过程中实现自身的权益。这有助于建立一种基于正义原则的教育公共秩序，从而向学生持续稳固地传递正义的价值观。这对于学生的公平正义的价值观念的成长具有重要作用。第三，公共人的权责观。我们的学校治理现代化所倡导的是权利与责任相平衡的公共权责观念。在教育公共事务的治理中，学校、教师、学生等多方主体共担治理的责任、共享治理的权益。通过这种权利与责任相平衡的治理体系及治理实践，事实上也可以有效地促进公共人的权责观培育，推动青少年学生更好地捍卫自身的权益，同时履行好自身的责任。第四，公共人的参与观。学校治理现代化强调教育公共事务的共建共治共享，它强调的是培养参与型公共人，并通过积极的公共参与来建构政府负责、社会协同、公众参与的治理新格局。①这种参与治理的新格局，不仅可以避免教育公共治理中的"搭便车"现象，也可以推动学生形成更加积极的公共参与观，逐步从公共疏离走向公共参与，成长为负责任、有担当的公共人。

（三）学校治理现代化为公共人培育提供实践基础

学校治理现代化不仅可以为新时代的公共人培育提供制度基础、观念基础，同时它作为一种实践机制，还可以为新时代的公共人培育提供实践基础。第一，在现代化学校治理体系中，教师和学生不再是（也不可能是）"旁观者""搭便车者"，而是必须参与教育公共事务的、"投身其中"的主体公共人。教师和学生均有义务参与教育政策及规则制度的对话和研讨、教育管理工作的决策和实施、课程教学活动和班级活动的共同治理等，在实践中发挥出治理主体的作用。这种治理实践可以推动治理理念与治理实践的有机融合，避免旁观者的疏离和冷漠，从而在实践中更好地培育公共人的品质及能力。第二，在现代化学校治理体系中，学生的权利意识与责任意识在实践中获得了统一。治理实践本身就是一种公共性的主体实践活动，"治理不是整套的规则，而是一个持续互动的实践过程"②。在教育公共事务的持续互动和治理活动

---

① 马庆钰：《打造共建共治共享的社会治理格局》，《人民日报》2018 年 7 月 24 日。

② 俞可平：《引论：治理和善治》，载俞可平：《治理与善治》，社会科学文献出版社 2000 年版，第 5 页。

中，学生可以更切身地感受和体验自身的权利与责任，在公共治理中不断地去捍卫自身的权益，也更好地履行自身的责任。这对于培养公共人的权利意识和责任理念，培养他们敢于负责、勇于担当的精神具有重要作用。第三，在现代化学校治理体系中，公共品格的培育可以更好地回归于协商交往、合作共治的公共生活实践。现代化的治理体系所倡导的以协商交往和合作共治为核心的公共生活实践，它不但可以推动人们对教育公共事务展开协商、对话、交往以及决策，同时这种公共生活实践也可以不断促进公共人作为交往实践主体的实践意识以及实践能力的成长。总之，通过学校治理现代化的实践机制以及实践活动的开展，学生获得了成长的实践平台及重要机会，养成权利与责任的均衡意识，发展实践参与的能力。这可以为新时代的公共人培育奠定坚实的实践基础。

三、学校治理现代化与公共人培育的落实机制

如前所述，学校治理现代化可以建构一种更具有法治性、公共性与民主性的学校治理体系及公共生活空间，为培养新时代的公共人奠定坚实的基础。我们这里所谈的公共人，主要是指具有新时代所需要的公共理性、公共品德以及公共精神，能够积极参与公共事务治理、担当民族复兴大任的公共人。从当前我们的学校治理现代化的革新进程来看，我们的学校治理体系的改革已经取得了一定的成效，但是还需要进一步改进和完善，从而才能更好地实现新时代的公共人培育的使命。这种改进和完善，笔者认为应当集中在以下几个主要方面。

（一）加强学校治理的民主法治精神，开展公共人的民主法治之育

我们的学校治理现代化建设，在核心导向及实施过程中强调的是

社会主义民主法治的基本精神，主张通过民主的原则和法治的理念来保障学校治理的正当性和有效性。在当前的教育体系当中，虽然社会主义民主法治精神不断深入人心，但是有法不依、执法不严的现象也依然存在，学校教育管理中也仍然存在着一些侵犯学生的合法权益的行为，比如侵犯学生的受教育权、平等权、隐私权等行为。因此，在学校治理现代化推进的过程中，我们仍然应当继续加强学校治理的民主法治建设，以此更好地促进学生的民主法治精神的成长。这就要求：其一，要推进民主参与型的学校治理体系建构，并经由民主参与来促进学生的民主精神的发展。学校及其教育应当以民主的方式来开展教育公共事务的治理，加大对教师、学生乃至于家长的赋权。比如，加强教育管理决策的民主对话、协商讨论，开展班级的民主投票与选举，加强家长和学生的民主监督及申诉机制建设等，使广大的教师、学生和家长有更多的机会参与学校的民主治理，从而在推进教育民主治理的过程中不断地培育学生的民主精神。其二，学校治理现代化要进一步加强学校治理活动的法律规范性，凸显社会主义的法治精神。学校治理要严格遵循《中华人民共和国教育法》《中华人民共和国义务教育法》《中华人民共和国教师法》《未成年人保护法》等法律法规的要求，开展依法治校、依法施教的活动，做到有法必依、执法必严、违法必究。这在提升学校治理的法律规范性的同时，事实上也是向学生传递法治的基本理念及精神，实现法治精神之育。其三，学校治理现代化还需要克服非人格化、技术理性化的科层管理模式的弊病，凸显民主法治社会的关怀精神。科层管理往往倾向于采用非人格化、技术理性化的管理模式来对被管理对象展开管理、控制的活动。这事实上极易造成人与人、管理者与被管理者之间的关怀精神的缺失及道德冷漠的形成。与非人格化、技术理性化的科层管理模式不同，现代化的学校治理体系是一种强调人与人之间的良好的关怀关系的善治，它主张深入培养学生的关怀意识及关怀能力，并进而形成人与人之间的关怀精神。这要求学校要积极鼓励学生参加各种类型的关怀活动，比如，慈善帮扶活动、社会公益活动、班级互助活动、生态保护活动等，让学生深切体验自我对他者、对社会的道德责任。这可以避免学生成长为公共冷漠、道德冷漠的个体人，而是真正成长为"对他者充满同情心、对社会充满责任感的公共人"[①]。通过这种学校治理的转型，可以不断增强学生的关怀精神，使学生成为关心他人、关心社会、关心国家的新时代公共人。

（二）增进学校治理的理性对话及协商共识，开展公共人的公共理性之育

正如我们在前边已经提到的，学校治理的现代化建设需要充分建构政府、学校、教师、学生等多方治理主体之间的民主对话和公共协商的机制，避免单向度的强制、灌输和压迫，从而在学校治理中真正"达成一种平衡和整合"[②]。基于这种理性对话和协商共识的治理机制建构，可以更好地促进新时代的公共人的理性发展，推进公共人的公共理性之育。而这也是实现社会主义的教育现代化治理体系的重要基础。长期以来，我们的教育活动对于培养学生的理性对话、协商交往的能力重视得不够，学校管理工作、课堂教学活动往往会蜕变为教师的"一言堂""专断论"，重大的管理决策、奖励惩罚以及课程教学工作往往缺

---

① 叶飞：《从"个体人"到"公共人"——论道德教育如何培育人的公共品格》，《教育科学》2019 年第 1 期。

② 孔繁斌：《公共性的再生产》，江苏人民出版社 2012 年版，第 33 页。

少教师与学生之间的理性协商，从而导致学校的管理活动及教学活动无法充分激发学生的公共理性精神，从而也就无助于学生的公共品格养成。正因为如此，公共人的公共理性之育，一方面要不断加强学校治理的理性协商性，在增进学校治理的合理性、有效性的同时，提升学生的公共理性辨析、审议、协商及对话的能力，以此促进公共理性精神的培育。这种公共理性的协商对话能力的培养，是为了更好地在多方治理主体之间寻求治理的共识，从而促进学校治理的效果和质量的提升。按照罗尔斯的话来说，这种协商共识是在尊重差异基础上的"重叠共识"①。我们的教育现代化治理体系，事实上也需要在政府、学校、教师、学生和家长等之间建立起理性的对话与协商的机制，从而寻求多方主体之间的"重叠共识"。在具体举措方面，学校治理现代化的建构有必要通过建立和健全"学校治理委员会""教育决策咨询委员会""教师代表会""学生代表会""家校合作委员会"等组织机构或平台，为多方治理主体提供理性协商和对话的机会。这不仅可以推动多方主体积极参与教育公共治理，更为重要的是，它可以推动学生在协商、对话、审议等过程中形成理性辨析、理性对话的能力，促进学生的公共理性能力及精神的成长。另一方面，公共人的公共理性之育，还需要增进学校治理中的公共理性的反思与批判意识，让学生有主体性的反思空间，摈弃"一言堂""专断论"所带来理性反思不足的弊病。因此，我们的学校治理的过程应当逐渐成为一个允许乃至于不断激发学生的反思意识和批判意识的过程，它需要也应当为多元治理主体（尤其是学生）的反思与批判预留出空间，比如，让学生有充分的空间来

①　［美］约翰·罗尔斯：《政治自由主义》，万俊人译，译林出版社2011年版，第152—153页。

反思课程教学的弊端、管理决策的得失、校纪校规的问题等。学校治理应鼓励这种公共的反思与批判的活动，让学生充分运用自己的批判精神来反思公共事务治理中的问题，形成自己独特的思考和见解。这既可以促进教育公共治理的合理性、有效性的提升，同时也可以促进学生的理性思维、批判性思维的发展，最终助力于公共人的公共理性之育。

（三）强化学校治理的核心价值导向，开展公共人的公共价值之育

学校治理现代化所倡导的核心价值，包括了自由平等、公平正义、团结合作等核心价值理念。这些核心价值理念是社会主义核心价值观的重要组成部分，也是新时代的公共人所应当具备的核心价值理念。但是，从当前教育现实的角度观之，我们的教育体系由于长久以来受到过度的考试竞争、升学排名等不良倾向的束缚，在一定程度上忽略了学生的自由平等意识的成长，疏忽了非歧视性公平正义的教育环境的建设，并且由于过度的竞争主义而导致了团队合作精神的缺失。[①] 这事实上都极大地束缚了学生的公共价值观的成长，阻碍了学生的公共品格的发展。为此，在学校治理体系的现代化建设中，我们有必要进一步强化自由平等、公平公正、团结合作等核心价值导向，使学生成长为具有健全的公共道德品质的新时代公共人。这主要包括：一是增进学校治理的自由平等的价值导向，传递自由、平等的社会主义核心价值理念。学校治理的现代化，它所强调的是要把教师、学生、家长等视为自由而平等的主体来对待，尊重多元主体在公共治理中的自由

---

① 叶飞：《竞争性个人主义与"孤独的"公民》，《高等教育研究》2013年第2期。

人格和平等地位。这凸显了人人平等的价值观，促进了人们在治理活动中的自由而平等的价值判断和行为选择。通过这种自由而平等的学校治理过程及活动，可以更好地传递自由而平等的核心价值理念，促进公共人的公共价值之育。二是坚持学校治理的公平正义的价值导向，通过优良治理体系及教育环境传递公平正义的价值理念。这一方面要求学校治理体系要保障教师、学生、家长的治理权利，推进教育资源及教育机会的平等共享；同时，从更深层次的角度而言，学校治理体系还要充分关怀和照顾弱势群体的利益，尤其是对于那些在学业成就、家庭背景、智力能力、身体条件等方面处于弱势地位的学生，要给予特殊的关怀和照顾，从而实现实质性的公平正义。通过公平正义的学校治理体系及教育环境的建构，可以有效地传递公平正义的价值理念，这对于培养学生的公平正义的意识及能力具有重要的意义。三是加强学校治理的团结合作的价值导向，传递公共团结、合作共治的价值理念。学校治理体系可以通过纵向层面的"政 – 校 – 学"以及横向层面的"家 – 校 – 社"的合作共治，推进政府、学校、教师、学生以及家长对教育公共事务的合作共治，这不仅可以提高学校治理的实效性，同时还能有效地传递团结合作的价值理念，形成学生的团结合作的意识及能力。总之，学校治理体系对自由平等、公平正义、团结合作等核心价值理念的传递，可以推动学生更深刻地认知、理解和体验这些核心价值，最终促进学生的公共价值之育。

（四）推进学校治理的实践机制建构，开展公共人的公共行动之育

正如我们所知，学校治理不仅仅是一整套规则或制度，从本质上而言，学校治理是多方主体围绕教育的公共福祉而展开的合作共治的

公共实践行动。① 这种公共实践行动可以推动学生的公共行动意识及实践能力的发展。但是，遗憾的是，当前的教育体系及治理体系在实践机制建设、行动能力培养上仍然存在着问题，教育活动以知性教育、知识传递为主，学校治理的权利也更多地集中在教师的身上，而学生往往缺乏参与治理的权利，因而也就缺乏了参与公共实践行动的机会。这事实上非常不利于学生的公共品格的发展，不利于学生的整全人格的养成。为改变这种状况，学校治理的现代化建设应该进一步建构以学生的公共参与、公共行动为核心的治理实践机制，实现公共行动之育。这种治理实践机制的建构，可以从学校的"内部治理机制"以及学校之外的"外部治理机制"两个方面来展开。一方面，学校应建构内部的治理实践机制，加强内部治理机构的健全和完善。为此，除了充分发挥"教代会""学代会"等传统教育管理机制的作用之外，学校治理中还应进一步探索"学校治理委员会""学生听证会""学生申诉委员会"等新型治理机制及平台的建设，并加强学生的自治性组织（包括学生的公益社团、志愿者组织等）的建设，为教师和学生的治理行动提供良好的平台和途径。这不仅可以形成多元主体的治理合力，促进教育善治的达成，同时还可以促进学生的公共行动能力的全面提升，在治理实践中实现公共品质的培育。另一方面，应进一步建构学校外部的治理实践机制，寻求学校之外的家庭、社会的协同共治。在传统教育管理模式中，学校与家庭、社会之间在无形之中形成了一道"隔离墙"，"墙内人"角色使学生很难深入社会治理的实践行动，同时也就很难在参与社会治理行动的过程中实现公共品格的成长。学校的外

---

① 麻宝斌等：《公共治理理论与实践》，社会科学文献出版社 2013 年版，第 10—11 页。

部治理机制的建构，要求超越学校本身，在学校外部建构起学校、家庭和社区（社会）之间的紧密联系，"搭建起稳固而持久的桥梁"①。比如，通过引入学校、家庭和社区的合作，为学生提供参与社会公共交通、社会法治宣传、社会调查等实践机会。这可以为学生提供多样性、丰富性的治理实践，使学生真正跨越学校与社会之间的"区隔"，广泛参与社会生活空间中的治理行动，进而提升自身的公共行动能力。通过这种内外部相结合的治理实践机制的建构，可以使学校教育及其学校治理机制更好地回归于实践的属性，最终在实践行动中促进新时代公共人的培育。

---

① ［美］沃尔特·C.帕克：《美国小学社会与公民教育》，谢竹艳译，江苏教育出版社 2006 年版，第 79 页。

第五章　德育课程的公共性与公共人的课程支持

　　人的公共品格及公共精神的培育究竟需要一种什么样的德育课程？它应该是一种以静态知识和直接教学为主的学科导向课程，还是一种以动态实践和间接教学为主的、倡导公共性原则的综合实践课程？显然，前者把道德教育及其课程教学视为知识内容的组织体系，强调道德的概念、理论及其知识体系的有效传递，它所支持的是学科导向的德育课程模式；而后者则把道德教育及其课程教学视为一系列展现着人与人之间的公共交往及其公共价值传递的综合实践课程，它强调通过公共性的交往实践及其所蕴含的公共价值观念来实现人的公共品格的培养，来潜移默化完成公共人的培育。

　　从当前的德育课程改革与发展的角度而言，学科导向的德育课程偏重于道德知识、概念以及理论体系的教学，从而对学生整全生活及其所蕴含的情感、态度以及价值观念造成疏离和脱节，从而阻碍学生的道德品格以及公共精神的发展。笔者认为，在新时代的德育课程建设背景下，我们也必须清楚德育课程变革以及人的公共品格的生成和培养，不能仅仅依赖于概念、理论、价值观的知识讲授和传递，更为重要的是要以公共性的交往生活实践为基础，在实践中陶冶和培育学生的公共品格及精神，使学生成为公共性的实践活动中的公共人。因而，我们也需不断加强德育课程的公共性建设，推进一体化与多样性的德育课程发展，通过德育课程的公共性建构以及实践性转向，更好地传递新时代所需要的道德价值观，从而为学生的公共品格及精神的发展搭建更为坚实的实践平台和基础支撑，使学生品格发展获得持久的动力。

第一节　德育课程的公共性建构及其实践性转向

一、学科导向与实践导向：两种不同课程观念

关于课程内涵的理解，近些年来在学界仍存在着不少的争议。从词源学上来分析，课程（curriculum）在西方文化中主要含有"知识的跑道""学习的跑道"之意。[①] 但是，基于"跑道"的定义，西方教育学界又形成了两种对课程内涵的不同理解。一种理解是把课程理解为静态的体系，即课程是由各门学科的知识、概念、观点等所组成的内容体系，它坚持自身的学科逻辑和知识体系的完整性。在这种课程观念下，学科知识的讲授和学习也就成为课程教学的核心组成部分。这种课程观念导致的结果往往是课程教学脱离于学生的整体的生活体验和情感体验，导致知识与生活、知识与情感难以构成直接而有效的交融关系，甚至在很多时候呈现出了疏离和割裂的状况。这种课程观念还易于导致课程教学的静态性和封闭性，在严重的情况下形成课程内容与课程过程、课程目标与课程实施、知识学习与情感、态度、价值

---

① 张华：《课程与教学论》，上海教育出版社 2000 年版，第 66 页。

观等的严重分裂。

当然，另一种理解则是把课程理解为动态的跑道，这条动态的跑道印刻下了教师和学生的生动鲜活的情感、态度以及价值观的深刻体验，从而让课程和学生一起"奔跑"起来。显然，在这样一种"奔跑"的过程当中，课程教学就绝不可能成为静态性、封闭性的知识教学，它就不只是知识、观点、概念体系的讲授和传递，而是拥有了鲜活的生命，是一个动态的、生动的、开放的价值观的陶冶和培育的过程。这种课程观所理解的课程教学，不仅包括了课程教材的知识和文本的教学，而且更为重要的是通过重构学生的生活世界，使课程教学中融入生活世界中的各种人物、事件，并且把学生在生活世界中的各种具象的、直接的情感体验纳入课程教学，成为课程教学的有机组成部分。这种课程观主导下的课程教学，显然是生动的、具体的、鲜活的，它把课程主要理解为一个知识与实践的互动过程，它指向的课程教学是一种动态性、生成性的课程教学，它主张使课程教学与学生生活世界构成紧密的、直接的联系，使课程教学融入生活世界，使生活世界促进课程教学，实现两者之间的共生共融。

事实上，对于课程的两种不同的理解，也已经深刻地影响了当前的德育课程的建设和实施工作。德育课程应该成为德育学科知识的组织体系，还是成为具体的、鲜活的生活体验、情感体验的实践综合体系？对于这个问题的不同理解，也就构成了两种完全不同的德育课程模式：学科导向的德育课程和实践导向的德育课程。学科导向的德育课程模式把德育课程看作是静态的道德知识、概念、理论体系的讲授和学习，虽然这种讲授和学习也有其必要性，它为学生获得重要而必要的道德知识及道德观念提供了一定的基础。但是，不可否认的是，这种课程模式否认了教师和学生在课程活动中的深刻的个人体验和交往生活经验，忽略了学生在这种鲜活的交往生活实践中的道德情感、道德态度和道德价值观的成长。这种课程模式最终只能形成直接、静态的道德知识教学，而忽略了道德人格发展的实践性、间接性、隐蔽性等重要特征。实践导向德育课程模式把德育课程视为一种人与人之间的公共性的交往实践活动。它是实践导向的，它把德育课程视为综合实践的活动综合体，倡导人在课程及其活动中形成深刻的、全面的生活体验、情感体验以及精神体验。这种课程模式认为学科导向的课程观念是不正确的，虽然德育课程离不开道德知识、概念以及理论观念的传递，但是德育课程绝不能以这些知识、概念以及理论观念为主要内容，而应该是以这些知识、概念以及理论观念背后的生活实践以及其中所蕴含的价值元素为主要内容。这种德育课程模式强调了教师与学生、学生与学生在公共活动中的个人体验和生活体验，它注重德育课程的生成性、情感性等重要特征。

正因为如此，我们有必要对这两种不同的德育课程模式展开反思，进一步形成对德育课程的本质属性的深刻理解，从而实现对传统德育课程模式的批判和超越，并建构一种基于公共交往实践的德育课程新理念，从而更好地促进德育课程的公共性的提升，推动德育课程更好地促进学生的公共品格及精神的培育。

二、重申德育课程的公共性：对学科导向德育课程的反思

学科导向德育课程倾向于把课程教学视为静态的知识内容体系的传授和学习，它在很大程度上忽略了教师和学生在课程教学活动中的深刻的生活经验、情感体验和精神体验。这种学科导向的德育课程模

式，在思想渊源上可以追溯到近代著名社会学家斯宾塞的教育理念。斯宾塞在《什么知识最有价值》一文中强调，课程具有严密的学科逻辑性和知识理论性；课程是一个静态的、外在于学习者体验的知识内容系统，而教学就是把这些具有严密的逻辑性、理论性、系统性的知识内容传授给学生。斯宾塞的这个教学理念深刻地影响了整个 20 世纪的课程教学理论，它强化了学科逻辑和知识体系在课程教学中的核心地位，同时极大地弱化了课程教学中的个人体验和生活经验。此后，课程学者如博比特（John Franklin Bobbitt）、泰勒（Ralph Tyler）、塔巴（Hilda Taba）等人也进一步继承并发展了斯宾塞的这一课程理念，继续强调了课程教学的学科逻辑性和理论性，逐渐形成了学科导向的课程理论及模式。在学科导向的课程理念指导下，德育课程也往往倾向于以学科逻辑和知识体系为中心，以传授确定性的德育课程知识和道德理论为首要目标，而忽略了道德品格生成过程的实践性以及体验性等基本特性。在这种情况下，教师成为道德知识及其理论观念体系的传授者，乃至于自觉或者不自觉地成为道德知识的灌输者，而学生则成为道德教育、道德知识体系的被动接受者、被灌输者。这无疑导致了德育课程与学习者的情感体验、生活经验的分裂和隔离，形成一系列的德育弊端：

首先，学科导向的德育课程往往把道德知识看作是确定性的知识，这无疑形成了对道德知识的本质属性的误解。道德知识并不是确定性的、稳固不变的知识系统，而是处于不断变革中的、创造性发展的实践知识系统。伴随着社会的发展和进步，社会的道德价值、人的道德观念也在不断发展和进步。因此，整个社会的道德知识以及个体的道德知识都是在不断发展和变革的结果。但是，在学科导向德育课程模式下，道德知识往往被认为是确定性的知识体系，德育的课程教学所要构建和传递的是一种确定性的学科知识系统。通过这种学科知识系统的传授和学习，人们认为学生就可以被培养成为一名合格的道德人。在这种学科导向德育课程模式下，确定性的道德知识、概念以及理论体系被过度重视，而学生的情感、体验以及生活实践却被忽略了。在学科导向的课程模式下，"一切的课程内容都从学术中引申出来；或者换言之，唯有学术中所包含的知识才是课程的适当内容"①。于是，德育课程教学成为确定性的、静态性的道德知识系统的教学传递，课程教学的实施只是这些学术知识的讲授和学习。这种模式忽略了德育课程的公共性、生活性和实践性的特点，它试图将确定性的、不容置疑的知识体系"灌进"学生的大脑，来推动学生的公共品格及精神的成长。但是，这种德育课程模式事实上只会限制学生的主体性、批判性和创造性等公共品质的发展，阻碍学校道德教育目标的实现。从这个意义上而言，重申德育课程的公共性，也就意味着德育课程以及德育教师不能再固守静态的、封闭的道德知识观以及课程教学观，而是应当持着公共性、实践性的课程观念及教学态度，不断加强德育课程的生成性、开放性和实践性，真正去培育学生在公共生活空间中的健全的道德人格。

其次，学科导向德育课程倾向于把道德教育及课程教学理解为"直接的"知识教育，而忽略了德育课程教学的"间接的""隐蔽性的"特点。直接的道德教学只会把道德教育封闭于狭隘的课堂空间当中，导致道德教育失去了广阔的学校、家庭以及社会的公共生活空间的基础性支撑。当道德教育成为一种直接性的道德知识教学，它就失去了把教学

---

① 钟启泉编著：《现代课程论》，上海教育出版社 1989 年版，第 115 页。

拓展到学校以及社会公共生活当中的可能性，它也就自觉或者不自觉地抛弃了公共生活中的隐性的、间接性的道德价值元素。这种课程模式只会使道德教育日益脱离于学生的生活体验、情感体验，成为封闭的、狭隘的道德知识教育。在封闭的道德知识教学中，学生与学校、社会的公共生活处于分裂的状态之中，课程教学仅仅是知识的灌输和传授，而与具体的、真实的公共生活没有内在的联系。这种课程模式使学生的整全人格处于分裂的状态，它无法为学生创造出一个真实的、开放的、动态的道德教育环境，它脱离于学生的生活世界和心灵世界，无法促进道德知识与公共生活的有效整合。最终，学生被塑造成为分裂的学习者，而不是健全的公共人。

最后，学科导向德育课程秉持技术理性主义的路线，把教师视为课程教学过程的技术控制者，而学生则成为被控制的对象，这在无形中剥夺了学生作为公共人的道德主体性，阻碍了德育效果的提升。技术理性主义使得教师成为教育流水线上的技术工匠，整个课程教学的实施过程往往"把学校看作是加工厂，把学生看作是被加工的物件"[1]。在这种技术理性主义的路线中，教师和学生的主体人格、公共精神被消解了，因为学生在很大程度上只是成为被控制、被约束的客体对象，而没有能够成为课程教学中的道德主体。同时，技术理性主义不仅把课程教学看作一个技术的、操作的过程，同时它也把德育评价看作一个技术控制的过程，教师往往采用量化考核方式对学生的认知、情感、态度、价值观和行为逐一进行评价，通过量化测验来"科学地"确证课程教学的效果，同时也通过量化测验来实现对学生的等级评估。这

---

[1] 金生鈜：《理解与教育》，教育科学出版社 1997 年版，第 146 页。

进一步强化了技术理性的路线，使得德育课程教学愈加成为一种技术控制的过程。通过层层的技术控制和考核评估，教师和学生事实上都没有成为真正意义上的主体人。教师成为技术控制的屈从者，以技术理性主义的方式把道德知识灌输给学生，而学生则成为被控制、被灌输的客体对象，成为道德知识的单向度的接受者。由此可见，学科导向德育课程及其技术理性主义取向，不仅损害了学生的自主性和批判性，同时也将损害教师的自主性和批判性，最终阻碍了德育课程教学的质量和效果的提升。

三、德育课程作为一种面向公共性实践的课程

如前所述，学科导向的德育课程容易导致道德教育沦为直接性的道德知识教学，压制了学生在公共性的交往实践中发展自身的公共品格及精神的机会。显然，德育课程有必要打破这种学科导向的课程模式，实现学生的道德知识世界与道德实践世界的融合。而要想使德育课程教学与道德实践世界真正相融，则必须以公共性的交往实践为基础来重申德育课程教学的公共性特征，回归于德育课程教学的生活性、情感性以及体验性，从而也使道德教育本身回归其实践属性。实践导向的德育课程模式，并不是不要道德知识、概念、理论体系的讲授和学习，而是倡导要将道德知识与道德生活世界进行有机的融合，同时这种融合的方式也要注重不同学段、不同年龄学生的差异性，在系统性的整合和差异性的观照的基础上真正促进学生的健全人格养成。在这种课程理念下，德育课程就不再是一种学科导向的课程，而是成为一种以公共实践为基础的、形成深刻的情感体验与价值观体验的实践课程，它在知识与实践的交融中促进学生的公共品格成长。

作为一种面向公共性实践的德育课程，它强调德育课程的重要目标是增进人的道德主体性，提升人在公共实践中的自主自觉的价值选择意识以及道德行动能力。德育课程及其教学作为一种公共性的实践活动，它的一个重要目标是增进人们的主体精神和主体能力，增进人的自由选择。教学（包括道德知识的教学）的功能和作用，不是把稳固不变的知识传授给学生，而是要通过教学来提高人的创造性思维，增进人的自主自由，这种自主自由体现为人的道德主体精神的提升，体现为人作为主体的自主思考、自主判断和自主创造的能力的发展。因此，对于德育课程及其教学而言，其主要目标不是把固定不变的道德知识教给学生，而是要通过公共交往实践的自主性、发展性和创造性，来激发人的道德主体精神和创造力，让学生在自主自由的、创新创造的公共生活中不断成长为真正意义上的道德主体，同时也称之为公共生活空间中的公共人。这可以为学生的自主的价值选择和知识创造保留充分的空间，它可以避免德育课程成为一种价值强迫和知识灌输的过程，从而最大限度地促进道德主体精神的发展。

作为一种公共性实践的德育课程，它强调建构一种以公共交往生活为导向的课程教学，促进学生的公共理性能力、对话能力、批判能力等的全面发展。在学科导向的德育课程模式中，学生往往是道德知识、公共价值观的被动接受者，处于一种被灌输的状态，他们在很大程度上丧失了自主的理性思考、对话以及批判的能力。在这种状态下，学生既不能就德育课程内容及其价值观体系中的问题展开理性思考和对话，同时也不能对现实生活中的社会议题或者公共问题展开反思和批判，这显然会阻碍学生的道德主体性、批判性和创造性的发展。作为一种公共性实践的德育课程，它强调公共道德知识及其价值观体系的可对话性、可批判性，鼓励学生对社会公共问题展开思考、对话和批判，并促进社会公共问题的改造或完善。另一方面，公共性的德育课程致力于为教师和学生建构一个自主自觉的理性对话和反思批判的公共生活空间，它推动形成教师与学生之间的伙伴关系，促进教师与学生的公共品格及精神的共同发展。基于此，教师与学生在德育课程教学中所形成的是一种自主自觉、民主平等的公共交往关系，他们不再是冲突对立的两极，而是相互促进和相互合作的关系。教师和学生成为课堂生活、班级生活以及学校生活中的合作伙伴，改进和发展平等互动的师生关系。这将促进正义、平等、宽容、尊重等公共价值观念在学校以及社会公共生活中的生成和培育，形成良好的公共精神氛围。这也是培养公共道德品质及精神的重要基础。

　　作为一种公共性实践的德育课程，它还强调建构德育课程与其他学科课程的公共协同关系，从而推动各个学科、各个教师围绕学生的公共品格发展展开协同育人。约翰·杜威曾强调，"道德的目的是各科教学的共同的和首要的目的"①。各个学科的教学工作虽然具有差异性，但是它们之间也有共性，即都是指向于健全人格的培养，都是把培养人的道德品格作为重要目标。在现代教育体系中，随着学科的不断分化以及知识信息的快速累积，学科教学承担着日益繁重的知识传递任务，这导致学科教学往往会忽略道德的目标，甚至走向"去道德化"的误区。但是，这种现象是不合理的，也是不符合教育规律的。我们的教育体系要充分地鼓励德育课程与其他课程的教学工作的协同，推进协同育德。我们这里所指的德育课程与其他学科课程的公共协同关系，一方

---

①　[美]约翰·杜威：《道德教育原理》，王承绪等译，浙江教育出版社2003年版，第183页。

面，需要学校和教师形成各个学科的协同育人理念。正如哲学家康德所言，教育是使人成为人的艺术，人只有通过教育才能成为人。[①] 而真正的教育，是为了培养具有健全人格的人。这就要求各个学科要形成协同育人、协同育德的理念，通过学科之间基于公共性的原则来形成有机协调以及协作的关系，通过各个学科的整体性的教学实践来促进健全人格的培养。另一方面，各个学科的教师也要以公共性原则为基础来组成学校德育共同体。这要求教师要打破传统课程教学观念的束缚，自觉意识到自己是学校德育共同体的重要成员，从而通过各个学科教师之间的协商、对话和合作，加强德育课程教学与各个学科课程教学的有机融合，更好地促进学生的公共品格及精神的发展。

四、德育课程的公共性改造：构筑公共性的课程实践

作为一种公共性实践的德育课程，它致力于避免课程知识、价值体系对学生的强制与灌输，它为教师和学生建构一种以自主自觉、民主平等为基本特征的公共生活空间，保障教师和学生的平等身份，发展学生的自主性、批判性和公共性的公共品格及公共精神。因此，德育的课程教学事实上包含着一个非常重要的教育使命，即为学生的公共品格以及精神观念的发展构筑一个公共性的交往实践空间，以此来更有效地推动学生的品格成长。为此，德育课程需要进行自身的公共性改造，从而使课程教学的过程更好地成为一种公共性的交往实践，在交往实践中促进学生的公共品格成长。

首先，德育课程要构筑师生之间民主平等的交往实践。教师和学

---

① ［德］康德：《论教育学》，赵鹏、何兆武译，上海人民出版社 2005 年版，第 5 页。

生之间的民主平等的交往实践，集中表现为教师和学生在课程教学中的民主协商和理性对话。这种协商和对话，是教师与学生之间在平等身份的基础上展开的，它保障了教师与学生之间的交互主体性。在传统的师生交往关系中，教师与学生往往处于极其不平等的状态。教师在师生关系中处于主体地位，而学生更多的是客体对象。学生无法与教师展开平等的交往对话，学生在课堂教学中无法自主地参与师生交往、生生交往，甚至教师几乎是经常性地掌控着课堂交往，教师可以任意要求学生参与课堂的交往对话，或者禁止学生参与课堂的交往对话。这事实上表明了师生民主平等的交往实践的缺失。显然，构筑师生之间民主平等的交往实践关系，必须要避免这种压制学生的自主交往的课程教学模式，要给予学生发出属于自己声音的机会。因此，德育课程应以促进学生的协商、对话为基本原则，通过协商和对话来激发学生的道德主体性，推动学生以平等的身份参与学校、班级以及课堂生活中的交往对话，自主自由地表达自己的意见，并且追求相互之间的协商共识。如此，才能更好地构筑师生双方民主平等的交往关系，并且通过这种民主平等的交往实践及其体验来促进学生公共品格的发展。

其次，德育课程要构筑公平正义的权力实践，防止学校、教师的公共权力滥用。日本教育学家佐藤学曾言，学校教育的过程事实上渗透着权力关系，它是一种"独特的权力关系"[1]。它的独特性体现在，这种权力是发生于学校、教师以及学生、家长之间的，它是一种体现于教育活动过程中的、以育人为目标的教育权力关系。教育的整个过程

---

[1] ［日］佐藤学：《课程与教师》，钟启泉译，教育科学出版社2003年版，第123页。

事实上都无法避免这种权力关系，因此，教育也就有必要通过构筑公平正义的权力关系，来形成师生之间融洽相处、相互促进的权责观念及公共道德氛围，来促进学生人格的健全发展。为了发展公平正义的教育权力关系，教师必须要避免以"权威者""控制者""灌输者""教育过程中的唯一主体"的身份进入德育课程教学；一旦教师认为"自我"高于"学生"，以自我的权力和利益为中心，形成教师权力的绝对化和支配化，那么师生之间的冲突与对抗将不可避免。① 因此，为了促进教师与学生之间的权力关系的均衡发展，德育的课程教学以及实践活动必须引导师生在教育权力关系中的公平公正的思维导向，必须限制教师权力的过度扩张，通过维护学生的基本权利来监督教师的权力。德育课程要充分尊重学生的权利，以学生权利来制衡教师权力，形成更加公平正义的课程生活空间。通过德育课程教学的价值引导以及实践活动的规范，教师将更充分地尊重学生的意见，允许学生在课堂生活、学校生活中提出不同的观点，学校生活和课堂生活也才能更好地体现出公正、平等、尊重和关怀等公共伦理精神。这对学生公共品格成长才能产生积极、正向的教育影响。

最后，德育课程要构筑团结合作的共同体实践，促进共同体精神的培育。德育课程应该倡导教师和学生、学生和学生之间的团结合作关系，促进共同体生活的发展。教师和学生在公共生活中虽然也会产生各种冲突，但是团结合作关系应该成为主导，并基于团结合作的精神来形成共同体的归属感的深度发展。为了构筑团结合作关系，教师首先要推动学生的合作学习，发展学生的团结意识。教师应鼓励学生

---

① 旷剑敏、袁怀宇：《自我与他者：教师的伦理责任与价值》，《道德与文明》2009 年第 3 期。

以合作的方式而不是孤立的方式来展开学习，引导学生认识到人与人之间虽然有竞争和冲突，但是合作和共赢才是未来生活的主导价值取向。通过合作学习的方式，德育课程可以教会学生与他者展开对话和协作，形成交往和合作的能力，促进自身的品格及能力的完善。另一方面，构筑团结合作关系，还可以通过学生社团活动来引导学生建立共同体组织，以团队的方式展开集体行动。通过这些团体活动，学生可以有效地参与学校生活以及社会生活中的交往实践，开展公共讨论和公共协商的活动，从而形成协作意识和伙伴意识。此外，除了学生与学生之间的合作关系的构筑，德育课程还应当构筑教师与学生之间的合作关系。教师和学生可以就各类公共问题开展对话，学生有权提出自己的意见，而教师也有责任听取学生的建议；教师和学生还可以就学校以及社会的公共活动展开合作，比如志愿者活动、慈善活动、公益活动等，从而促进学生的公共品格及行动能力的全面发展。

第二节　公共性视角下德育课程的一体化建设与多样性发展

德育课程是落实立德树人根本任务的重要载体，它在新时代的课程体系、人才培养体系建设中具有举足轻重的作用。德育课程一体化建设体现了国家意志，凸显了国家事权，它是推进德育体制机制改革、落实国家教育战略的基础性工程。从公共性的视角来看，德育课程一体化建设是国家教育体系现代化建设的重要组成部分，它在加强国家宏观指导的同时，也应当统筹协调多方主体积极参与德育课程的合作共治，从而推动德育课程的一体化建设以及多样性发展，更好地实现德育课程的育人使命，促进人的公共品格及公共精神的完善发展。

一、公共性与德育课程一体化

德育课程建设的公共性主要是指国家、社会、学校以及个人等多方主体基于社会主义民主、平等、公平、正义等基本原则及核心价值导向，来设计和建构多方主体的课程权责边界，并通过主体间合作和协同共治来追求德育课程教学的公共利益，来实现学生品格健全发展的育人使命。当前，我们正在推进的德育课程一体化建设是国家教育治理体系发展的重要方面，它通过充分发挥国家在德育课程建设中的宏观指导作用，统筹协调学校、社会以及公众等多方主体的有序参与和合作共治，通过德育课程的公共性建设及发展来推动各学段、各层级、各类型的德育课程的有机衔接，建构起现代化的德育课程体系。这无疑是当前德育体制机制改革的重要探索，它对于新时代德育事业发展具有非常重要的意义。

德育课程一体化是落实立德树人的重要基础。德育是落实立德树人根本任务的主阵地、主渠道，德育课程一体化建设关系到学校教育落实立德树人根本任务的质量与效果。习近平总书记曾强调，要"坚持立德树人，加强学校思想政治工作，推进教育改革""要把立德树人融入思想道德教育、文化知识教育、社会实践教育各环节"。[①]落实立德树人根本任务，就是要不断地推进人们的思想政治素养、道德素养、文化素养等的全面发展；而要实现人的全面发展，则必须要依赖于全面的、系统的德育课程设计及教学实施。正如哲学家康德所言，人需

---

① 《坚持中国特色社会主义教育发展道路，培养德智体美劳全面发展的社会主义建设者和接班人》，《人民日报》2018 年 9 月 11 日。

要"一种均衡且合目的地发展人之一切禀赋的教育"①。这种教育无疑应当是一种有机衔接、融会贯通的教育,通过这种教育才能培养全面发展的人。德育课程的一体化建设,其核心要义就是要构建纵向衔接、横向贯通的德育课程体系,使整个大中小德育课程能够成为一个有机的整体,促进人的全面发展,落实立德树人根本任务,培育能够担当民族崛起重任的时代新人。

德育课程一体化是彰显国家事权的坚实保障。课程教材建设是国家事权,充分体现着国家的意识形态要求,是"服务国家战略、维护国家安全的重要途径"②。德育课程是三科统编课程之一,更是要体现国家意志,培育国家认同、民族认同和文化认同,"塑造中华民族的'共同感'"③。事实上,任何国家的德育课程体系都体现着意识形态的要求。阿普尔(Michael W. Apple)曾指出,课程是政治的产物,它除了传递专门的知识以及培养专门的能力之外,"还负责传递甚至是塑造国家意识形态"④。对于中国的德育事业发展而言,德育课程一体化建设无疑是体现国家意志、凸显国家事权、落实国家战略的重要途径。国家是德育课程建设的主体,也是德育课程公共治理的宏观管理者和统一指导者。德育课程一体化建设,一方面要落实国家在德育课程建设中的主体责任,贯彻国家的意志和要求,另一方面也要"建立健全国家主导、多方参与的体制机制"⑤,充分发挥地方政府、学校以及公众的公共治理

① [德]康德:《论教育学》,赵鹏、何兆武译,上海人民出版社 2005 年版,第 7 页。
② 余宏亮:《建设教材强国:时代使命、主要标志与基本路径》,《课程·教材·教法》2020年第 3 期。
③ 韩震:《论三科教材"统编":教材是国家事权》,《中华读书报》2019 年 11 月 20 日。
④ [美]M. 阿普尔等编:《教科书政治学》,侯定凯译,华东师范大学出版社 2005 年版,第 320 页。
⑤ 郑富芝:《尺寸教材,悠悠国事——全面落实教材建设国家事权》,《人民教育》2020 年第 3 期。

合力。通过德育课程一体化建设以及课程公共治理的发展，德育课程才能更好地满足学生的需要，学生的国家认同、民族认同和文化认同也才能更加稳固，国家利益也才能得到充分的落实，而国家富强、民族振兴的美好愿景也才能更好地实现。

德育课程一体化是实现德育本质的必然要求。德育工作是一项系统性、专业性的工作，德育的本质属性就是要通过自身的有机衔接和系统建构来促进人的完善发展，使人成为健全的人。在条块分割、学段分立的德育课程体系当中，课程内容及价值元素的分割和断裂不仅会制约德育工作本身的效果和质量，最终也会阻碍人的健全发展。因此，要想实现德育的本质内涵，推动人的完善发展，则必须要建构德育课程的一体化体系，使各个学段、各个层级、各种类型的德育课程能够实现有机整合。通过构筑一体化的德育课程体系，才能培育整全的人。这就要求：其一，从纵向的角度而言，德育课程需要建构起各个学段之间的有机衔接关系，避免学段分割、内容脱节、价值断裂等弊端，实现一体化育人、螺旋式上升的德育效果；其二，从横向的角度而言，德育课程的一体化建设需要建构德育课程与其他学科课程以及学校德育与家庭德育、社会德育等之间的相互配合、横向贯通的关系，从而使德育真正成为系统性、整体性的德育，引导个人品德、家庭美德、社会公德等的全面发展，实现德育自身的本质需要。

二、普遍性与特殊性的共融：德育课程一体化的理念基础

从哲学理念的角度而言，德育课程一体化建设事实上蕴含着普遍性与特殊性的共融的哲学基本理念。德育课程"一体化"即是对于德育课程本质的"普遍性"的追求，同时也是对于德育课程工作的"特

殊性"的关照。"一体化"蕴含着"普遍性"与"特殊性"相统一的哲学规律。事实上，中国哲学一向强调从"形象之内"（特殊性）和"形象之外"（普遍性）两个方面来看待事物。公孙龙子在其著名辩论中提出了"白马非马"的经典命题，该命题指出事物除了具有具体、特殊的"殊相"之外，同时还具有普遍性的"共相"①。与此相近，马克思唯物辩证法也非常重视普遍性与特殊性的辩证关系。马克思主义哲学认为，普遍性寓于特殊性之中，并通过特殊性（事物的特殊形象或属性）来表现自身，同时特殊性也离不开普遍性，因为事物的存在离不开与其他同类事物的共同属性。而在普遍性与特殊性的辩证关系中，又蕴含着共性与个性、一体与多面等具体层面的辩证关系。从德育课程的角度而言，德育课程一体化建设无疑是以普遍性与特殊性的唯物辩证法的哲学理念为基础，它所期望的是实现德育课程的共性与个性、一体与多面的辩证统一，并进而实现国家发展与个体生命发展的和谐共融。

（一）德育课程一体化是共性与个性的辩证统一

德育一体化，归根结底是要在德育的特殊性中去寻求普遍性，抓住德育课程的共同的本质属性，并进而以普遍性来推动特殊性，促进德育课程具体工作的升华和发展。这就意味着，德育课程一体化不仅要透彻地理解和把握德育工作各个阶段的个性，同时要透过各阶段的个性来把握共性，实现共性与个性的辩证统一。这种辩证统一具体体现为：其一，德育课程的共同的本质属性（即"共性"）就是培养全面发展的人，德育课程是使人不断发展、完善的育人活动。它是为了使

---

① 冯友兰:《中国哲学简史》，新世界出版社 2004 年版，第 80 页。

人成为真正的人，是为了"把人类带向其本质规定"①。因此，各个学段的德育课程教学工作虽然有其个别性、特殊性，但是，其本质属性都是为了导人向善，都是为了使人不断走向完善，从而更好地实现人的类本质。这是德育课程一体化始终要坚持和追求的共性，也是德育课程的总的、本质的规定性。其二，德育课程也要注重"个性"，要关注各个学段、各类学校的具体的、特殊的属性及需要，在深刻把握德育课程的共性目标的同时，给予"个性"以空间，激发德育的创新活力和具体针对性，避免以"共性"来压垮"个性"，以"一体化"的目标来压垮"个性化"的需要，从而在培养全面发展的人的基础上，更好地培养有个性、有创造力的人。其三，德育课程一体化要促进"共性"与"个性"的相互转化。"共性"与"个性"并非完全对立的关系，共性可以转化为个性，同时个性也可以转化为共性。在德育课程一体化过程中，发挥不同阶段德育工作的个性，可以更好地服务于一体化的目标，从而实现德育课程的"个性"向"共性"的转化。同时，把德育的共同本质属性落实到各个学段、各类学校的具体德育课程中，也可以促进德育的共同的本质属性的个性化转化，最终实现共性与个性在德育课程中的辩证统一。

（二）德育课程一体化是一体与多面的有机融合

德育课程一体化体现着"一体多面"的辩证哲学。"一体"是事物所具有的普遍属性，"多面"则是事物所具有的特殊的侧面或者属性。马克思主义唯物辩证法从来都不是把"一体"与"多面"割裂开来对待的，而是主张两者之间的相互影响、相辅相成的关系。在德育课程一体化建设中，"一体"与"多面"有机融合集中体现为：其一，德育课程一

---

① ［德］康德：《论教育学》，赵鹏、何兆武译，上海人民出版社 2005 年版，第 7 页。

体化是注重多面性的、有机的一体化。正如自然生态世界中的物种多样性，失去了物种的多样性，作为"一体"的生态系统就失去了存在的基础；而保持了物种的多样性，生态系统才能够获得可持续的发展动力。同样的道理，德育课程一体化也是这种生态、有机的一体化，它不是摈弃、排斥德育工作的多面性的特点，而是在尊重多面性、多阶段性等特点的基础上来追求德育课程的"一体化"的目标，来实现德育的本质以及人的类本质。其二，德育课程一体化是在"多面性"中寻求"一体化"的课程共识。这种共识往往是经由多元主体在协商交往中经过持久的对话和协调而形成的共识。① 从这个意义上而言，德育课程一体化的过程就是不断在特殊性的、多样性的背景下寻求德育课程共识的过程。德育课程一体化要尊重和满足不同学段、不同学校、不同的教师和学生的需要，同时又要在个性化的需要背后去努力寻求"共同的东西"（也即德育课程的共识），并且完成德育课程共识的不断生产，从而使德育课程及教学工作既能够充分凸显特殊的多面性，同时又始终追寻共同的一体性。其三，德育课程一体化强调德育课程中整体性的理念及目标，但是它也支持多元的具体目标分类及实践策略。德育课程的一体化是对德育工作的根本宗旨、理念以及目标的一体化。同时，德育课程一体化也并不排斥各个学段、各类学校的具体分类目标以及德育实践策略的多样性。这是一体与多面的辩证统一哲学的内在含义。

（三）德育课程一体化是国家公共使命与个体生命自觉的和谐共荣

德育是国家的公共事业，德育课程一体化建设是完成国家公共使

---

① ［德］哈贝马斯：《交往行为理论：行为合理性与社会合理化》第一卷，曹卫东译，上海人民出版社 2005 年版，第 244—250 页。

命、实现国家教育战略的基础性工程。同时，德育又是一项促进个体生命自觉的个性化事业，德育工作承载着使人达成生命的自觉、实现个体生命的意义的使命，它是实现人之自我超越的一项独特工作。[①] 这就意味着：一方面，德育课程一体化建设要担当起国家的公共使命，发挥德育对于民族振兴、国家富强的基础性作用，使德育工作成为中华民族不断走向复兴的重要推动力量。德育课程一体化是站在新的历史时期来思考我们的德育工作，并使德育工作能够更好地服务于新时代的国家发展和社会建设的需要，使个体成长为能够践履社会责任和国家责任、担当中华民族伟大复兴重任的时代新人。另一方面，德育课程一体化也并非对于个体生命自觉的摈弃，一体化同样尊重人的道德生命及精神生命发展的个体性、多样性，一体化不是以国家、社会来压倒个人，而是通过国家和社会的公共事业来激发个体的精神生命和道德生命的自觉，来促进个体的道德成长、来成就个体的生命价值。这就有机地形成了个体生命自觉与国家命运的交织融合，两者共生共存、和谐共荣。德育课程一体化事实上承载着促进个体生命自觉、实现国家公共使命的双重任务，这也是新时代德育课程及教学工作的重要特征。

三、公共价值与个体价值的统一：德育课程的核心价值导向

如前所述，德育体现着国家的意志，承载着国家民族的公共使命，因此，德育课程一体化在价值导向层面上需要倡导国家和社会的公共价值，涵养、培育人的公共道德及公共精神，从而使人成为能够担当国家民族使命和社会公共责任的时代新人。同时，德育课程一体化也

---

① 鲁洁：《道德教育的期待：人之自我超越》，《高等教育研究》2008 年第 9 期。

并非以"一体"来压制"个性"，德育课程一体化也同样重视人的个体价值、生命价值，它倡导人的生命自觉与道德自觉，实现人之自我超越。因此，促进公共价值与个体价值的融合统一，是德育课程一体化建设在价值导向层面上的核心理念。

（一）追求公共价值，扩展德育课程的公共性

德育课程一体化致力于使德育成为公共的事业，这就要求不断扩展德育的公共性，使德育能够更好地培育出具有公共德性品质以及公共精神的公共人，而非只关注一己之私利的个体人。这种公共人是我们这个时代所需要的时代新人。西方学者乌尔里希·贝克曾指出，现代社会以及现代教育已经愈来愈陷入了个体化的误区，教育所培养出来的人日益丧失了对国家使命和社会责任的担当意识，而是更愿意退缩到个体化的私人生活空间，成为"为自己而活"的个体人。[①]理查德·桑内特用"公共人的衰落"（the fall of Public man）[②]来描述当代社会生活以及人格特征的变化，他也认为虽然当代人日益生活于公共空间之中，但是人的公共理性精神以及公共德性品质却出现了衰落。

从当前中国教育以及德育领域的现实来看，"为自己而活""为一己之私利而活"的个体人现象也同样存在，并且伴随着个体化、排他性的知性学习和考试竞争的不断加剧，我们的社会及教育体系在现代化进程中面临的个体化风险也越来越大，集中表现为个体日益沉湎于私人利益，而对于国家、社会的公共福祉、公共责任则表现出冷漠的情

---

① ［德］乌尔里希·贝克等：《个体化》，李荣山、范譞、张惠强译，北京大学出版社2011年版，第26—28页。

② ［美］理查德·桑内特：《公共人的衰落》，李继宏译，上海译文出版社2014年版，第4—6页。

绪。这对于传递社会的公共价值，培养担当国家公共使命的年轻一代人是非常不利的。因此，德育课程一体化建设的重要价值导向，就是要把公共价值的教育贯穿于各个学段、各类学校的德育工作当中，把人们（尤其是青少年学生）从个体化生存状态中解放出来，全方位地培育人的公共德性及公共精神，使人成为能够肩负国家和社会的公共使命、担当民族复兴大任的时代新人。因此，德育课程一体化中的"一体"，在价值导向层面上就是要促进公共价值的传递，以此不断扩展德育的公共性，为实现国家公共使命奠定坚实的价值基础。

为此，德育课程的一体化建设需要不断地追寻、传递国家和社会的公共价值，这些公共价值是人们在公共生活的实践和需要的基础上自主选择和发展起来的价值，它是人们在公共生活中"共享的、在理性上共同认可的价值"[1]。当前，我们国家和社会的公共价值就集中体现为社会主义核心价值观，包括了自由、平等、公正、法治，爱国、敬业、诚信、友善等价值观念。从这个意义上而言，德育课程一体化建设的重点，就是要把社会主义核心价值观融入德育工作当中，把培育和弘扬社会主义核心价值观作为主要的任务，分层、有序地贯穿于各级各类德育工作。[2] 因此，德育课程一体化建设要传递自由、平等、公正等公共价值，在各级各类学校中贯穿自由、平等、公平、正义的价值理念，以平等、公正、尊重的方式来对待生活中的他者；要在各个学段及各类学校中推广民主法治的教育，发展社会主义民主精神，倡

---

　　① 金生鈜：《公共价值教育何以必要》，《华中师范大学学报（人文社会科学版）》2010年第4期。

　　② 刘学智、张振：《教育治理视角下教材一体化建设的理论建构》，《教育研究》2018年第6期。

导依法治国的理念，把法治教育贯穿于整个德育课程及教学工作的始终。同时，还要把爱国、敬业、诚信、友善等公共价值也渗透进一体化德育工作，培养青少年学生的国家认同意识及爱国主义精神，发展敬业爱业的职业生活态度，形成诚信友善的人际交往关系，等等。德育课程一体化建设需要以这些公共价值为重要的着眼点，推动人们更加深刻地理解和认同这些公共价值，并努力成为国家公共事业的积极担当者、社会道德责任的积极践履者。

（二）倡导个体价值，促进人的自我实现

德育课程一体化不仅追求公共价值，同时它也致力于通过公共价值来促进个体价值，进而更好地实现个体生命和个体价值的升华。也可以说，德育课程一体化所彰显的是公共价值与个体价值的辩证统一，它不仅培养个体的国家意识和社会责任感，同时也彰显个体的生命自觉和道德自觉，使个体成为一个有修养、有个性、有创造力的道德人。这就意味着德育课程一体化建设也应当不断促进个体的道德修养的提升，使个体把国家、社会的公共使命和道德规范内化进自己的道德意识之中，成为个体道德观念体系的重要组成部分，实现道德规范的自觉理解和内化。[1] 同时，这也意味着德育课程一体化在价值导向上应当兼顾个体价值和个体的自我实现。德育课程一体化并不存在僵化的模板，没有完全刻板的要求，它不是让每个人成为一模一样的人，而是期望每个人都能够更好地履行自身的公共使命，同时也彰显个人的存在价值。德育课程一体化并不摈弃人的主体性的价值选择，否定人的道德个性，而是在传递社会公共价值、提升人的公共道德精神的基础

---

① 叶飞：《学校公共精神教育的公共性困境及其超越》，《中国教育学刊》2019 年第 6 期。

上来更好地实现个体的生命价值，激发个体的自由个性，最终促进个体生命自觉与国家公共使命的统一，使个体既能更好地担当国家和社会的公共使命，同时又能更好地展开个体生命与价值的选择，成为具有主体性与创造性的道德人。

德育课程一体化对于个体价值的倡导，最终是为了推动个体的生命自觉，使个体去追求更加完满的生命意义，促进人的自我实现。自我实现是人的生存本性，引导人之自我实现是德育的根本使命。[①] 美国心理学家马斯洛（Abraham H. Maslow）在《动机与人格》一书中曾把人的自我实现定义为"人性完善的需要"[②]，著名精神分析学家阿德勒（Alfred Adler）也把人的这种自我实现理解为"人在面对自身缺陷时的一种追求卓越和升华"[③]。他们都共同强调了人在现实基础上对自我的精神及道德品格的一种超越性追求。人总是具有超越性追求的人，德育是推动人去寻求人之自我超越、实现自我价值的重要途径。德育课程一体化不仅强调要加强对于公共价值的传递、公共使命的担当，同时，德育课程一体化也是要引导人的自我超越，推动人去寻求生命的意义，在担当国家使命、实现个体发展中成为更加自主、自觉的道德主体，实现人之为人的根本价值。"人之自我超越，归根到底，就是每个人对他自己既有生活意义的超越。自我超越的问题，就其本质而言是一个怎样使自己活得更有价值、更有意义的问题。"[④] 一体化的德育，是培

---

① 鲁洁：《道德教育的期待：人之自我超越》，《高等教育研究》2008 年第 9 期。

② ［美］亚伯拉罕·马斯洛：《动机与人格》，许金声译，中国人民大学出版社 2012 年版，第 178 页。

③ ［奥］阿尔弗雷德·阿德勒：《生命对你意味着什么》，周朗译，国际文化出版公司 2000 年版，第 51 页。

④ 鲁洁：《道德教育的期待：人之自我超越》，《高等教育研究》2008 年第 9 期。

养人、促进人的德育，它从根本上而言必然是为了促进人的自我实现，使人过一种更有价值、更有意义的生活。而这种生活既鼓励个体的自我实现，同时也鼓励个体的公共使命担当，人的自我实现的一个很重要的方面正在于人对于国家和社会的贡献。因此，追求社会的公共价值和个体的自我超越的有机融合，无疑体现了德育课程一体化的辩证逻辑，它是实现德育课程一体化的重要价值基础。

四、一体化与多样性的探寻：德育课程建设的创新性路径

德育课程一体化建设是落实国家教育战略、培养全面发展的人的重要基础。德育课程一体化建设需要在国家宏观指导下统筹协调多方主体（包括学校、家庭、社会等）的合作共建，有效推进中国式现代化背景下德育课程体系的建设与发展，使德育课程能够更好地承担国家和社会的公共使命，促进青少年的道德发展。为此，德育课程一体化建设应以落实立德树人为根本目标，以构建一体化与多元共治的课程制度体系为保障，以促进多方主体的协同育人为主要途径，以推进德育评价改革为重要引领，全面提升德育课程的育人功效。

（一）以立德树人为统领，凝聚德育课程的一体化目标体系

德育作为构建德智体美劳全面培养体系的重要组成部分，要以立德树人为根本导向和灵魂统领。在德育课程的一体化建设中，要紧紧围绕立德树人这一根本目标，以立德为魂、以树人为本，通过立德树人来促进国家发展和社会建设。以立德树人为统领，意味着德育课程要把理想信念教育、社会主义核心价值观教育、道德品格修养教育、国家认同和爱国主义教育等融入一体化德育课程体系中，以实现立德树人的总任务和总目标。在立德树人的统领下，德育课程的一体化建

设要通过理想信念教育，坚定人们对中国特色社会主义事业的理想信念，树立人们为社会主义事业不懈奋斗的决心和意志；通过社会主义核心价值观教育，促进自由、平等、公正、法治、爱国、敬业、诚信、友善等核心价值观的传递，培养学生正确的人生观和价值观；通过道德品格修养教育，培育人们优良的道德品质以及健全的道德人格，为国家建设和社会发展培育合格的建设者和接班人；通过爱国主义教育，形成人们正确的国家观、民族观和文化观，厚植爱国主义情怀，引导人们肩负起国家富强、民族振兴的时代重任。在立德树人根本目标的统领下，德育课程一体化建设才有了灵魂和方向，才能更好地满足国家发展和社会建设的需要。

在推进德育课程一体化建设中，还要注重德育课程的总体目标与分类目标的有机协调，要在立德树人的总目标的指导下探索建构具有学段差异、类型差异等具体层面的分类目标体系，形成总体目标与分类目标的辩证统一。第一，要构建不同学段德育课程的分类目标体系。立德树人是总纲领、总目标，要把总目标具体落实到大中小各个学段的分类目标体系中，充分尊重大中小各阶段的学段特征，尊重不同学段、不同年龄的学生道德发展的特点和需要，实现立德树人总目标在各个学段的层层分化和具体落实。第二，要建设不同类型学校德育课程的分类目标体系。德育课程一体化建设，不仅要对不同类型学校（包括普通学校、职业技术学校、公办学校、民办学校、社区教育学校、特殊教育学校等）进行目标体系的统一指导，也要遵循不同类型学校的德育工作的特殊需要和发展特点，挖掘不同类型学校德育的特色，在遵循总体目标的基础上更好地满足不同学校德育的发展需要。第三，要建设不同形态德育课程的分类目标体系。德育课程一体化建设要注重学校德育、家庭德育、社会德育以及实体德育、虚拟德育等不同形态德育的特殊性和差异性，以立德树人来统领不同形态德育课程目标的建设，根据不同形态德育的特点对目标体系进行具体化、精准化的设定，促进一体化与差异性的课程目标体系的构建。

（二）推进制度创新，构建一体化与多元共治的德育课程制度体系

德育课程一体化建设需要充分发挥中国治理体系的特色和优势，一方面要强化国家在宏观管理和顶层设计上的职能和作用，落实国家的主体责任，另一方面则是要统筹协调和推进多元治理主体的合作共治，广泛激发人们"对社会公共事务的协同管理"[1]，从而形成一体化与多元共治的德育课程制度体系，不断激发课程治理和制度创新的活力。

首先，要健全德育课程的三级管理制度，激发多元主体的课程治理活力。第一，落实国家在德育课程管理和编制中的主体责任。国家是德育课程公共治理的重要主体，在德育课程的宏观指导、顶层设计中发挥着主导作用。通过发挥国家在德育课程中的权威和主导作用，可以充分落实国家事权功能，体现国家意志[2]；同时，也可以更好地协调多方主体的治理力量，推进德育课程的一体化与多样性的建设。第二，要激发地方政府在德育课程建设中的活力。地方政府一方面要贯彻落实国家宏观指导和统筹设计，同时也要结合地方的经济社会发展状况和地方文化特色，积极投入地方德育课程的开发、编制和实施，从而在一定程度上实现对国家德育课程的补充。第三，学校要全面贯彻落实国家德育课程，合理选用地方德育课程，成为国家德育课程、地方

---

① 俞可平：《国家治理的中国特色和普遍趋势》，《公共管理评论》2019 年第 1 期。
② 郝志军：《教材建设作为国家事权的政策意蕴》，《教育研究》2020 年第 3 期。

德育课程的落实主体；同时，学校也应立足学校文化特点和学生个性发展的需要，积极开展校本德育课程的开发、建设工作，发挥学校在德育课程建设中的主体性和创造性，丰富德育课程体系，促进德育工作的创新发展。

其次，要完善德育课程的编审分离制度、督导评估制度、整改淘汰制度等，构建一体性与开放性的课程制度体系。第一，要落实德育课程的编审分离制度，凸显德育课程编制和审查的开放性、透明性原则。这就要严格规范课程编制、课程审查的标准和程序，"明确教材编写和审定主体的权利和权力的边界，保证教材编写和审定独立进行"①。德育课程的编写和审定既要遵循统一规划，又要凸显公共性、开放性的协商对话。通过组建优秀的编写专家队伍、审查专家队伍，同时实行严格的编审分离制度，可以更好地保障德育课程体系的科学性、公开性和透明性，提升德育课程的质量。第二，建立有效的督导评估制度，实现国家、社会以及教师、学生、家长等多元主体的督导评估。国家要建立德育课程的质量监测体系，完善对德育课程的效果和质量的监测；同时，鼓励中间性的社会组织机构参与德育课程的评估，完善德育督导评估的第三方制度；鼓励教师、学生、家长等积极参与德育课程的评价，为德育课程的完善提供有益的建议。第三，建立严格的整改淘汰制度。对于国家德育课程中存在的问题，应进行与时俱进的修改和完善；对于存在严重的科学性、价值性和政治性问题的德育课程，比如地方德育课程、校本德育课程，可以要求限期整改，限期整改不达标则可以加以淘汰。通过这一系列的制度建设和改革创新，可以促进

---

① 刘学智、张振：《教育治理视角下教材一体化建设的理论建构》，《教育研究》2018年第6期。

多元主体发挥公共治理的合力，构建一体性与开放性的课程管理制度体系，全面提高德育课程的质量和效果。

（三）凸显协同育人，构建德育课程实施的多元协同机制

德育课程一体化建设离不开协同合作的德育课程实施机制的建设，它需要推进多元主体在德育课程实施中的协商对话和共同治理，从而实现协同育德的效果。德育课程实施需要凸显协同育人，这种协同包括了学科协同、学段协同以及社会协同。这种协同体现了公共治理、合作共建的理念。通过协同合作可以更有效地促进德育课程的纵向衔接和横向贯通，为德育课程及教学实施的顺利开展奠定更坚实的基础，落实多元主体的协同治理责任。

首先，学科协同。德育工作不仅是德育课程的任务，也是其他学科课程的共同任务。德育工作效果的提升，需要在德育课程上下功夫，也要在其他学科课程上下功夫，推进学科育人。[①] 德育课程的实施，在横向上必须处理好德育课程与其他学科课程的协同合作关系，形成学科与学科之间的有机协调。因此，德育课程实施必须跨越德育学科的狭窄视野，要把其他学科课程也一起纳入德育课程的开发、设计和实施的体系当中，重视其他学科课程（包括语文、历史、地理、科学等课程）的育德作用，不断挖掘各个学科课程的育德元素，构筑起跨学科的协同合作的课程实施体系。同时，激发各个学科教师的德育主体性，避免教师囿于自身的学科边界而忽略德育的责任，从而在学科课程建设和教学实施中更好地落实立德树人根本任务。[②] 通过树立起所有学科教师的协同育德的意识和能力，可以推动德育课程及教学实施的

---

① 成尚荣：《学科育人：教学改革的指南针和准绳》，《课程·教材·教法》2019 年第 10 期。
② 周彬：《论回归立德树人的课堂教学建构》，《中国教育学刊》2020 年第 4 期。

学科协同，实现超越学科边界的德育合作。

其次，学段协同。德育课程实施需要在各个学段之间建立起有机衔接的关系，避免各个学段各自为阵、衔接不畅的弊端。德育课程实施的学段协同，一是要强化国家的统筹规划和统一管理，建立贯穿大中小各学段的国家德育课程标准，对德育课程的开发、设计、编制和实施等形成指导和规范作用，解决大中小德育课程的整体化设计欠缺、学段分化的问题。二是要为大中小各个学段的课程编写者和审查者提供公共协商和沟通合作的平台，使他们在德育课程编审过程中成为公共治理的主体，展开充分的对话研讨和协同合作，从而实现德育课程的合作共治和科学编制，提升德育课程的质量。三是要建立各个学段的课程专家、学科专家、教研人员以及一线优秀教师的公共对话和学术研讨的平台，在协商合作中发挥多元主体的治理合力，寻找德育的共识，促进德育课程的基本思想和核心理念的一体化，形成既遵循一体化设计又体现各个学段的差异性的课程设计思路和具体的实施路径。

最后，社会协同。德育课程的建设和实施离不开多元主体的协同合作、共建共治。德育课程一体化不仅需要学校力量的支持，还需要社会各方力量的支持，包括家庭、社区、企业等广泛的社会力量的支持。因此，为了更好地推进德育课程一体化建设以及实施工作，必须要"形成育德合力，将学校、家庭和社会共同纳入德育体系"①，形成社会各方治理力量共同参与的"社会协同"。因此，德育课程一体化建设以及实施要引入社会多元主体（包括家庭、社区、企业等）的公共参与和共同治理，要充分听取和反映社会的需要，聆听社会的声音。德

---

① 翁铁慧：《大中小学课程德育一体化建设的整体架构与实践路径研究》，《上海师范大学学报（哲学社会科学版）》2018 年第 5 期。

育课程不仅为学校服务，也为社会发展服务、为国家建设服务。基于此，德育课程的一体化建设以及实施工作必须要有协同合作的开放性的理念和意识，一方面要立足学校、教师和学生的需要，另一方面也要走出学校，走向社会，激发社会多方治理主体的活力，把社会的需要和诉求纳入大中小德育课程的目标体系、内容体系、方法体系等的建构当中，鼓励社会多元主体对德育课程及实施工作的积极参与，不断巩固和提升协同育德的效果。

（四）坚持评价引领，创建一体多元的德育评价体系

德育课程一体化建设需要改革德育课程的评价指挥棒，发挥德育评价的导向、激励和矫正的作用。德育评价要坚决破除唯考试、唯分数的终结性评价模式，综合采用诊断性评价、过程性评价、发展性评价等评价方式，建立"以发展为本"的德育评价系统。在以往的德育评价体系中，大中小各学段的德育评价往往都具有比较浓重的终结性评价的色彩，主要以考试的方式来完成德育评价。尤其是到了中学以后，由于中考和高考的需要，初中阶段和高中阶段的德育评价基本上都是依托于考试评价，但是以考试来评价学生的品德发展以及教师的德育效果，既不科学也不合理。因此，德育课程一体化建设，必须要破除终结性的考试评价体系的不良影响，建构起以诊断性评价、形成性评价和发展性评价为核心的综合评价模式。为了实现德育评价模式的这种变革，德育课程一体化建设需要在评价体系上做好两个方面的转变：

一方面，要在国家德育政策的顶层设计和总体规划上明确综合评价模式的主导地位，使各级各类学校在德育评价上深刻认识到"一体"的综合评价导向的重要性。这种导向坚持以发展为本，以学生为本，评

价是为了更全面地了解、诊断和促进学生的发展；要注重学生品德发展的全过程，而不只是最终的结果；要坚持品德发展与品德评价的整体性和全面性，注重知情行等方面的整体评价，避免唯考试、唯分数的量化评价的弊病，从而对各级各类学生的品德发展状况进行更加科学、合理的评价。同时，要建立起综合评价模式的监测、督导、奖惩、限期整改等一体化的制度体系，来推动和督促各级各类学校更好地落实综合评价模式，对于没有按照综合评价模式来实施德育评价的学校或者质量不过关的学校，给予一定的惩罚措施或者限期整改，从而更好地破除唯考试、唯分数的评价模式的弊端，建构以评促教的良性循环，充分发挥德育评价的导向、激励作用。

另一方面，德育课程一体化的综合评价模式的建立，还要注重多样性的德育评价方法的运用。一体化评价不是"一元"评价，一体化评价所倡导的是评价的基本理念、目标和原则的"一体化"，而具体的评价方法则可以是多样、灵活的。因此，在具体的德育评价方法的选择和运用中，各级各类学校和教师可以在不违反国家德育政策的顶层设计和综合评价的核心理念的基础上，采用多样化的评价方法对学生的品德发展状况以及学校德育工作的成效进行科学合理、客观全面的评价，比如在评价主体上，可以采用多元主体评价，包括教师评价、学生评价、家长评价、社区评价等；在评价形式上，可以采用自评、他评和互评等；在评价测量方式上，可以采用道德银行、道德积分卡、品德记录本等。通过一体化的德育评价理念、目标以及多样性的德育评价方法的构建，德育评价将更有利于学生的综合道德素养的发展，并且德育评价也将更好地发挥出诊断、导向和激励的功能，促进德育效果的提升。

第六章　智能时代与公共人的培育

公共人具有显著的时代特征，当大数据、人工智能、虚拟现实、5G 等技术的发展将人类社会带入新的纪元——智能时代，公共人的身上就不可避免地会产生智能时代的新印记。"智能化"是智能时代最显著、核心的特质，其指向的是机器所拥有的一种特殊能力，它"能够读懂环境、读懂人、读懂万物"①。这种独特能力的实质是一种基于算法的超强计算能力。智能机器之所以能够读懂人、读懂万物，那是因为它将人与万物进行了数据化处理，并通过系统指令将原本零碎、孤立、无意义的数据进行加工、整合、分析以及处理，从而建构出一定的意义模型。但是，值得注意的是，机器的智能与人类的智慧有着显著的差异，如果人在使用机器时对两者不加以区分，就容易陷入两种极端的情况：或是盲目地信任乃至于崇拜智能技术，视智能机器为能将人类从各种事务中解脱、实现生命自由的客体；或是对智能技术持以否定或是恐惧的态度，认为智能机器会发展为自主、高能的非生命主体，从而取代人类的地位。可见，人们对智能技术与人类的关系问题依然存在着很多的争议或忧虑。"如何协调好机器智能与人类智慧的关系"，

---

① 王骥：《新未来简史：区块链、人工智能、大数据陷阱与数字化生活》，电子工业出版社2018 年版，第 53 页。

"如何把握技术性与人性之间的平衡","如何保证智能化社会的伦理性"等,已然成为培育智能社会中的公共人所需要应对的新挑战。为了达成这一培育目标,德育需要完成自身的转型,学校和教师要清晰地理解自身在智能时代所肩负的德育使命,完成自身德育角色的重构,以教育的伦理精神引领智能化时代的德育新发展,推进德育与智能技术的深度融合,培育能够全面适应实体空间生活以及智能空间生活的、具有健全道德人格的公共人。

第一节　智能时代与教育之变

一、智能时代的生存之变

"技术是人的存在方式。"① 不同的技术以及由技术所构成的时代规定了人们的不同生存境遇,奠定了人们的不同生活方式的基础。智能时代的到来,也将引发人们的生存之变,人不仅生活于物理性的实体生活空间当中,同时还生活于智能化的虚拟生活空间中,人的主体形态、时空样态、价值观念等都会在智能技术的新"框架"下被重塑。

（一）"人的发明"与生命主体的重塑

人通常被视为一种本能匮乏的未特定化生命,换言之"自然没有对人规定他应做什么或不应做什么"②。当动物能够天然地与环境建构起联系时,人只能通过"创造"的方式,完成自我与世界的双向适应。也正由于人先天的缺陷,人不能像动物那般生存于特定的环境当中,人需要适应环境,但是人也不会为环境所限制。人始终处在不断

---

① 吴国盛:《技术哲学讲演录》,中国人民大学出版社 2009 年版,第 2 页。
② ［德］M. 兰德曼:《哲学人类学》,阎嘉译,贵州人民出版社 2006 年版,第 164 页。

超越自我的过程中，可以成为自己想要成为的样子。[①]在技术哲学看来，"技术"是人的这种超越性力量的重要来源与表现形式，人这一先天脆弱的生命主体不得不依靠技术这种非生命的形式来确定自我的生命形式[②]，并且通过技术来不断地拓展生命的存在空间。尽管技术由人所创造，但是人也被技术所塑造，两者在相互依赖、相互强化中都获得了发展。这也正是斯蒂格勒提出的"人的发明"的意蕴，"人"与"技术"皆可作为"发明"的主语和宾语，人发明技术、技术发明人的双向运动实际上共同构成了同一的现象，即"人—技术"的存在方式在智能时代获得了进一步的确证。

在智能时代，人与技术始终处于一种相互"发明"的过程之中，人作为生命主体的内涵在智能技术的推动下发生了根本的变化。这种变化既有积极的一面，也有消极的一面。从积极的角度而言，先进的智能技术助力了人超越自我、实现人生更多的可能性，可以在一定程度上拓展人的生命的广度；但是，从消极的角度而言，智能技术也可能会削弱人的理性能力、情感能力、自主能力、行动能力等，甚至使人疏离于更具深度的精神世界、意义世界，从而对人以及人生的深度拓展带来消极影响。

在智能时代，人逐渐具有了"重塑和重新设计生命的能力"[③]。美国学者泰格马克（Max Tegmark）曾以技术的视角对人类的生命进化历程进行了三阶段的划分，其中，在生命 1.0 阶段，人类生命体征由基因决

---

① ［德］M. 兰德曼：《哲学人类学》，阎嘉译，贵州人民出版社 2006 年版，第 200 页。

② ［法］贝尔纳·斯蒂格勒：《技术与时间 1：爱比米修斯的过失》，裴程译，译林出版社 2019 年版，第 55 页。

③ ［以色列］尤瓦尔·赫拉利：《未来简史：从智人到智神》，林俊宏译，中信出版社 2018 年版，序言 IX。

定，人类无法改变自然给予的一切，而只能处于一种被动接受的动物性状态；在生命 2.0 阶段，尽管人依旧无法改变自然的基因以及生理结构，却能够通过文化的创造来建构自我的精神属性；到了生命 3.0 阶段，人工智能、生物工程等技术的发展使得人能以最大限度地重新设计自我，这既包括文化的创造，也包括人的生理以及基因上的改变。[①]这意味着，在智能时代，人在很大程度上可以超越自然造物主的安排，在更大的可能性上成为自己的主人。然而，越是强大的技术越是具有未知性、不确定性、不可控性；技术的力量虽然可以给人类的生活带来空前的兴盛，也可能引起人类走向自我毁灭。[②] 如果人漠视最初那个脆弱而克制的自我，以彰显主体性之名用技术对自我进行过度改造，反而会沦为技术的物质载体，丧失人性中最本真的内涵以及精神。

智能技术还重塑了人的主体形态及其价值特征。在以往，"主体"这一概念在表达人的自主性的同时还隐喻着人与世界的一种微妙的自由关系，即"我"是主动地走向世界，参与世界的建构之中，而非世界在用它的规则来将"我"束缚，约束和限制"我"的行动。不论是身心二元论视域下的"思之主体""精神主体"，还是梅洛－庞蒂（Maurice Merleau-Ponty）与之针锋相对所提出的"身体主体"，皆试图为主体的这一自由属性形成辩护。到了智能时代，"世界"不再仅仅指向物质构成的时空或是人主观建构的精神世界，其发展出了数字化、虚拟性等新的特质与维度，于是数字主体、虚拟主体、人机复合性主体等开始

———————

① ［美］迈克斯·泰格马克：《生命 3.0：人工智能时代人类的进化与重生》，汪婕舒译，浙江教育出版社 2018 年版，第 33 页。

② ［美］迈克斯·泰格马克：《生命 3.0：人工智能时代人类的进化与重生》，汪婕舒译，浙江教育出版社 2018 年版，第 44 页。

成为人的新标签，人与世界的自由关系也随之发生变化。从表面上看，人工智能、5G、虚拟现实等技术的发展为人打开了新的生存空间，在沉浸式的虚拟世界中，人可以在伦理的限度之内自由地去想象、创造，充分发挥其主观能动性，实现作为主体的自由。但是，这种自由事实上也是受限的，它需要服从于智能技术的算法规制，换言之，只有经过数据化处理的现实主体才能进入技术所构造的智能化虚拟世界之中，并在算法设置好的程序中追求自我实现。诚然，算法与自然世界的物理规则皆是世界得以存在的重要依据以及人类活动的准则，人的主体性以及自由本身不能是无限的，它必然需要以某种依据或准则为阈限。但是，算法的危险在于，一方面，它并非以一种价值中立的立场来制定智能社会的规则，而是掺杂着设计者以及利益相关者的、带有极强的主观性的意志及判断，这难免会造成对其他个体的主体性及自由的忽略乃至侵犯，使其他个体成为被控制、被歧视乃至被规训的对象。另一方面，算法是建构数据的意义模型[1]，它可能导致人以及人生的数据化、数量化。从算法的角度来看，人的本质在于数据，他不是一个独立的、完整的人，"而是变成了很多数字化的元件或元素，这些元件、元素可以从个体身上被分离，与其他对象结合"[2]。换言之，人之主体性可能被大数据、智能算法拆分为碎片化的数据，每个人的特征不再属己而是成为一种数据化资源。这事实上造成了对人的本质以及人性精神的"肢解"。

---

① 吴静：《算法为王：大数据时代"看不见的手"》，《华中科技大学学报（社会科学版）》2020 年第 2 期。

② 彭兰：《智能时代人的数字化生存——可分离的"虚拟实体"、"数字化元件"与不会消失的"具身性"》，《新闻记者》2019 年第 12 期。

（二）虚拟世界的建构与生存境遇的重启

人的未特定化的生命特征决定了他的非定域性的存在，即"他始终弥散，渗透在这个世界之中。世界的界限和世界的范围实际上是由人与世界的关系来相互规定的"①。而技术正是人与世界得以相互规定的中介力量，它一方面给予了人适应并创造世界的力量，另一方面则作为世界的构成要素而显现。在信息技术出现之前，人的非定域性存在主要体现在三个方面：一是人之物理生存空间的延伸，人可以将周围的自然环境改造为适合人生存的空间，而且这种生存空间在人与自然的相互作用中不断拓展。二是指向个人精神力量的弥散，即现实世界的物理限制虽然并不能全然导致人与空间在场的分离，但是，一个人的思想、精神可以跨越时空影响着另一个人，而书写技术、印刷技术正是实现这一切的中介力量。但值得注意的是，这种精神力量的在场十分有限且具有不确定性，它主要存在于他者主观建构的世界之中，一旦他者将之遗忘，便不复存在。三是神话或文学虚拟世界的构造，人们主要通过神话、寓言、小说等文学作品的创作，来想象另一种生存的可能性，来隐性传递某种知识、信息和价值观念。尽管这种神话或文学虚拟世界的生存仅限于二维空间，但不可否认这是虚拟世界的早期形态。

智能技术的发展再次印证并极大地拓展了人的非定域性特质，它赋予了时空与人的生存关系的全新内涵，并建构了全新的智能化的虚拟世界。首先，人获得了一种非同寻常的存在境遇——"虚拟存在"。智能技术将人从现实世界带入了虚拟世界，在这里，每个人都可以拥

---

① 吴国盛：《技术哲学讲演录》，中国人民大学出版社 2009 年版，第 226 页。

有一个虚拟化身，这是在自然生命、社会生命、精神生命之上创造出的虚拟生命形态。[①] 虚拟世界最大的特点在于自由与创造，换言之，人与虚拟世界是"在之中"的生存关系，人可以通过操纵自己的虚拟化身来不断建构虚拟世界，丰富其内涵，拓展其边界，以此满足自我实现的需求。其次，"在场"与"不在场"的界限在一定程度上被弥合。从空间的角度来看，人与人可以打破地理空间的限制，在人工智能技术所构成的虚拟平台上以直观的形式展开对话、交往。在场一直都是直观对象的最好方式，"我们对于某个对象的最直接的了解，就是通过其在我们面前的在场而进行的，在场是可以感知和把握的，在某种意义上在场也是为了被感知和把握"[②]。在虚拟技术出现以前，在场与不在场是一种鲜明的对立关系，其衡量的主要标准在于身体是否处在某一场域之中，并发挥着感知、交流的作用；而到了虚拟技术时代，身体是否缺席并不影响主体是否在场，即人能够以不在场的方式获得在场的体验。从时间的角度来看，由于可以异时和延后显现，使在场跨越当下性，超越实体性（物理性）在场的时间限制，"现在"不再是唯一的，而是可重复的。[③] 这是因为网络云盘作为人的外置记忆设备能够有效保存大量的数据信息，个体能够通过回放的方式重新清晰地体验当时在场的感觉，或是弥补当时不在场的遗憾。最后，虚拟现实技术让人的感知成为现实，个体能够根据自我的个性化需求获得各种

[①]　邹红军、［美］皮特·麦克莱伦：《数字化时代与教育变革：研究背景、进展与局限》，《天津师范大学学报（基础教育版）》2021 年第 1 期。

[②]　肖峰：《人文语境中的技术——从技术哲学走向当代技术人学》，中国社会科学出版社2011 年版，第 153 页。

[③]　肖峰：《人文语境中的技术——从技术哲学走向当代技术人学》，中国社会科学出版社2011 年版，第 159—160 页。

沉浸式体验，这种由虚拟技术所构成的体验，给人一种逼真的、在场的感受，它使得虚拟世界成为人的真实生活的重要组成部分。人获得了实体生活体验之外的另一种体验，也即一种虚拟空间的全新体验。这种虚拟空间体验使个体的生命获得了新的认知、情感、价值感等的基础和动力，也使个体的生命获得了新的发展契机。可以说，虚拟现实技术让原本存在于文学作品中平面的虚拟世界变得立体化，成为人们可以在其中展开生活、行动以及创造等活动的具有时空延展性的新世界。

2021 年开始盛行的元宇宙便是由人工智能、区块链、虚拟现实等多种智能技术打造而成的升级版虚拟世界，更确切地说，它"可以把网络硬件终端和用户囊括进一个永续的、广覆盖的虚拟现实系统之中。系统中既有现实世界的数字复制物，也有虚拟世界的创造物"①。这意味着，元宇宙并不是一个单纯的在线共享空间或是沉浸式游戏体验场景，它最为突出的意义就在于"虚实融生"，即以现实世界为依据，又独立于现实世界，可被视为一种新型的人类社会生态系统。相比于以往的网络虚拟世界，元宇宙的进步性在于：第一，通过虚拟身份的认证措施以及相关制度的建立确保了虚拟世界的伦理性；第二，贯通虚实，建立起虚拟世界与现实世界的因果联系以实现个体生活的完整体；第三，给予个体前所未有的"实在感"，让个体能够全身心地投入虚拟空间之中，而不受现实世界因素的干扰。尽管在当下，元宇宙的发展还处于初步阶段，但是，在未来它也将有可能成为人类的新的栖居之所，为个体实现生活梦想提供无限的可能性。

---

① 曾海：《元宇宙理念下的沉浸式第三代在线教育模型研究》，《中国教育信息化》2022 年第 1 期。

（三）人技关系的失衡与伦理矛盾的凸显

人是关系性的存在，从伦理的视角来看，人最初在世表现为一种"被抛"的偶然性状态[1]，唯有与他人共在才能获得一种确定性的存在状态，"与他人共在"就意味着与他人建立起一定的伦理关系，而"确定性的存在"则表示自我伦理身份的获得。从技术哲学的视角来看，人与技术的联系确立了他（她）在世界中的位置，换言之，人凭借着技术的使用动态生成了他的生活世界。因此，人与人、人与技术关系的发展、变化背后反映的是伦理和生活世界的变迁。

智能时代的到来改变了人与技术的关系。技术现象学家唐·伊德（Don Irde）将人与技术的关系划分为四类，第一，具身关系，即技术作为人体功能的延伸或补足而存在，但是，其功能的发挥离不开人的身体的主导作用；第二，解释关系，即世界如同一个文本，而技术承担着解释世界文本的作用；第三，背景作用，即技术构成了人的生活的环境，由于未被人使用而处于隐秘的存在状态；第四，他异关系，即技术具有一定的独立性，在某些时候甚至它是人们所要认识、交往的对象。自技术诞生的那一天起，人与技术的这四类关系就并行存在，并且同一技术构造的人工物，它既可以成为人身体的义肢性辅助，又能够作为"他者"而在场。但不论如何，对于人而言，技术作为一种客体，始终难以妨害人的主体性地位，例如，尽管斧头十分锐利，甚至有伤害到人的可能性，但人并不会认为自己会被一把斧头所替代。但是，在人工智能时代，新的可能性出现了。人工智能技术打破了人与技术关系的平衡，使人陷入对人的主体性的反思与迷茫之中。"深蓝"战胜

---

[1]　王秀敏：《个性道德与理性秩序——赫勒道德理论研究》，黑龙江大学出版社 2011 年版，第 26 页。

国际象棋世界冠军卡斯帕罗夫，阿尔法狗击败了围棋世界冠军李世石，机器人小冰发表诗集《阳光失了玻璃窗》，以及谷歌无人驾驶汽车的研发等都在促使人不得不重新思考人与技术之间的关系，以及人的未来走向。在哲学中，"意向性"原本是人所独有的，其指向人"意识或心灵呈现事物的状态或者属性的能力"①。现如今，人工智能的意向性问题受到广泛的关注，尽管在当下，人工智能被普遍认为是一种没有情感、意识的冷冰冰的机器，但也有观点将人工智能视为不同于人的硅基生命存在②，它有其独特的意向性，一种以自身功能为依据的"朝向现实特定层面的定向性"③。从这个意义上来说，人甚至不能用自己的思维方式去衡量人工智能的价值，而是要选择去尊重这种特殊的"生命"，并予其伦理上的保护。在这种观点下，人与人工智能的关系近于一种新型的"他者关系"，尽管人工智能的设计、制造出自于人之手，但当他脱离人的手的那一刻，便有可能成为人的协作伙伴。

　　智能时代也改变了人与人之间的伦理关系。在从前，人的伦理关系主要以血缘、地缘和业缘为依据，这意味着人所生存的伦理空间十分有限，物理距离限制了人与人之间的交往，也将个人的伦理角色与伦理位置固定化了。换言之，个体更容易对切近的伦理空间形成认同，而世界对他来说则是一个遥远而模糊的概念。但是，伴随着智能时代的沉浸式虚拟世界的开启，它打破了地理条件的限制，让不在场的交往方式成为可能，身在世界各地的人可以在虚拟世界相遇，结缘并建

---

① 韩连庆：《技术意向性的含义与功能》，《哲学研究》2012 年第 10 期。
② 蓝江：《从碳基伦理到硅基伦理——人工智能时代的伦理学浅论》，《道德与文明》2020 年第 5 期。
③ 韩连庆：《技术意向性的含义与功能》，《哲学研究》2012 年第 10 期。

立起跨越种族、地域、国籍、信仰的伦理关系。然而，也有学者认为，从表面上看，智能技术将全球的你、我、他相连接，但实际上，人与人之间的距离反而被扩大，每个人孤独地处于一个个隔间之内。[①]这意味着，虚拟交往及其背后建立的人际关系不仅会对传统的伦理关系造成冲击，还容易让个体陷入以自我为中心的伦理交往模式之中，这从智能手机引发的饭桌上的沉默现象之中便可窥知一二。这主要是因为智能技术使人与人形成了一种间接性交往关系，个体将自我隐没于智能设备之中，从而减少了直面他者的机会。

由此可见，在智能时代，人与人之间的伦理关系呈现出了一种矛盾的样态，人与人之间的物理隔阂被打破，时间和空间不再成为人类交往、体验活动的限制，他们能够与远方的他者进行沉浸式的交流，分享彼此的生活，并发展出虚拟世界的友谊。但是，伴随着智能虚拟交往的加深，人在现实生活中反而缺少了交往的动力，人与人之间反而变得疏离了，这最终也可能制造出更多的道德上的个体人，即一种对他人缺乏关怀意识与伦理责任意识的新人格形态。这也是智能时代可能带来的一种新型的伦理道德的困境。

二、智能时代的教育之变

教育是人类最为重要的实践活动之一，教育发展也是社会发展的重要组成部分，它伴随着社会的发展变迁而发展变迁。当智能技术重塑了人之生存境遇、重塑了社会的生存形态及发展形态，作为社会以及社会实践的重要组成部分的教育，也必然发生重塑，从而形成智能

---

① 胡振宇：《人际交往的在场与疏离——基于对"元宇宙"概念的反思》，《中国传媒科技》2022 年第 1 期。

时代的教育之变。具体而言，智能时代的教育之变主要体现在以下五个方面：

（一）从"知性发展"走向"自我实现"：教育的目的之变

"培养人"是教育永恒的目的与价值追求，但是"培养什么样的人"却是时代留给教育的一个重要使命。长期以来，知识和智力的发展成为教育目的的根本立足点，是教育和人发展的重要导向。这样的目的定位显然对现代社会人的知识、智力和能力的提升发挥了重要作用，它在很大程度上顺应了现代社会的发展需要。但是，新的智能时代对人的发展提出了新的要求。知识和智力的发展虽然重要，但并不是智能时代最为突出的需要，因而大量的知识、技术以及思维、智力等方面的活动，智能机器均可以代替人来完成，而且其效果和效率甚至可以达到人类所不能达到的高度，比如海量知识的搜索和记忆能力，对知识和信息的处理和加工能力，在已有知识、信息的基础上展开深度学习并进而展开知识更新的能力等，人类甚至远不如智能机器。但是，人与智能机器的根本不同在于，人有它们所不具备的情感能力、创造能力，并且人有追求超越自我、实现自我价值的能力。这是由人的超越性本质所决定的。因此，也可以说，智能技术的发展将人的意义进行了重新界定，同时也为人的发展提供了更广阔的空间，它指向于全面发展基础上的自我实现。因此，它不再是只关注于人的知识和智力的发展，而是重视人的知识、智力、情感、道德、创造力等的全面发展，并在全面发展的基础上去促进人的自我实现。

这对社会以及教育而言都是一个不小的挑战。如果不能重新定位人，推动人积极地适应、接纳时代的新规则与新要求，那么教育很可能就与智能社会相脱节了，而教育所培养的人也可能成为智能时代的边缘人。正因为如此，教育需要把握智能时代的新特征、新需要，解开新的斯芬克斯之谜，帮助人们更好地成为智能时代所需要的新人。

显然，智能时代也会给人的生存和发展带来新的风险。目前，人类已处于智能时代的开端，其思维方式、生活方式、价值观念等尚未适应于智能技术的范式。换言之，人与智能技术之间形成了一种延异的关系，只有当个体能够熟悉智能技术的基本原理及其操作，并以此与技术建立起内在的、紧密的联系，方能化风险为机遇。当前，人们不得不面对以下的生存风险：首先，人工智能的发展可能导致"无用阶级"的产生。技术的改革创新会对社会的就业机会以及劳动力的配置产生影响，人工智能的出现会淘汰一些职业并新增另一些职业。不同于以往的只能帮助人们提供辅助作用或是减少重复性劳动的技术，人工智能技术不仅能高效地完成简单机械性的工作，还能凭借其优秀的算法能力完成精密、细致而又需要丰富知识的任务，比如驾驶、医疗、下棋等。当人工智能机器能够替代人独自完成这些工作，那么就会使得一部分人成为"无用阶级"，他们既难以展现自身的价值，同时也难以为社会创造价值。其次，人可能处于"无思性"的状态，形成技术依赖性的人格。人们相信智能算法能够客观、理性地进行要素分析，为自己做出最优的选择，从而忽视了人性中非理性因素的价值，以及自己作为主体的尊严。最后，个体处于单子式状态，社会的共同体精神走向失落。人工智能技术成为人与人之间联系的主要方式，这表示每个人所面对的皆是经过数字化处理过的、以虚拟方式在场的"人"，而非活生生的、与自我形成联结关系的交往主体。虽然人与人在虚拟空间中可以进行各种类型的交往，但是人们在伦理空间上却彼此远离，这进一步加剧了智能时代人的个体化、单子化的生存方式。

正因为如此，面对智能时代的新挑战和新风险，教育应当更加关注人的本真价值，并帮助个体找寻自我在智能时代的价值定位，而非单单追求技术予人的赋能。智能时代的教育变革的目的也正在于此，即通过教育变革来培养有能力在智能时代实现自我价值的主体人。首先，让学生"成为自己"是智能时代教育目的的重要内涵之一。"教育的目的在于使人成为他自己，变成他自己"①；在不同时代、背景之下，"成为自己"的意蕴会有所差异。比如，在孟子的语境中，摆脱欲望的裹挟，追求本心之善是成为自己；在海德格尔那里，成为自己意味着从沉沦中醒来去追问存在的意义，实现"向死而生"；在弗洛姆那里，"成为自己"，就是能够肯定自己的生命、幸福、成长、自由等，也能去关心、尊重、爱他人。② 智能时代，能够成为自己的人必然是具有独立自主的人格，能够明晰自我与人工智能等技术之间的关系，在人机协同的行动中能担负起主体的伦理责任，而不是沉溺于智能技术所带来的好处，放弃自我对于生命意义的追求。其次，让学生成为有创造力的人也是智能时代教育目的的重要指向。人与人工智能的重要区别在于创造力。尽管智能机器人能够下棋、作诗，甚至在这些方面比人更胜一筹，但是智能机器人却没有人的创造力，它们只是机械地遵循着算法程序，并不能理解自己行动的意义，也无法体验创造创作的快乐。从另一个角度来看，如果人不想沦为智能时代的无用阶级，就要能智能机器人所不能，即发展自己的创造力，并用创造来实现人生的

---

① 联合国教科文组织国际教育发展委员会：《学会生存：教育世界的今天和明天》，教育科学出版社 1996 年版，第 14 页。

② ［美］弗洛姆：《为自己的人》，孙依依译，生活·读书·新知三联书店 1988 年版，第129 页。

价值。当然，值得注意的是，智能时代的创造力还需要以数据思维和智能技术知识为前提。因此，教育也应与时俱进，用新观念、新模式、新内容来指导学生的创造力发展。此外，尽管人工智能在计算、识别、翻译、记忆等方面可能会超越人类，但教育依旧不能放弃对学生基本技能的培养，因为这些既是人类文明的重要成果，也是创造力发展的基础条件。最后，让学生形成对伦理共同体的认同也是智能时代教育目的的重要要求。子曰"鸟兽不可与同群，吾非斯人之徒而谁与？"（《论语·微子》）对于孔子而言，人的存在必定与他人相关，建立自我与他人之间的社会关系是人的一种基本存在境遇。[①] 从表面上看，在智能时代，似乎个体在机器的赋能之下，可以独立自主的生活。比如，在教育活动中，学生可以在人工智能的帮助下完成个性化自主学习，而无须教师的知识讲授与课业辅导。然而，相比于工具化的利用，情感层面的相依是伦理更为重要的内涵。一旦用技术削弱人与人之间的伦理联系，个体便会向自私、冷漠的方向发展，社会也将可能出现严重的伦理危机。因此，智能时代的教育不仅仅是知识和技术的传递，更是伦理价值观的传递。教育应当关注伦理的意蕴与价值，实现学生的伦理道德精神的成长，帮助学生成为伦理共同体的成员。这是智能时代教育的应有之义。

（二）从"现实场景"到"虚实融生"：教育的空间之变

"空间是一切物质存在和运动所占的地方"[②]，人的生命活动正是发生在一定空间之中，其生命存在的价值也是通过空间显现出来的。正如海德格尔所言"此在本身在本质上就具有空间性，与此相应，空间

---

① 杨国荣：《伦理与存在》，北京大学出版社 2011 年版，第 26 页。
② 段兆磊：《论学校教育空间的重构》，《当代教育科学》2017 年第 8 期。

也参与组建着世界"①。教育空间则是一种由师生的实践活动所构筑的、具有教育价值的生存空间，而学校、家庭、社会等场所皆可被视为特殊形态的教育空间。

传统的教育空间要素主要包括物理设施（如桌椅、讲台、教具、书本等）、教育关系、教育活动等，其中教育活动的实现依赖于师生的共同在场以及物理设施的配合使用，因此，"教室"往往被视为教育空间的实体化形态，课堂教学成为教育的重要手段。换言之，传统教育空间为师生提供的是依于现实场景的教学体验，人与人的联系、知识内容的传授、教学问题的探讨等都必然地发生在由物理规则、教学规律所主导的情境之中，一旦维系现实场景的要素缺失，教学活动便会被迫中止。在智能时代，先进的技术则实现了教育空间的新形态，也即教育获得了向虚拟空间延伸的可能性。虚拟教育空间主要分为两种：在线教育空间与沉浸式虚拟教育空间。前者诞生于信息时代，主要依托于互联网技术，它是作为现实课堂教学的补充而存在，师生不必亲身在场便可展开教学活动。这种教育空间也有其缺陷，比如，由于教师的物理不在场，学生难以全身心地投入到教学活动中，因为，对于学生而言，他同时身处两个独立而又相互干扰的生存空间，一是电子屏幕之内的网络教育空间，二是屏幕之外的物理空间，并且这一空间更为广阔，容易吸引学生的注意力并使其偏离学习活动。后者是智能时代的产物，主要依托于虚拟现实技术，一方面，现实中的教育场景能够经过数字化映射而转移到虚拟空间之内，另一方面，教育主体可以在创造力的驱使下自主建构出所需的虚拟教育空间。

---

① ［德］海德格尔：《存在与时间》，陈嘉映、王庆节译，生活·读书·新知三联书店 2014 年版，第 131 页。

相比于在线教育空间，沉浸式虚拟教育空间的进步性在于：第一，它提供了沉浸式的教学体验，在一定程度上保障了师生的全身心投入状态。在教学期间它是师生唯一的存在空间，而师生所处的现实空间则处于一种暂时隐退的状态，这就避免了因空间的相互干扰而导致学生注意力分散的问题。第二，它保障了师生的无障碍对话。在沉浸式虚拟教育空间中，每个教育主体皆以虚拟化身在场，他们可借由虚拟化身来实现"面对面"、可接触式的对话，这在一定程度上避免了传统在线教育中学生沉默现象的发生。第三，它可以丰富师生的实践体验。这种教育空间可以让现实中因危险性或是物质条件缺失等因素而难以展开的教育活动，可以在虚拟的空间中去实现。并且，这种模拟现实的行动能够有效促进学生对于理论知识的理解与领悟，在一定程度上体现了教育的知行合一的原则。值得注意的是，沉浸式虚拟教育空间并非独立于现实而单独存在，它与现实教育空间共同构成了一个完整的教育系统，皆遵循着以人为本的教育理念，并坚持将人的发展作为教育目的。两者形成了相互映射、相互建构、相互影响的交融共生关系。这种交融共生关系，一方面表现为现实教育的伦理要求、课程标准、教学规律等为师生的虚拟教育空间中的教学实践提供了重要的指导和依据；另一方面，虚拟教育空间中的教学活动能够真切有效地助力学生获得在现实世界的人格发展，甚至还能通过教学模拟、设计等环节给现实中的教育问题提供解决的思路。

随着人工智能、虚拟现实、区块链等技术的日益成熟，虚拟教育空间具有再次升级的可能性，有学者提出了教育元宇宙的构想，将其界定为利用各种新兴信息技术塑造的虚实融生教育环境，是虚拟与现实全面交织、人类与机器全面联结、学校与社会全面互动的智慧教育环境高阶形态。① 可以说，教育元宇宙不仅能打造出体验感更加真实、丰富的虚拟教育空间，还可以让虚拟与现实形成相互建构的关系。但值得注意的是，不论教育空间的形态如何变化，其内含的教育精神是永恒的，即一切为了学生，一切为了学生人格的全面发展。如果违背了教育的这个基本原则和精神，即便再智能的空间也无法给个体的成长以力量。

（三）从"权威取向"到"主体取向"：教育的知识观之变

知识观是"人们对于知识的基本看法、见解与信念，是人们关于知识问题的总体认识和基本观点"②。从历史的角度来看，人的知识观并非处于恒定的状态，而是会随着时代的发展而发展。在古代形而上学的知识观中，知识被视为永恒的真理，它抽象、绝对且具有普遍性，是世界赖以存在的根本依据。比如，在柏拉图看来，真正的知识存在于理念世界，身在现实世界中的人看到的仅是知识的幻影，唯有用理性才能真正"看到"知识。在现代知识观中，知识需要经过严密的逻辑分析与实证检验，数学与逻辑学正是表述知识的最基本的科学语言。③ 这两种知识观皆强调了知识的权威特性，即它是一种需要被认识与掌握的定论，个人不能对其进行随意地更改。不同之处在于，前者认为知识的权威性是由神灵赋予，而后者认为知识的权威性是由科学所赋予。

---

① 刘革平、高楠、胡翰林、秦渝超：《教育元宇宙：特征、机制及应用场景》，《开放教育研究》2022 年第 1 期。

② 潘洪建：《知识观的概念、特征及教育学意义》，《江苏大学学报（高教研究版）》2005 年第 4 期。

③ 王竹立：《新知识观：重塑面向智能时代的教与学》，《华东师范大学学报（教育科学版）》2019 年第 5 期。

随着技术时代的发展，尤其到了人工智能技术时代，人的知识观再次发生了巨大的改变。这主要是因为人工智能技术在三个方面改变了"知识"。首先，从形态上来看，知识发展出了软化的形态。"软知识"是由加拿大学者西蒙斯创造性地提出的概念，他说"在那些变化慢的领域和时代，通常会产生硬知识。这些领域或时代的知识经由专家证实和公众接受的过程后，逐渐趋于稳定并最终变成硬知识。最近几十年，我们更多的知识已经转变成软知识"①。更确切地说："软知识是一种'正在形成'过程中的知识，软知识在不断建构过程中，其中的大部分被淘汰或更新迭代，只有极少一部分会变成硬知识。"②比如，网络上出现的新概念、新名词，皆可视为软知识。软知识的出现表示在智能时代知识生产的主体不再局限于学者、知识分子，普通的民众也可参与到知识生产的过程中。其次，从载体上来看，以书本为代表的物质实体不再成为知识的唯一载体，虚拟空间成为知识的新的栖居之所。知识载体的变化直接影响了人们思考的方式。书本往往是以一种特定的顺序来呈现知识，这要求学习者的思路也需要遵循这样的逻辑与顺序，所以，书本上的知识引发的是人的长线式思考；网络界面呈现的知识则是无序而碎片化的，超链接的跳转、页面的刷新往往会让学习者偏离最初的学习目的，而将目光转向无关的知识上，所以网络上的知识引发的是人的短线式思考。③知识载体的变化也影响着个体学习的态度，在"读书"的时代，学习被认为是一个漫漫求索的过程，需要

---

① ［加］乔治·西蒙斯：《网络时代的知识和学习——走向连通》，詹青龙等译，华东师范大学出版社2009年版，第19页。

② 王竹立：《论智能时代的人—机合作式学习》，《电化教育研究》2012年第9期。

③ ［美］戴维·温伯格：《知识的边界》，胡泳、高美译，山西人民出版社2014年版，第154页。

人细致、严谨、专注以及耐心，但在"网络浏览"的时代，学习的过程则被大大缩短，个体往往在缺乏严密逻辑论证的前提下就接受了某一知识。最后，从生产速度上来看，知识的生产速度处于加速的状态，更确切地说，技术的生产、知识的生产、人的学习之间形成了一个加速循环圈，即技术的发展促进了知识的生产，知识的生产迫使人不断进行新知识的学习，而学习的结果又进一步促进了技术的发展。21世纪以来，"知识爆炸"便成为时代的特征，尽管在当下，智能技术为学习者提供了更加便捷、高效的学习服务，但是这并不意味着所有的学习者能够因此而获得有效学习，他们可能会收获一种知识的错觉，"每个人懂得的都很少，却以为自己懂得很多"①，原因就在于学习者以量的标准来评判自我的学习成果，而不是深究自己是否真的理解、掌握。换言之，他们只是"将他人大脑中的知识当成自己的"②，事实上从未建立起自我与知识之间的深度的、内在的、有效的联系。

知识在形态、载体、生产速度上的变化，也使知识观发生变革，从权威取向逐渐发展为主体取向，即知识不再被视为被确证了的权威定论、有待被掌握的真理或是不以个人意志为转移的理性产品，而是被视为与生命主体发展直接相关的、不断生成的意义系统。具体而言，首先，从知识的本质上看，知识是一种"没有等级和中心的聚合体"③。这意味着它不再被视为一种不可辩驳的真理，其确定性、权威性在一

① ［以色列］尤瓦尔·赫拉利：《未来简史：从智人到智神》，林俊宏译，中信出版社2018年版，第210页。
② ［以色列］尤瓦尔·赫拉利：《未来简史：从智人到智神》，林俊宏译，中信出版社2018年版，第210页。
③ 王竹立：《新知识观：重塑面向智能时代的教与学》，《华东师范大学学报（教育科学版）》2019年第5期。

定程度上被瓦解。正如前文所述，软知识的出现标志着在智能时代每个人都有成为知识生产者的权利与机会，即知识是属于主体的知识，每个人都可以对知识进行解读，而不必依照某一权威标准做出确定性的评判。由于主体之间存在较大的思维差异性，对话、共享成为知识交流、传播的必要方式，对不同观点表示尊重、包容、赞赏成为当代人的基本素养。然而，这种强调平等、自由、开放、多元的知识观带来的一个主要问题在于社会共识的难以达成以及个体价值观的混乱。尽管软知识的出现更加确立了个体在认识论上的主体地位，但这不意味着传统的硬知识就应当被人搁置或忽视。事实上，将一些软知识转化为硬知识十分必要，不仅因为个体的价值观的确立离不开硬知识的导向作用，还因为硬知识是不同群体之间得以相互认同的基础。其次，从知识的价值上看，知识能够帮助个体认识自己，并促进其完整生命的发展。在客观主义的知识观中，知识的价值在于让个体去认识外在于自身的、唯一确定的世界，而个体的发展则是认识世界之后的结果。智能时代的新知识观则更加关注生命本真的意义，知识的价值是让个体在认识自己的基础上去认识世界，并建构起自我与世界的意义联系。最后，从知识获取的方式上看，个体化的自主学习被视为人获取知识的主要方式。网络技术的发展、移动智能设备的普及使得个体能够随时随地获取需要的信息或知识，终身学习成为个体的一种生存方式，这隐喻着人们，个体的发展与知识的产生与消亡、进步与衰落密切相关，如果要保持人生前进的方向，就不得不随时随地进行碎片化的学习，可以说终身学习在一定程度上是与压力相伴的。此外，在新知识观的导向下，学校教育的意义受到质疑，主要体现在教师知识权威的地位进一步被消解；课堂教学不再是个体获取知识的唯一途径；学校实体的现有制度也难与以自由个性的发展为导向的生命发展需求相匹配。

　　总之，智能技术让知识以新的样态呈现，也由此改变了人对知识的看法。从积极的角度来看，新的知识观打破了传统权威对于知识的限定，让每个人能够成为知识的发言人，体现了尊重生命主体的原则；但从消极的角度来看，新的知识观也可能带来有效学习的缺失以及学校教育的风险。对此，教育必须直面智能技术所带来的价值与风险，发展出与新知识观相适应的教学观，以更好地实现智能时代的教育目的。

　　（四）从"人际和谐"到"人机协同"：教育的关系之变

　　在智能时代，人与技术的关系呈现出了新的样态，尤其当人工智能机器以独立的"他者"的身份在场，教育教学的发展必然要走向新的阶段，与之相伴的就包括教育关系的变革。这种教育变革需要人们更加重视人与智能机器之间的人机协同关系，而不只是人与人之间的人际和谐关系。

　　在过去，"人－人"是主要的教育关系，而技术则是人的"身体器官的延伸和替代物，能够高效地辅助人实现既定目标"[1]。可以说，技术与人形成了互构的关系，技术使人的价值得以发挥，而人的精神气度也体现在技术上，如通过教师的板书就能够看出他的思维特征、学识修养等。正是由于技术不能脱离主体的人而单独存在，因此，在教育关系中，技术与教师的关系是辅助性的，而教师与学生的关系才是主要的，从而形成"人－人"的教育关系。教师与学生是一种直接的对话、交往关系。在这种教育关系中，教师作为学生的重要他人而在场，他既是一种知识权威的形象，又是道德的榜样，深深影响着学生的人格

---

[1]　颜士刚：《教育技术哲学》，中国社会科学出版社 2015 年版，第 63 页。

发展，并且师生关系的类型与特征直接影响着教育教学的质量。

　　然而，在智能时代，"人－人"的教育关系被弱化，技术从人之主体的身体辅助技能变为具有相对独立性的他者，即一种非生命的、却能够自主运行、发挥效能的类人主体。随着人工智能教师的出现，"人－机"的新型教育关系被提出，即人工智能也能够承担起教学的工作。从学生的角度来看，人工智能能够有效促进学生对于知识的深度思考，提升学生的综合素养，并凸显其学习主体的地位；从教师的角度来看，人工智能可以帮助教师完成一些繁杂的工作，提升整体教学工作的效率，同时还能促进教师进行自我学习，提升其教育教学能力。[1]与此同时，"人－人"的教育关系也因"人－机"关系的出现而发生了改变。首先，人工智能成为海量信息的存储站以及教育知识的传授者，师生从"教 → 学"关系逐渐发展为"教 ↔ 学"，并建构起了学习共同体。换言之，技术的发展在拓宽学生获取知识的途径与效率的同时，也让教师从知识话语权的掌握者成为与学生一样的知识探寻者。然而，这不意味着教师的角色可以被替代，相比于学生，教师拥有相对稳定的认知经验结构以及对知识、信息进行深度审思的能力，他既能够从海量信息中有效提取出自己所真正需要的信息，还不易为虚假信息所迷惑而陷入信息陷阱之中。虽然教师作为知识权威的角色被弱化，但是他的很多其他角色依旧具有不可替代性。其次，教师与学生之间形成了以智能技术为中介的间接性的交往关系。智能技术作为实现师生对话、交往的条件，既能丰富他们的教学体验，也能提高教学效率。当然，一旦技术失灵，教学活动也可能无法实现。如在线教育中一旦网

---

[1]　孙妍：《从"知识图谱"到"人机协同"——论人工智能对教师的重塑和挑战》，《高教探索》2021年第3期。

络中断，那么师生只能被迫停止教学任务。建设智慧教室、智慧课堂的困难之一也在于此，当师生以智能技术为"座架"开展教育教学活动，就必然地要遵循技术的逻辑与方式，一旦智能设备出现问题，教学活动便易陷入混乱之中。最后，智能技术在一定程度上削弱了师生之间的联系。因为智能技术对学生"学"的赋能远远大于对教师的"教"，这使得教与学之间的关系出现失衡，即学生能够通过"人－机"之间的协作完成一些教学任务。另外，当学生在遇到学习上的问题时，他也会倾向于利用智能设备来解决问题，而不一定向教师请教。

（五）从"技术附魅"到"技术赋能"：教育的方式之变

智能技术重塑了教育的生态，其中表现最为显著的就是教育方式的变化。在传统的教育教学中，技术的影响主要通过"附魅"的方式得以显现，即技术有具身性的特征，它往往蕴含着人的个性与力量。比如，在讲授式的课堂中，教师的精神气度、文化修养等皆可通过板书技术得以体现，这样的技术不具备独立性，其教育功能的发挥离不开人的作用，同时人也需要技术来辅助教学活动的展开，两者表现出相互成就的关系。但智能技术则不同，它属于"体外技术"的范畴，具有较强的独立性，其效能的发挥并不能直接体现出使用者的个性化特征，因此，它对教育的影响主要通过"赋能"的方式，即利用计算程序，无差别地协同教师或学生完成相应的教学任务。不论对象为何人，只要进行固定程序的操作，智能技术都会给予其平等的帮助。具体来看，技术赋能所导致的教育方式之变主要表现在以下几个方面。

在教学方式上，出现了线上线下一体化的发展趋势。在线教育系统的建立使得课堂物理环境不再成为教学的限制条件，师生的在场与教学物理空间也不必具有统一性。尤其虚拟现实技术在教育上的应用使得师生能够获得与线下教育相同的体验。尽管信息技术时代，在线教育就已然出现，但那是作为教育的一种补充方式而存在，同时它与现实教育的联系较为微弱，未能形成体系上的互构关系。但是，智能时代的线上线下一体化教学方式则不同，它意味着教育教学是在虚实融生的环境下开展的，师生可以广泛利用线上或线下教学资源，并在现实和虚拟空间之间来回切换。例如，在课堂教学中，师生可以将讲授的环节放在线下进行，而角色扮演、游戏、模拟实验等环节放在线上进行，从而使教学体验更加丰富。另一方面，人类教师和智能教师的"双师制"的出现也促成了新的教学方式的形成。人工智能教师与人类教师共同承担教育教学的工作，学界对此主要有两种观点：一是认为让人工智能教师发挥算法的优势，主要承担知识的传授者角色，而人类教师则主要承担育人的工作，利用充足的时间与学生进行情感交互，促进其情感、价值观以及创造力、想象力等非认知因素的发展。[①] 二是认为教育教学仍是教师的职责，人工智能只是充当助手的角色，做一些对学生考勤、课堂表现、专注度以及教师的教育教学质量进行量化评估的工作，以供教师下一阶段教学的参考。[②] 值得注意的是，教书和育人两者不可被拆分，脱离知识传授的育人如同无源之水，难以发挥应然的效果。因此，教师事实上应同时肩负起教书育人的职责，而不可将之让渡于人工智能。同时，教师也不能单纯地将人工智能进行工具化处理，而是要同时促进技术的教育化以及教育的技术化，让教育

---

① 李泽林、伊娟：《人工智能时代的学校教学生态重构》，《课程·教材·教法》2019 年第8 期。

② 刘进等：《人工智能对于教师职业的替代：原理与趋势分析》，《教师教育研究》2021 年第 3 期。

与智能技术真正深度融合，从而促进彼此的共同发展。

在学习方式上同样也发生了巨大的转变。第一，泛在学习方式开始出现，即学习者利用移动智能设备就可以随时随地进行学习，不必拘泥于特定的时空。但是，泛在学习也会导致学生学习的碎片化，学生大多收获的是零碎的知识，其完整的思考过程可能被割裂。第二，个性化学习的实现。人工智能的学习分析技术能够通过采集学生的各类数据而分析其个性特征，包括认知风格、学习兴趣、能力水平、认知阶段等个性特征，最终形成学生虚拟画像，并在这一基础上为其量身打造个性化的学习方案。然而，这种个性化学习的弊端也十分明显，主要是由于人工智能算法的局限性，即并非人的所有特质都能够以数据的方式来表达，人工智能为学生提供的个性化学习服务可能并不适合其真实需要。第三，自主性的学习被关注。智能技术让教育从以教为中心逐渐转向以学为中心，学生更重要的身份是"学习的主体"，这意味着，自主、自律是智能时代最重要的学习品质之一，也是维持教学活动的重要条件。尽管智能监测系统会对学生的学习行为进行评判，驱使着学生将注意力转向学习活动本身，但这种监测也容易异化为对学生的规训。因此，培养学生的学习自主性以及自主学习能力是智能时代对教育提出的要求，同时我们也需要防备智能技术对人的主体性的规训风险。

第二节　智能时代与公共人的时代要求

一、智能时代对公共人的呼唤

人的社会性生存本质，决定了人必须过一种公共生活，成为公共生活中的公共人。① 在不同的技术时代，社会对于公共人的要求有所不同，到了智能时代，由于人类生存境遇的巨大变化，传统意义上的公共人显然无法全面满足智能时代的新要求，智能时代需要教育来培育新型的公共人——一种既保持着传统公共精神与公共品质，同时又具有智能时代所需要的公共素养的人。

（一）智能时代的公共人之变

虽然公共人概念的提出时间较短，但在技术加速发展所带来的社会转型背景之下，其内涵也已发生了数次转变。这种变化，体现为公共人在工业时代、信息网络时代以及人工智能时代的不同的内涵及特征。

在工业时代，出于对个体人的反思，公共人的概念首次被提了出来。人类的工业文明最早可以追溯至18世纪英国的第一次工业革命，发达工业时代则是出现在20世纪，此时机器技术趋于合理性、完善化，并成为社会制度的第二本性。② 工业机器在解放了社会生产力的同时，也进一步地解放了作为个体的人。但是，在自由主义理念的驱动下，在晚期现代性社会当中，个体人日益走向了膨胀，而人的公共精神则有走向衰弱之势。在这个时代背景下，倡导公共人的重要意义在于引导个体人重新关注公共领域，将自我视为公共生活中的人，培育人的公共品格及公共精神。

到了信息网络时代，公共人的内涵开始发生了重要的变化。信息时代网络交往的开放性、即时性的特点以及计算机技术在生产生活中的广泛应用，使得人们的生存空间得到进一步的拓展，公共人的概念

---

① 冯建军：《公共人及其培育：公共领域的视角》，《教育研究》2020年第6期。

② ［美］赫伯特·马尔库塞：《单向度的人：发达工业社会意识形态研究》，刘继译，上海译文出版社2008年版，第15页。

也获得了新的发展。一方面，互联网的普及使得网络空间日益成为人们了解国内外新闻、发表公共意见、形成公共舆论、参与公共生活的重要的公共领域。这表明公共人的活动范围已不再局限于现实的公共领域，而是开始与互联网紧密结合在一起。网络空间也成为人们参与公共生活的重要空间，网络公共领域也开始逐渐形成，而网络公民也开始成为公共人的一种新的身份认同。另一方面，在全球化影响之下，互联网也成为全球社会的重要组成部分，互联网技术把全球各个国家、民族更紧密地联系在了一起，甚至使全球成为一个基于互联网所构筑起来的"地球村"。因而，全球社会几乎成为一个大型的公共领域，全人类构成了一个大型的共同体，公共人由此也逐步从国家走向了全球，成为全球社会的重要组成部分。

到了人工智能时代，伴随着大数据、人工智能、区块链、虚拟现实等技术日趋成熟，公共人的内涵再次发生了很大的转变，从某种意义上来说，智能时代呼唤新型的公共人，这种公共人既具有以往时代的公共人所具备的一些特征，同时它还具有智能时代背景下公共人的新特征，体现了智能时代的新要求。在智能时代，个性化学习和精准化学习成为教育发展的新方向，在智能技术的赋能之下，学生能够按照自我的需求与意愿选择学习内容、进行问题研究，因此自主性、个性成为公共人的新特征。同时，伴随着智能时代的知识信息、技术革新等的加速状态，社会发展呈现出了瞬息万变的特征，这也就推动个体必须不断地学习和发展，以保持与智能时代的同步节奏，这也就使得公共人的终身学习的素养和能力显得尤为重要。

（二）智能时代的来临与新公共人的诞生

人工智能等技术的发明使人类迈入了智能时代，在智能时代，机器的智能与人类自身智慧的结合使人成为新的主体，一方面，作为个体性存在的人，他具有了最大限度设计自我生命的能力，可以突破自然条件的限制寻求新的发展机遇；另一方面，作为公共性存在的人，他处于更广阔的公共生活空间，也与更多的人共同存在。这意味着，工业时代和信息时代的公共人已经难以全面满足智能时代的需要，智能时代也呼吁着新的公共人的诞生。当然，这种新的公共人也继承了以前时代的一些基本特质，同时体现了智能时代的新需要。

智能时代要求公共人能延续工业时代、信息时代的公共精神。因为，不论时代如何变迁，基本的公共精神始终是人之为公共人的重要基础。正是在公共精神的引导之下，个体才会将生活的范围从私人领域扩展至公共领域，将利益的关注从自我转向他人和社会，将对道德伦理的认同从家族共同体延伸至国家乃至世界共同体。当然，公共人也应是智能时代的公共伦理和公共精神的创造者、开拓者。新公共人不仅需要面对"人－人"关系，同时还需要主动地去面对"人－机"关系。因此，新公共人的公共意识及精神，就不仅是为了处理人与人在公共生活中的人际关系，同时也是为了更好地处理人与智能机器之间的人机交互关系。因此，新公共人所应当具备的公共理性、公共德性以及公共参与的精神，就不仅是针对人的，而且也应该是针对人工智能技术及其所构建的智能公共领域的，在面对人工智能技术以及智能机器人，人也需要保持理性的意识、道德的观念以及负责任的态度，从而为构筑智能公共领域奠定良好的基础。

智能时代也要求公共人能够具有顺应智能社会发展需要的数智化素养。每一个时代，都有对人的素养和能力的基本要求。在智能时代，对数智化的资源、技术等的有效运用，需要公共人具备良好的数智化素养，包括数智化的权利意识、数智化的责任观念、数智化的道德素养、数智化的参与能力等。如果个体对智能技术缺乏认知能力、应用能力以及相应的道德理性思考及选择能力，那么个体就难以在数智化的公共空间之中分析、获取、处理、加工和评价所需的数据，也无法和他人进行有效的、符合伦理道德要求的沟通，难以形成公共性的交往和合作的关系。这也就意味着，缺乏数智化素养的个体将成为智能时代的边缘人，与他人之间的数字鸿沟不断扩大，甚至成为"数字穷人"。这将导致数字社会遭受基本的挑战。也正因为如此，智能时代的教育需要顺应人工智能技术的发展需要，全面培养公共人的数智技能以及各方面的数智素养，使其能够成为智能公共领域中的优良的公共人，推动智能社会的公共福祉的提升。

总之，公共人是伴随着时代变迁、社会发展而不断发展变化的人，智能时代呼唤新型公共人的诞生。这种新型公共人一方面表明人工社会的到来以及人工智能技术的普遍应用，对公共人的基本品质提出了新的要求，另一方面它也表明智能时代新型公共领域的建构也需要公共人的新品质、新素养的发展。唯有如此，智能时代与新公共人之间才能形成更加紧密的关系，实现共同发展。

二、智能时代公共人的新内涵

公共人不仅是个体人进入公共领域之后所获取的一种身份，它更是个体在公共领域中行为与生活方式的重要表征。公共人是公共生活的建构者、公共精神的承载者以及公共行动的参与者。到了智能时代，由于人们的时空样态、生活方式等已发生了新的变化，这也带来了公共人内涵的新变化。

（一）泛在化公共生活的建构者

公共生活是人所建构的，人在踏入公共生活空间的时候，也就逐渐成为公共人。在公共生活中，人们"按照公共伦理规则，通过理性的言说、对话、协商等交往实践，进而形成公共利益和社会共识"①。在智能时代，公共生活的样态发生了根本的变化，即私人生活与公共生活之间的互通互连性日益增强，与此同时，公共生活朝着泛在化的趋势发展。因为智能技术的发展使得有虚拟技术的地方就有虚拟公共生活，尤其虚拟现实技术为人们打造了一个平行于现实世界又与其相互联系的虚拟世界，使得人们能够以不在场的方式参与一些公共事务或活动。这种不在场的方式实际上隐喻着私人生活与公共生活的重叠，即个人即使身处私密的个人空间，也能正常地与他人展开公共交往活动。可以说，个体可以利用人工智能技术在私人生活空间中创造出一个泛在化的虚拟公共空间，并在其中过着泛在化的虚拟公共生活。

当然，我们也必须注意到，以人工智能技术为支撑而建构起来的泛在化公共生活，它也存在着一定的伦理道德隐患，这种隐患往往是由私人生活与公共生活的边界模糊而引起的。一方面，在智能时代，随着大数据、人工智能技术的广泛应用，个人的隐私容易被泄露，使其在私人生活中失去了安全感与归属感；另一方面，共同体以及公共性的意义被削弱，个体容易沉迷于虚拟的智能空间当中，呈现出虚拟化单子式个体的发展倾向。因此，作为智能时代公共生活的建构者，公共人首先应当明确区分虚拟空间中的公共生活与私人生活，在进行公

---

① 冯建军：《公民品格与公共生活》，《道德与文明》2020 年第 4 期。

共交往时能够以公共规则为导向，理性地与他人展开交往活动（不论是实体交往，还是虚拟交往），尊重他人的生活选择及价值选择，形成一种良好的公共交往的关系。其次，公共人需要树立起"在一起"的公共伦理意识。正如阿伦特所言："'公共'一词表示世界本身，……一起生活于世，根本上意味着世界存在于共同拥有它的人们中间，仿佛一张桌子置于围桌而坐的人们中间。世界，就像每一个'介于中间'的东西一样，让人们既相互联系又彼此分开。"[①]"在一起"必然地要求个体在公共生活（包括虚拟的公共生活）中观照共同利益与价值追求，并对共同体形成一定的情感认同。这对于智能虚拟公共空间而言，也同样如此。最后，公共人需要明确自我的身份，避免陷入多重角色的混乱之中。这是因为在智能时代的公共生活中，"人们的自我角色不再是单一的，而是伴随着线上线下、虚拟现实的转换形成了多元的身份认同"[②]。在技术棱镜的反射之下，公共人能够以不同的角色出现在虚拟的公共空间之内，但是不论形象与角色如何变换，他都需要坚守自身的公共身份认同，坚持捍卫人的权利以及履行相应的义务。

（二）公共行动的协同参与者

在智能时代，个体参与公共行动的方式发生了一些改变，即公共行动不仅由人与人之间的合作来完成，而且由人机协同完成，这是一种将人的智慧与人工智能的力量相结合的行动方式，能够同时发挥出人、人工智能的独特优势，以保障公共行动的效率。在行动的过程中，人依旧保持着行动主体的地位，讨论、协商、决策等环节都必然要依

---

① ［美］阿伦特：《人的境况》，王寅丽译，上海人民出版社 2019 年版，第 34 页。
② ［美］雪莉·特克尔：《群体性孤独：为什么我们对科技期待更多，对彼此却不能更亲密？》，周逵、刘菁荆译，浙江人民出版社 2014 年版，序 XII。

赖于人的理性思考与判断。人工智能则是作为行动的辅助者角色而在场，它既可以发挥算法优势，提供各种模态的数据分析，让人在决策时有相应的参考依据，又能代替人去完成一些危险系数较高的任务，以保障人的生命安全。

当然，人机协同的模式也引发了人们关于人的主体性的一些忧思，即人工智能是否会僭越人的主体性或是导致人的主体性的异化风险。因为，当人完全相信人工智能的算法分析能够准确地为公共行动提出最优路径时，那么做出公共决策的主体将不再是人，甚至人会成为人工智能的代言人。尽管，人工智能的程序为人所设计，它在本质上是人脑的对象化，是人将自身力量外在化的产物。然而，在人工智能逐渐脱离人的手，以独立的姿态出现时，也可能导致人与自身力量的分离。比如，当人将开车的技能复刻到人工智能身上，其自身的这种技能反而会因为不再使用而逐渐衰弱，这也是人的主体性失落的重要原因。

为此，作为智能时代公共行动的参与者，公共人应当明确公共行动中人与人工智能的职责分工，不将自我的责任完全让渡给人工智能，坚持以合乎人性的标准去分析并解决公共问题。实际上，人工智能算法分析的实质是将万物进行数字化之后寻求联系的结果，其在重视"量"的同时忽视了更多"质"的因素。在决策、行动上，它能够为人提供的参考价值十分有限，更重要的是需要人来统摄全局，进行一个综合性的判断、评估。可以说，人工智能技术具有两面性，它既能提高人参与公共行动的积极性与效率，也可能导致公共行动往机械化的方向发展，其中的关键就在于人是否能够与人工智能保持相对的独立性，能否以协作而非依赖的方式展开公共行动。

（三）公共精神的追求者

公共精神是包括公共意识、公共理性以及公共责任感等在内的一种核心品质，它形成于人们的公共生活实践之中，也对人在公共领域之中的具体行动起着导向的作用。[①] 作为公共性存在的主体，公共人是公共精神的追求者与承载者。公共精神具有时代性的特征，"随着时代的变迁和人类生活方式的演变，公共精神呈现出鲜明的时代特点"[②]。对公共人的内在品质要求也会随着时代的变化而变化。智能时代的到来也改变了公共精神的面貌以及公共人的品质。首先，公共空间的扩展改变了个体对于公共利益的看法以及对共同体的认同意识。人工智能技术在突破现实世界的地理限制的同时也将人类的命运相连，形成了基于全球共同利益的人类共同体。这意味着，在一些公共问题上，没有一个国家或个人能够独善其身，只有立于世界的角度，观照到整个人类命运共同体，才能真正有效地解决全球问题。因此，树立起全球意识，形成世界格局，建立对人类共同体成员的身份认同，是形成公共人的全球公共精神的重要基础。其次，虚拟公共平台的出现对人的公共理性也提出了新的要求。公共理性是一种超越私人立场，以公共善为目的，以公共价值为导向的理性思维能力与道德能力。虚拟公共平台为个体提供了发声的机会，同时也可能造成不当或是不实言论的迅速传播。这也意味着，智能时代更加需要公共理性，如果个体在参与虚拟公共平台的讨论中不能基于公共利益、公共价值进行公共理性思考，就容易被基于私人利益且没有经过合理论证的观点所干扰，从

[①]　杨淑萍：《公共精神的生发逻辑及青少年公共精神的培育路径》，《教育研究》2018 年第 3 期。

[②]　王雅丽：《公共精神基本特征解析》，《河北大学学报（哲学社会科学版）》2015 年第 6 期。

而陷入他人所营造的公共陷阱之中。此外，智能时代的公共理性对个体提出了新的要求，即数据思维能力，这是一种能够从数据中发现问题、找寻事物之间的内在联系的理性素养。数字化是智能时代的一大特征，事物的表征、信息的传递皆可以数字化的方式进行，若缺少数据思维能力，个体就难以通过对话、交往与协商的方式在公共事务上与他人形成共识，来解决和处理公共事务。最后，智能时代要求个体具有面向实体公共生活以及虚拟公共生活的公共责任感。公共责任感是个人积极维护公共秩序，主动追求公共善、提升公共福祉的一种责任意识及道德意识。人工智能技术在不断扩大公共生活空间的同时，也重塑了公共生活中公共规则与公共伦理。对他者负责、对共同体负责，意味着个体要站在公共伦理的高度，尽可能以包容的心态为他者考虑、来担负社会责任，从而为人与他者、人与社会的共生谋求更好的发展空间。

三、公共人的时代素养要求

在智能时代，数智素养、全球胜任力与终身学习能力是公共人所需要具备的基本素养，一旦缺失这些素养，个体不仅难以真正进入公共领域，成为合乎时代要求的公共人，甚至还可能会沦为智能社会的边缘人，无法在智能社会中发挥出作为公共人的作用。

（一）数智素养：面向数智化生存的新素养

在当下，技术不再只和工具相关，它也决定了人们的生存。[1]可以说，人工智能技术已为人们构筑了一种数智化的生存境遇，包括交往、生产、学习、工作等各种实践活动都被深深地打下了数智化的烙印。

---

[1]　［美］尼葛洛庞蒂：《数字化生存》，胡泳、范海燕译，电子工业出版社 2018 年版，第 51 页。

同时，人们对于生活的体验与感受也是发生于数智化的情境之中。并非所有人都能适应这种数智化生存，只有具备一定数智素养的人才能以适切的方式进入数智世界，获得数智化生存的许可，成为智能时代的建设者；反之，缺乏数智素养的个体必定会被迫处在智能社会的边缘位置。进一步来说，数智素养是个体能够在智能时代开放自我格局，融入共同体生活的重要前提与条件。这意味着，相比于以往的时代，个体要想成为公共人，不仅需要有公共精神、公共交往的能力，更需要数智素养来帮助个体认识、认同并真正融入智能化的公共领域。

在 20 世纪末，信息技术的发展就已将人们引入了数字化生存的生存境遇之中，但那时的数智素养指向的主要是一种网络媒介素养，即阅读、理解、采集网络媒介信息的能力。到了智能时代，数智素养的内涵不再局限于读写、理解之维，而是获得了更大的扩展、延伸。在联合国教科文组织看来，数智素养是"通过数智技术安全适当地获得、管理、理解、整合、沟通、评价和创造信息的能力，它包括以各种方式提到的素养，比如，计算机素养（Computer Literacy），ICT 素养（ICT Literacy），信息素养（Information Literacy）和媒体素养（Media Literacy）等"[1]。北京师范大学的未来教育研究中心则是将信息素养、媒介素养和数据素养作为数智素养的重要组成内容。[2] 还有的学者认为，数智素养不仅体现在知识、技能方面，品德与价值观也应成为其重要维度之一，尤其数智技术所隐含的一些伦理危机应当受到广泛的关注。[3]

---

[1]　郑彩华：《联合国教科文组织〈数字素养全球框架〉：背景、内容及启示》，《外国中小学教育》2019 年第 9 期。

[2]　关成华、黄荣怀：《面向智能时代：教育、技术与社会发展》，教育科学出版社 2021 年版，第 251 页。

[3]　王淑娉、陈海峰：《数字化时代大学生数字素养培育：价值、内涵与路径》，《西南民族大学学报（人文社会科学版）》2021 年第 11 期。

　　总的来看，数智素养主要包括认知、能力与道德三个维度。具体
而言，一是数智认知之维。这不仅要求个体能够充分认识数据的本质、
内涵、性质，更重要的是还要能够"从设备上汹涌流入的信息洪流中
找到意义"①，即使处在碎片化数据的包围之中亦能发现规律，把握住事
物之间的联系。在智能时代，数据可谓是人类认识自己、认识世界的
重要方式②，因此，个体的数智认知在一定程度上反映了他对于世界的
认识程度，如果缺少数据知识以及数据思维能力，人难免沦为"数智
穷人"或"无用阶级"，被排挤在数智化生存的境遇之外。二是数智能
力之维。它主要包括了获取数智信息的能力、数智交流沟通的能力以
及数据分析与评价的能力。当前，人们不仅可以通过网页浏览的方式
获取所需信息并将其及时上传云盘，还可以进入到虚拟空间，以沉浸
式体验的方式充分理解信息的意义，并与之建立起认知、情感上的联
系。此外，人工智能技术的语音、图像、文字的智能识别功能，也会
使人们获取数智信息的方式更加便捷。数智交流沟通、数据分析与评
价的能力则是人的数智智慧的集中表现。前者指的是人们能够使用智
能工具与他人进行数智化交流、资源共享以及公共参与的能力；能够
用数据信息来表达自我的观点、意见，同时能够理解对方所回馈的信
息，并与之建立起良好的互动关系。后者指的是人们能够批判性地看
待虚拟公共空间中纷繁复杂的数据信息，去伪存真，不为披着科学外
衣的虚假数据所迷惑，形成一种数智公共领域中的公共理性的思考及
判断能力。三是数智道德之维。以比特形式呈现声音、图像等信息在

---

　　① ［美］约瑟夫·E.奥恩：《教育的未来：人工智能时代的教育变革》，李海燕、王秦辉译，
机械工业出版社 2018 年版，第 74 页。
　　② 王骥：《新未来简史：区块链、人工智能、大数据陷阱与数字化生活》，电子工业出版社
2018 年版，第 25 页。

方便人们分享、交流的同时，也会引起一些数智道德的问题，比如个人隐私的泄露、网络暴力的生成、对他人的歧视现象等。对此，个体必须有数智道德的素养，树立起正确的数智价值观，既要保护好自己的合法权益以及道德权利，也要避免因自己的过失而导致他人数智权利以及道德人格遭受侵害的现象。

（二）全球胜任力：人类命运共同体的新要求

在智能时代，5G、虚拟现实、区块链等技术的发展进一步加速了全球化的发展趋势，也让人与人、国与国之间的命运紧密相连。党的十八大提出了人类命运共同体的理念，经济、文化、政治等全球化的发展使得每一个国家、每一个体都再难偏安一隅之内，已经结成了命运的共同体。不论个体身处何方地域、拥有何种国籍、学习何种文化，都已然处于一个以共同利益、共同价值为导向的人类社会之中。这表示，当时空条件不再成为人际交往的限制，当全球范围内的人们处于相互依存的伦理关系时，个体必须走出狭隘的时空观，面向全球社会，成为既立足中国、又面向世界的公共人。全球胜任力因而也就成为智能时代的公共人所需要具体的重要素养。这种全球胜任力包括了人的认知能力、道德能力、交往合作能力等在内的一系列综合素养。

首先，拥有全球的综合性知识是全球胜任力的重要方面。这要求公共人在一方面能够突破国土的疆界，了解全球范围内的政治、经济、文化等的发展变化，并以此拓展自己的国际视野；另一方面，还要具备科学与技术知识，这是个体得以获取其他知识、参与国际公共事务的重要前提。其次，全球胜任力要求公共人树立起全球伦理意识，即以公共道德的精神来关照全球社会，形成全球社会的人类命运共同体意识，用责任与爱将个体性的"我"与整体性的"类"相连。在全球伦理共同体中，不同的种族、国籍、文化等不再是人们相互冲突、矛盾、隔阂的理由，它倡导的是相互的认可、关怀和尊重的共同价值导向。再次，国际合作与交往能力也是全球胜任力的重要内容。在智能时代，虚拟现实技术能够为人们打造出沉浸式的公共交往平台。相较于以往的时代，更多的普通人具有了与国际友人交流、分享以及合作的机会，同时这也对他们的国际交往素养提出了更高的要求，即个体既要能尊重、包容并欣赏多元文化，也需要具备一定的文化批判性思维，在面对他人的言论、观点时不是全盘接受或全盘否定，而是在经过独立思考的前提下与对方展开进一步的对话，以求达成共识。最后，国际行动能力对于智能时代的公共人而言也十分重要。在线平台在赋予人们获得国际交往机会的同时，也要求人们承担起全球范围内的公共责任，它要求人们不仅是对自己言行负责的主体，也是人类命运共同体中的一员。这就要求人们既要有参与国际事务、贡献自己的智慧与力量的能力，同时还需要具有分析国际形势的思维能力、解决国际问题的智慧以及创新能力。这样，人们才能真正走向国际舞台，成为真正意义上的公共人。

（三）终身学习能力：泛在化学习型社会的需要

人工智能技术已然构建了一种泛在化的学习型社会，一方面，学习成为人的基本权利，在智能技术设备的协助下，个体既可以随时随地展开学习活动，不必拘泥于特定的空间场所或时间范围。同时，人也可以在虚拟空间中学习自己感兴趣的知识，并以此发展自身的兴趣和特长，从而促进人的自我发展和自我实现。另一方面，学习也是社会对个人提出的要求与义务。智能技术内含着一种加速的逻辑，信息、知识的时效性逐渐变短，因此，学习型社会出现了一种"不进则退"的思维方式。^① 对于个体而言，生命的时间与学习的时间已然完整地契合在一起，他必须通过不断地学习来适应社会的变迁，跟上科技生活的步调，以维持自我生命的活力。因此，在泛在化的学习型社会中，终身学习已然成为每一个人生活以及生存发展的重要基础和前提。可以说，能否拥有良好的终身学习能力对身在智能时代的人而言至关重要。从个体的层面来看，他需要终身学习能力来成为独立的、理性的、自主的人，并实现自我的个性化追求；从社会的层面来看，终身学习能力可以让个体形成更开阔的视野，步入更广阔的公共生活空间，并成为实体以及虚拟公共空间中具有良好的公共品格及精神的公共人，最终实现自我的社会性价值。

　　终身学习能力是一种综合素养，它首先包括了终身学习的意识与态度，即学习者能够清醒地认识到其所处的时代背景与特征，深刻体会到终身学习对于个人以及社会可持续性发展的重要意义。终身学习的时间跨越了人的一生，它的实现必然要求学习者的自主性的发展以及良好的学习动机的形成。如果学习者将终身学习视为一种负担，未能形成良好的学习意识，那么即使学习者能够有效掌握到一些学习技能，他也不能持之以恒地贯彻终身学习的理念，无法用终身学习充实自身的生命与生活。其次，终身学习能力包括了独立学习以及合作学习的能力。这意味着学习者需要具有独立思考问题、完成学习任务的能力，比如，在面对虚拟公共空间中的公共问题或者道德问题的时候，他（她）不会轻易地人云亦云，而是通过理性的判断、分析得出自己的结论。同时，它也意味着学习者需要走出自我的思维定势，与

---

　　① ［德］哈特穆特·罗萨：《新异化的诞生：社会加速批判理论大纲》，郑作彧译，上海人民出版社 2018 年版，第 19 页。

他人进行合作探究学习，共享学习成果。最后，创造性思维以及创造力也是终身学习能力的重要内容。在智能时代，学习者不仅仅是知识的接收者或建构者，他（她）还应当是知识的主动创造者，在不断的知识、信息的积累中创造出新的知识。并且，他（她）也将自己独特的思想、观点在实体或者虚拟公共生活空间中进行分享，形成知识学习的共享与转化。总之，人工智能技术的发展改变了知识的形态，也改变了知识的生产和创造的方式；改变了公共人的认知素养、情感素养、道德素养、创造素养等方面的基本素养要求。在这样一个新的时代，人们需要更全面地提升与智能社会相适应的各方面的综合素养和能力，从而才能更好地成为智能时代公共生活领域中具备优良素养的公共人。

第三节　智能时代的公共人：道德教育何为

一、教师角色的智能化重构

当前，伴随着互联网、大数据、人工智能等新一代信息技术在教育教学工作中的广泛应用，教师的职业角色和专业素养要求等正在发生着巨大的变革。教师需要主动融入数字化、智能化的教育现代化进程之中，在物理空间、社会空间和赛博空间的三元空间交融中深刻认知、理解和体悟自身的新角色，不断加强自身德育能力的提升和再造，从而才能更好地承担起数字化转型时期教师的德育使命。因此，在人工智能时代，德育教师应当积极主动地探索智能技术与自身的德育工作融合的可能性与现实性，从多维度来重塑自身的角色认同与专业能力。

（一）教师成为教育智慧的实践者

在人工智能时代，教师不仅是知识的传递者，更是智慧的教学者。教师需要教育智慧，而不只是教育知识或者教学技术。智慧是一种德才合一的综合心理素质，拥有智慧的人往往能在善良动机的引导之下，使用知识去思考、理解所面临的复杂情境，进而采用适宜的方式解决问题。[①]教育智慧指的是教师在实践中所展现出的良好的教育教学能力，这种能力主要有三种特质，一是道德性，即教师的一切教育行动是基于对学生的尊重、关怀与爱，即使是教育惩戒，也要惩之有度、戒之有爱；二是机智性，即教师在教学过程中面对突发情况或是复杂情境时，能够凭借自我的知识与经验迅速做出合适的反应，圆满解决问题；三是反思性，即教师能够将反思贯彻于整个教学活动过程，并借此总结教学经验，进而不断提升教育智慧。强调教育智慧，是因为这是作为生命主体的教师所独有的，尽管，人工智能可以承担一些教育教学工作，但是它不是作为有意识、情感、道德敏感性、情境观察力以及行动反思力的生命主体而在场的。换言之，当前的人工智能只能按部就班地进行知识传授、作业批改、教学评价等工作，在面对复杂的教育情境时，它并不能像人类教师那般拥有智慧地应对各种复杂环境的能力。技术的进步并不能否定教师的存在价值，更不能否定教师的教育智慧的不可或缺性。反而一次次地印证了教师和其教育智慧的重要性。在智能时代，教师更加需要处理各种复杂性问题、能够面对各类人工智能技术挑战的教育智慧，并进而成为教育教学工作中的教育智慧的实践者。

---

① 汪凤炎、燕良轼、郑红：《教育心理学新编（第四版）》，暨南大学出版社 2016 年版，第362 页。

（二）教师成为智能教学的人机协同者

智能教学的实现离不开人机协同。"协同"意味着人工智能与人类教师基于一种合作的关系，将各自的优势协调起来，并应用在德育工作以及德育的教学之中。作为智能教学的协同者，教师的主要任务主要体现在三个方面。第一，坚持道德教育的责任。人工智能既没有意识与情感，也无法理解道德价值观的意义，更别提与学生进行道德对话、情感对话，展开道德教育。"人类的道德性是一种复杂的活动，涉及很多无法充分学习或难以完全掌握的能力。"① 道德教育不仅包括道德知识的传授，更重要的是主体之间精神的契合以及灵肉的交流。② 教师应当主动承担起道德教育的职责，将教书与育德结合起来，通过对学生的认知、情感、态度与行为等的培养，引导学生构建健全的道德人格。第二，协调智能教学的整个过程。人工智能的功能虽然强大，但它并不能完全独立地进行教育教学工作，而是需要教师凭借自身的经验来判断何时、何处以及如何发挥人工智能的效能。如果失去教师的全局把控，智能教学便会朝着机械化、程序化的方向发展，甚至有使教育工作沦为流水线工作的可能。因此，在智能时代，也不可能放任大数据、人工智能技术来全面掌控教育教学的全过程，归根结底，教师还是教育工作、德育工作的总体的组织者和协调者，由教师来组织协调教育教学工作的开展，从而才能避免人工智能技术的盲目化与程序化。第三，构建人机共生的德育新景象。在数智化转型背景下，传

---

① ［美］温德尔·瓦拉赫、科林·艾伦：《道德机器：如何让机器人明辨是非》，王小红译，北京大学出版社 2017 年版，第 66 页。
② ［德］卡尔·雅斯贝尔斯：《什么是教育》，邹进译，生活·读书·新知三联书店 1991 年版，第 2—3 页。

统的"师－生"关系范式逐渐转变为"师－机－生"的协同共生的范式，使德育活动从人机协同进一步走向人机共生。"人机共生意味着人类与机器之间充分发挥融合潜能，实现更深入、更高层次的交互、协作与共融，而不是简单的 AI 辅助、增强"①；因此，人机共生超越于单纯地使用大数据、人工智能技术来辅助德育教学、德育活动，而是从真正意义上建构起"师－机－生"的共生共融的互动范式，人类教师、智能教师和学生在物理空间、社会空间和赛博空间中真正融为一体，多元主体的协同、共生的德育场景由此形成，它使人类主体与"智能主体"在德育活动中共生互促。

（三）教师成为精准化、个性化教学的实施者

课程教学是实现德育目标的重要渠道和途径。教师在德育工作中的课程教学能力也是德育数字化转型中的重要内容。数智化转型需要教师具备更强的课程教学能力，这种能力主要包括以下几个方面：一是推进课程内容及教学实施的数智化改造升级。教师需要通过采用大数据、人工智能等新型信息技术，对德育课程的内容进行数字化的改造升级，对德育的教学实施工作进行数字化、智能化的改造，通过数字游戏、数字体验、虚拟学习社区建设等方式，来加强德育课程教学与数字化技术的深度融合。二是为学生提供个性化和精准化的课程教学服务。数字化、人工智能技术可以通过大数据的高度运算能力，对德育的课程教学进行可视化和精准化的教学实施和评价反馈。教师可以通过大数据分析系统更全面地了解学生的兴趣、爱好、习惯、思维方式、个性化需要等方面，根据学生道德成长中的特殊的需要和兴趣

---

① 刘三女牙：《人工智能＋教育的融合发展之路》，《国家教育行政学院学报》2022 年第 10 期。

来制定个性化的学习方案，并通过"运用虚拟现实、增强现实、模拟仿真、AI 直播、虚拟助教、智能测评等多维场景强化个性化和精准化育人效果"[①]，从而为学生提供更加个性化、精准化的课程教学服务。教师还可以通过智能导师系统（Intelligent Tutoring System）来"采集、分析学习者数据，整合学习者模型对受教育者进行专门指导"[②]，它不仅可以向受教育者提供个性化的学习资源和学习路径，而且可以通过基于大数据的教学诊断来对教师、学生进行及时反馈，并提供有针对性的个性化的、精准化的教学建立。这可以进一步推动教师的教学质量的提升，也促进学生在个性化教学中的学习积极性、主动性的提升。

（四）教师成为学习共同体的建构者

教师的共同体建设能力，主要体现为教师在德育过程中的道德学习共同体建设能力以及德育环境再造能力（包括物质性环境和精神性环境的再造）。在道德学习共同体建设方面，在数智化的新时代，教师需要通过数字化技术的跨时空性、互联互通性、协同共享性等优势和特点，更好地构建"师－机－生"之间的虚拟化、智能化的道德学习共同体。在这种共同体中，教师与学生突破了传统的物理空间和社会空间的限制，也突破了时间和空间的限制，使道德学习进入了虚拟信息空间，形成了三元空间的交融共生，形成了一种虚拟学习共同体（也可称之为虚拟学习社区）。这种虚拟学习共同体的建设极大地拓宽了道德学习的途径和渠道，使得身处不同物理空间、不同时间中的人

---

① 赵丽涛：《思想政治教育数字化转型的范式构建与优化逻辑》，《思想理论教育》2022 年第 2 期。

② 钱大军、苏杭：《"互构"中的教育与技术：高等教育应当如何回应人工智能》，《教育发展研究》2021 年第 7 期。

能够以虚拟身份、虚拟方式进入到共同的道德学习场景，并在其中形成深刻的道德体验、获得广泛的道德经验。另一方面，在德育环境再造方面，数字化、智能化技术一是可以再造德育的物质环境，在智能化的教育技术生态支持下，"既能以全息影像、超清视频、三维模型等媒介形式表征教师、学伴、内容、情景等各类教学要素，又能快速获取云端预存资源、同步传输异地实时资源，并将其自然融入师生当前所处的物理环境"[①]，从而完成德育的物理环境、媒介形态和物质条件的再造，使它们为德育提供新型的物质环境基础。二是精神环境的再造，人工智能技术虽然也存在着算法偏见、隐私侵犯等问题，但是它的开放性、无边界性、即时性、交互性等，也会形成一种自由、平等、开放、包容等价值氛围。以大数据、人工智能等为基础的智能社会在技术架构上本身具有扁平化、分布式和去中心化的核心特征，"这天然地决定了大数据的价值取向和精神诉求——自由、平等、民主、开放、共享"[②]。它有利于形成一种良好的精神环境，推动德育向学生传递人与人之间的自由、平等、开放、包容等道德价值观念。这事实上也是在促进德育精神环境的再造。

二、教育伦理的尺度重建

以道德的方式培养健全的道德主体是教育伦理的基本内涵及根本精神，在智能时代，这一点仍未改变，但由于智能技术自身的运行法

---

① 杨现民、赵瑞斌：《智能技术生态驱动未来教育发展》，《现代远程教育研究》2021年第2期。

② 邹太龙、易连云：《从单一到多元：大数据时代德育教师的角色重塑》，《教育科学研究》2022年第4期。

则与教育的伦理精神之间存在一定的冲突，这使得智能技术在与教育深度融合的过程中容易出现一些伦理风险。对此，我们应当推动教育伦理坚守本真，关注人的意义与价值，同时注意协调人与智能技术之间的伦理关系，并以此为基础建构起合乎智能时代要求的教育伦理尺度。

（一）以人的主体性精神为导向，警惕智能技术对人的反向控制

海德格尔将技术视为一种解蔽方式，但这种解蔽并不全然意味着真理的敞开，而是可能形成对人的反向控制，即人将自然视为客体，对其进行摆置，但同时人也陷入技术的支配性宰制之中。[①] 在技术的反向控制之下，人会习惯用技术主导的思维方式去解决遇到的困难[②]，而非从主体性的角度进行理性的审思，以合乎人性的方式和道德的标准去思考问题、去衡量事务，最终以人的发展为目的去采取行动。在现实中，技术与人之间的关系并未如海德格尔所描述的那般绝望，人也并非只能被动地接受技术的安排，但是技术泛滥所带来的问题也值得人们警醒。

在智能时代，技术对人的反向控制主要表现为智能算法对人的控制，一方面，人成为数字化映射的对象，人成为"数字客体"。在算法看来，人从外部形象到内在人格特质的一切皆可以成为独立存在的数字零件，而人各项生命活动也皆可用"生化算法"进行描述。因此，在智能时代，算法的描述成为人重新认识自己与世界的方式。另一方面，人被困于算法营造的信息茧房与智能牢房之中。"信息茧房"指的是个体在获取信息的过程中容易受自我偏好的影响，将视域集中在某

---

① 孙周兴、王庆节主编：《海德格尔文集》，孙周兴译，商务印书馆 2018 年版，第 15 页。
② 蒋晓丽、贾瑞琪：《论人工智能时代技术与人的互构与互驯——基于海德格尔技术哲学观的考察》，《西南民族大学学报（人文社会科学版）》2018 年第 4 期。

一领域而忽视了更广泛的信息内容，最终自我的认知也受此局限。算法提供的个性化推荐服务容易导致信息茧房的出现，甚至在大量同质化信息的包裹之下，个体的情感、态度以及价值观等也被固着了，逐渐困囿于信息茧房之中，从而难以接受其他方面的道德价值观。算法"利用监控数据先行规定关于人的抽象存在，并以'个性化推荐'的方式实现对人之规定的'先行领会'，深刻地改变了人的思维方式与生存环境"[①]。它的危险性则在于忽视了完整的人的意义及道德主体精神的重要价值，并以静态性的、确定性的方式对人提出要求，从而否定了人的发展的无限可能性。

学生的个性而全面的发展是时代赋予道德教育的重要责任，也是智能技术在教育应用中的重要意义。为学生做数字画像、提供个性化的学习服务、进行智能化教学评价等，皆是促进学生发展所能使用的智能技术手段。但是，这些智能技术以及背后所蕴含的算法规则事实上隐含着伦理的风险，如果使用不恰当，会导致学生陷入算法规训的困局之中，从主动的学习主体异化为被动接受算法安排的客体。因此，智能教育的重要伦理原则，就在于真正尊重学生的道德主体精神，并以此为导向调节人与智能技术的关系，实现最优化的教育教学过程。为此，我们首先应当明确教育的目的（包括德育的目的）是"使人成为人"[②]，而非用人工智能算法来确定教育应当培养何种人才，因为算法输出的结果往往会远离人的生命本真样态。真正的人是具有主体性的人，有独立的理性思维能力，能够选择自己的人生并为之负责；真正

---

① 郝喜：《数字化"圆形监狱"：算法监控的规训与惩罚》，《昆明理工大学学报（社会科学版）》2021年第6期。

② ［德］康德：《论教育学》，赵鹏、何兆武译，上海人民出版社2005年版，第5页。

的人是具有多元智能的人，他不会事事依赖于技术，而是能凭借自我的能力完成学习、工作；真正的人是有道德素质的人，他在生活中既坚守着善的原则，又能权变地看待不同情境中的道德问题。因此，德育的过程、教学的过程中要拒绝将人工智能视为权威，禁止让算法成为学生制订学习计划的唯一依据，而是要更加尊重学生的主体地位，尊重学生的道德主体选择权利。当学生的想法、选择与人工智能的计算结果发生冲突时，教师不能急于否定学生，而是综合看待两者的意见，并与学生在平等、开放的协商对话中达成道德共识。

另一方面，我们对于学生的道德人格成长的评价，也应该是多维度、多方面的整全评价，而不是单一使用人工智能算法主导的教育评价系统。人工智能算法事实上内含着一种科学实证主义的导向，它往往会认为人是"可探测、可计算、可控制的"[①]，人的一切皆可以用数据来表征、衡量，甚至思想、道德、人格特征等也不例外。但人的生命是复杂的，他（她）不能被还原为任何单一形态的元素，基于数据对人进行算度的同时往往会忽视人的复杂的特性。因此，我们必须尊重人作为道德主体在认知、情感、行为等方面的复杂性、多维度性等特性，避免智能算法的实证主义偏见，全面关注学生道德生命的整全性、发展性与生成性，从而对学生的道德人格发展起到积极的导向作用。

（二）加强师生伦理共同体的建构，避免群体性孤独的蔓延

在智能时代，"人与人之间的联系并不取决于我们之间的距离，而是取决于我们可以使用的交流技术"[②]。网络通信技术与虚拟现实技术的

---

① 叶飞：《回归本体价值的德育评价改革》，《南京社会科学》2022年第1期。

② ［美］雪莉·特克尔：《群体性孤独：为什么我们对科技期待更多，对彼此却不能更亲密？》，周逵、刘菁荆译，浙江人民出版社2014年版，第166页。

结合使得人们可以跨越地理位置，在立体化的虚拟世界相遇，进行沉浸式的交流与沟通。从表面上看，智能技术缩小了现实距离，增加了人与人之间的交往机会，可以帮助人们从个体化的生存状态中摆脱出来，迈向更为广阔的公共生活领域，但是事实上，在人工智能时代，人的真实生活空间以及交往空间也可能面临着逐渐缩小、弱化的问题。① 人们在智能技术的隔绝作用下可能陷入群体性的孤独。一方面，现实世界中人与人的交往关系处于一种脆弱的状态，他们即便相聚却不相谈，而是更愿意通过智能设备与远方的人联系、交往，反而忽略了与身边的、真实生活中的人的交往。另一方面，即使虚拟现实给予了交往双方身临其境的体验，但是人与人之间依旧存在隔阂，因为每个人所面对的是经过数字化映射的客体，而非具有丰富特质的真实生活中的人；并且由于身体的缺席，双方难以进行真正意义上的眼神、身势的交流，这事实上阻碍了人们之间的信任感的建立。同时，人工智能技术的快速发展还可能造成另外一种更为严重的伦理危机。人工智能可以代替人类完成各类工作，让个体获得了更多的独立生活的可能性，人似乎获得了较大的自由，但是它也容易导致人陷入更为显著的个体化状态。个体会退缩到虚拟世界当中，不愿意主动关心他者、关心共同体、关心社会。在此情况下，人们不仅会陷入孤独之中，同时还会导致人与人之间构筑的伦理共同体的消解。

当前的学校教育也已开始面临群体性孤独的伦理问题。一方面，人机协同在不久的未来会在一定程度上代替人人合作，学生更倾向于让人工智能而非教师来辅导自己的学习；另一方面，虚拟教学模式的

① 胡振宇：《人际交往的在场与疏离——基于对"元宇宙"概念的反思》，《中国传媒科技》2022 年第 1 期。

发展也会建立新的教学关系，师生在教学中均以虚拟化身的方式在场，他们以技术为媒介维持彼此的交往，但这种交往却缺少了情感的基础，无法使其形成真正意义上的共同体。为此，建立起能够协调"人–人"与"人–机"关系的伦理共同体就显得非常重要。这就要求我们一方面要逐渐确立人工智能的伦理地位，将其视为共同体中的一个重要组成部分。人工智能通常被认为是一种永远不知道自己在做什么，也无法形成自己思想观点的高级工具。①因此，不少人会倾向于将人工智能排除在共同体之外。事实上，人工智能并非全然是工具性的存在，它可以通过改变教学方式、师生交往等影响教学的发展，甚至影响整个教育场景的建构。这要求师生在构建伦理共同体、学习共同体的时候，应当充分关注人工智能及其产生的效应，并将其视为德育活动中的重要协助者，发挥它的算法优势为德育工作赋能，为学生的道德发展赋能。这可以形成教师、学生、人工智能三者之间的一种跨越生命与非生命界限的新型伦理共同体，从而不断加强"人–人"与"人–机"协同合作关系，促进德育工作的质量和效果的提升。另一方面，我们还应加强虚拟的伦理共同体建设，从而推进师生良好交往关系、伦理关系的形成。建立虚拟的伦理共同体、学习共同体，让虚拟化身之间能够相互联结，对于教育以及德育而言十分必要。这样拉近了师生的距离，实现师生在虚拟教育空间中的亲密互动。而为了更好地建立虚拟伦理共同体，则必须制定虚拟空间的伦理规则，让师生能够认同自我的虚拟伦理身份，将自我视为虚拟伦理共同体的成员，并形成对虚拟他者的伦理责任意识，而不会因为处于虚拟的空间就轻视伦理规则，

① 宋灵清、许林：《人工智能教育应用的逻辑起点与边界——以知识学习为例》，《中国电化教育》2019年第6期。

做出在现实世界中看来是有违道德的事情。总之，"真正的高贵不是在一种孤立的存在中找到的。它存在于独立的人的相互联结之中"①。不论是在虚拟社会还是现实社会之中，人都需要借助共同体的力量来实现自我、超越自我。因而，建构师生之间的良好的伦理共同体关系，推进师生之间的分享、合作、交流和沟通，是实现虚拟与现实的有机融合，避免群体性孤独的重要途径。

（三）捍卫虚拟生活中的合法权益，防止数字侵权行为的阐述

在智能时代，数据已经成为人们身份不可分割的一部分，但我们却并不拥有它。② 换言之，绝大多数的个体在接触与使用智能设备并产生数据的时候，他就"逐渐丧失了对这些信息的掌控，对数据的控制与访问权则被让渡给了数据记录者和占有者"③。一旦数据的记录者和占有者将个体的信息泄露，可能会产生非常严重的隐私侵犯的风险；并且个体的数据、信息一旦泄露给商业主体，可能成为他们谋取商业利润的工具，严重影响个体的正常生活及合法权益。此外，数字化记忆具有可访问性、全面性、持久性的特点。④ 这也就意味着，个体在网络发表的言论、浏览的信息记录等既无法真正被抹除，还会被他人记录、浏览或保存，甚至有时候被别有用心的人使用，成为其谋取私利或展开违法违规行为的工具。智能化的数字空间就犹如一座圆形监狱，算法则是时刻凝视着个体的瞭望塔，每个人时刻处于被监视、被约束的状态。由此带来的一个严重后果，就是公共领域的寒蝉效应，即个体

---

① ［德］卡尔·雅斯贝尔斯：《时代的精神状况》，王德峰译，上海译文出版社 2003 年版，第 229 页。

② 张萌：《从规训到控制：算法社会的技术幽灵和底层战术》，《国际新闻界》2022 年第 1 期。

③ 匡文波：《智能算法推荐技术的逻辑理路、伦理问题及规制方略》，《深圳大学学报（人文社会科学版）》2021 年第 1 期。

④ 吴飞：《大数据与"被遗忘权"》，《浙江大学学报（人文社会科学版）》2015 年第 2 期。

为了避免自身权益受到更大的侵害，会减少意见的发表和对公共事务的参与。① 这最终不仅不利于人的公共精神的发展，而且也不利于对人的合法权益的有效保护。

　　智能化校园也不可避免地要面对数字侵权的风险。用于身份认证的人脸识别、指纹识别系统会获取学生的个人生理数据；监控摄像机会记录学生的行为举止；个性化学习辅导系统会根据学生的信息浏览记录、面部情绪变化、量化测验结果等抓取到更丰富的个人数据。从积极的角度而言，智能技术的引入可以使学校便捷地对学生进行管理，在一定意义上保护学生的人身安全，并且提取到的数据还可用于分析教学效果，为下一阶段的教学计划提供针对性的指导意见；同时，智能学习平台具有因材施教的特点，学生能够根据自己的认知风格、学习兴趣、性格特征等进行个性化学习。但是，消极的影响在于，智能技术在为学校、学生提供服务的同时，也可能严重侵犯学生的合法权益。比如，一旦数据安全系统失灵，学生的数据被泄露，他的人格尊严、生命安全将会受到严重的威胁；此外，算法的密布也会限制学生的自由，让学生失去属于自己的独立空间，甚至为了迎合算法的标准和要求，学生会进行自我规训，放弃自我的真正的个性追求。

　　总之，针对可能存在的数字侵权的问题，我们需要从法律、技术、教育、伦理等各个层面予以应对。学校和教师应当以法律法规作为智能教育、智能德育的底线，严格遵守国家关于数据安全以及未成年人保护相关法律法规的要求，在国家法律基础之上制定符合学校发展需

---

① 匡文波：《智能算法推荐技术的逻辑理路、伦理问题及规制方略》，《深圳大学学报（人文社会科学版）》2021年第1期。

要的智能技术使用规则，以强制的手段来维护学生的合法权益，守护他们的安全的、可持续的人格成长。另一方面，应引入数据安全保护技术，防止不法分子对数据、信息的恶意窃取。比如，区块链技术在智能教育系统中的应用能比较有效地解决数据泄露的问题，保障学校的数据安全；学校和教师需要充分关注新技术的发展，通过安全技术系统的升级来尽最大可能地保护学生的数据权利。总之，我们的教育以及德育工作需要积极面对人工智能技术的发展，推进技术与教师、技术与课程、技术与教学、技术与学生等的有机融合；同时，我们更要关注教育以及德育的根本使命，关注学生作为道德主体的内在价值，从而规避智能技术应用中的种种伦理风险，为学生构筑一个虚拟与现实有机融合的生活空间，从而更好地实现学生的道德人格成长。

三、智能技术与德育的深度融合

智能社会转型对德育工作提出了新的要求，它要求形成三元空间德育理念、个性化与精准化的课程教学、虚拟性的学习社群建构以及对智能技术的反思能力的全面提升等。因此，为了更好地使智能技术与德育深度融合，我们进一步探索德育理念、课程教学、共同体环境等方面的建设路径，从而使德育工作更好地适应数字化、智能化社会的需要，更好地实现立德树人使命。

（一）创新德育理念：三元空间育德理念的生成

面向数智化社会的转型需要，学校和教师需要革新自身的德育理念，其核心是推进三元空间交融的主体性理念及育人理念的革新。一方面，教师需要树立起三元空间交融的主体性德育理念。教师作为教育过程中的重要主体，在传递知识、技能及价值观，促进学生全面发展的过程中的主体作用是毋庸置疑的。在数字化转型过程中，教师的主体作用的发挥是建基于物理空间、社会空间、赛博空间的三元空间交融基础上的。这也就意味着，教师的主体性思维要从经验思维逐渐转向数智思维，教师作为德育主体的素养要从传统素养转向数智素养。[①]也即是说，教师要充分树立起赛博空间中的德育主体理念，能够主动利用大数据、人工智能等技术来开展三元空间交融的育德工作，促进实体德育与虚拟德育的有机融合，促进教师与学生的平等互动，形成一种三元空间中的主体间关系。另一方面，还要树立起培养数字公民的德育目标理念，推动年轻一代人逐渐从"数字土著"（Digital Natives）走向"数字公民"（Digital Citizens）。[②]正如波兰斯基（Marc Prensky）所指出的，伴随着信息网络技术而出生、成长的年轻一代人只能称为数字土著，但是他们还不是数字公民。[③]他们的数字公民意识及能力需要教育的培养。因此，这对学校德育工作提出了更高的要求，德育工作需要引导和培育学生在数智化社会的数字道德认知、数字道德情感以及数字道德行为等的发展，这样才能真正把学生培养成为合格的数字公民。总之，在数智化转型的时代，我们需要树立起三元空间交融的德育理念，全面培养学生在智能社会中的道德知识、情感、态度与价值观等，完成智能化转型中的德育使命。

（二）迈向以"学"为中心：德育课程教学的再造

在大数据、人工智能时代，海量的信息资源和学习资源越来越需

---

① 易连云、邹太龙：《大数据时代的教师德育胜任力及其转向与培养路径》，《湖南师范大学教育科学学报》2017 年第 5 期。

② 张立新、张小艳：《论数字原住民向数字公民转化》，《中国电化教育》2015 年第 10 期。

③ Marc Prensky, "Digital Natives, Digital Immigrants", *On the Horizon*, 2001, (5).

要学生的自主学习能力、信息鉴别能力、批判反思能力等的全面成长。在这种情况下，教师的角色反而需要被"弱化"，教师从以"教"为主转向以"学"为主变得越来越重要。正如比斯塔（Gert Biesta）所言，传统的教育活动总是希望"教育变得强大、安全而可预测"①，但是事实上这会压制学生的学习主体性，并因过度追求确定性而束缚学生的自主成长。在数智化的时代，事实上我们更加需要学生的独立性与自主性的提升，以确保学生在情感、态度以及价值观等德育资源获取中始终成为主体性的学习者。这就要求德育的课程教学应以学生的"学"为中心，促进数智化转型中学生的学习主体性、学习经验以及学习兴趣的全面提升。在数字化、智能化转型的德育新生态中，我们需要逐渐摆脱以"教"为中心的课程教学模式。课程教学活动应主要以"学"为主轴，推动学生通过掌握人工智能技术自主自觉地开展道德知识、道德情感以及道德价值观等方面的自主学习和探究。教师要从"舞台"的中心退出，转变自身的角色观念及行为，正如斯马尔蒂诺所说的，教师要成为站在学生旁边的引导者，而不是"讲台上的圣贤"②。德育课程教学的重点是帮助学生成长为自主自觉的道德学习主体，促进学生在实体空间和虚拟空间中的自主学习而获得人格的全面发展。在这个过程中，教师的主要工作不是成为道德知识、价值观以及学习资源的提供者、灌输者，而是要成为学生的自主自觉道德学习过程中的引导者、组织者和协调者，成为学生道德成长道路上的促进者和激励

① ［荷］格特·比斯塔：《教育的美丽风险》，赵康译，北京师范大学出版社 2018 年版，第 8 页。

② ［美］沙伦·E.斯马尔蒂诺：《教学技术与媒体》，郭文革译，高等教育出版社 2005 年版，第 421 页。

者。这种从以"教"为中心向以"学"为中心的转型，才能真正"适应教育数字化转型的内在需求"①，也才能真正激发学生在智能社会转型中的道德主体精神。

（三）建构虚拟学习社群：道德成长共同体的培育

学生道德人格以及道德能力不仅需要个体的自主学习和自主建构，它还需要依靠学习社群来获得共同的、可持续的发展。"学习社群是在具有共同愿景和价值共享的组织中为了完成某种使命以学习方式而形成的共同体。"②学习社群不仅具有共同愿景，分享共同的价值，同时它们以共同的愿景和价值来构建道德成长的共同体，促进彼此的紧密联系和共同发展。在数智化转型中，虚拟学习社群的建构，不仅需要传统共同体的共同愿景及价值共享，并且也需要充分融入数字化、智能化的基本要素，推动学生与学生、教师与学生的共同成长、共同发展。这主要包括了两个方面的重要工作。一是构建学校内部的虚拟学习社群。这种虚拟学习社群，不仅注重实体空间中的生生交往、师生交往，同时结合虚拟空间及虚拟学习来构筑学校内部的虚拟学习共同体，使学生能够充分利用虚拟信息技术、线上德育资源等来加强自主学习和交流共享。在虚拟学习社群中，学生与学生、教师与学生之间可以进行深入的交往互动，这种交流互动是更加便捷化、即时化、超时空化的，它可以有效地促进道德价值观的交流和分享的开放性和多维性。二是构建学校外部的虚拟学习社群。可以充分利用互联网、大数据、人工智能等技术，跨越出学校范围而走向更为广阔的时间和空间，形成"跨

---

① 田小红、季益龙、周跃良：《教师能力结构再造：教育数字化转型的关键支撑》，《华东师范大学学报（教育科学版）》2023 年第 3 期。

② 朱旭东：《论教师专业发展的理论模型建构》，《教育研究》2014 年第 6 期。

学校、跨区域、跨国家的传播共享"①。这可以极大地促进学生道德成长的学习共同体建构的广度和深度，形成数字化、智能化的虚拟学习社群，使学生能够充分利用三元空间（尤其是赛博空间）中的道德教育相关的知识、经验以及智慧，形成稳固的道德情感与道德价值观，促进他们的道德人格的全面成长。

（四）加强对智能技术的反思：实践反思能力的提升

数字化、智能化社会远非完美的乌托邦，数智化技术对生命个体的遮蔽、对教育教学活动所形成的风险及挑战，依然是每一位教师、每一位学生乃至于每一位家长所不得不面对的问题。为此，学校、教师、学生等应成为反思性实践者，不仅要提升自身的数智实践能力，并且要不断提升对自身以及对数智化教育（德育）的反思性能力。一是教师要对自身的数智化应用进行反思。教师要充分利用大数据、人工智能技术来开展教育工作，但是，教师同时也要对自己在教育工作中的数据获取及智能化分析、学情分析及学生数字画像、智能导师系统的运用及成效、智能化的测量和评价等进行实践性的反思，充分反思自身在数字化、智能化技术应用方面所存在的问题，并即时改进这些问题，从而在不断增强自身的数智化的适应能力和应用能力的同时，避免因不合理、不道德、不正义的数字化应用而阻碍教育教学的实效性，甚至带来反教育的效果。唯有如此，才能实现教师及其德育工作与数智化技术的更具有深度性和适切性的交融。二是学校和教师要引导学生对数智化生存进行反思，形成学生的深度反思能力。数智化对人的生存、对人的发展会带来很多问题和弊端，比如，"算法"推荐在

---

① 怀进鹏：《数字变革与教育未来——在世界数字教育大会上的主旨演讲》，http://www.moe.gov.cn/jyb_xwfb/moe_176/202302/t20230213_1044377.html.2023-02-13。

为我们"量身定制"各种信息及价值观念的同时也会制造出围困人的"信息茧房";各种类型的娱乐化、低俗化的信息极其容易刺激人的感官欲求及低俗观念的产生;大数据主导下的信息采集、数字跟踪、数字画像等也可能产生隐私侵犯风险,甚至导致"私人数据被大规模地提取和商品化,生命被数字之网捕捉"①,等等。因此,学校、教师以及德育教学应当不断引导学生对人的数智化生存展开深刻的反思,提升自身的反思意识,对数智化可能带来的风险保持理性的、警惕的态度。这最终也才能推动德育工作、学生道德人格成长与数智技术的有机融合,最终更好地实现立德树人的根本使命。

---

① 杨雷:《数字化生存的现实症候与病理形态》,《中国社会科学报》2023 年 1 月 10 日。

参考文献

（按姓氏首字母顺序排列）

一、中文著作类

［奥］阿尔弗雷德·阿德勒：《生命对你意味着什么》，周朗译，国际文化出版公司 2000 年版。

［美］阿拉斯戴尔·麦金太尔：《依赖性的理性动物：人类为什么需要德性》，刘玮译，译林出版社 2013 年版。

［英］阿兰·德波顿：《身份的焦虑》，陈广兴、南治国译，上海译文出版社 2009 年版。

［美］埃里希·弗罗姆：《占有还是生存：一个新社会的精神基础》，关山译，生活·读书·新知三联书店 1988 年版。

［美］弗洛姆：《为自己的人》，孙依依译，生活·读书·新知三联书店 1988 年版。

［法］爱弥尔·涂尔干：《道德教育》，陈光金等译，上海人民出版社 2006 年版。

［法］爱弥尔·涂尔干：《乱伦禁忌及其起源》，汲喆、付德根、渠东译，上海人民出版社 2006 年版。

［英］安东尼·吉登斯：《失控的世界：全球化如何重塑我们的生活》，周

红云译，江西人民出版社 2001 年版。

　　［英］安东尼·吉登斯：《现代性的后果》，田禾译，译林出版社 2000 年版。

　　［法］贝尔纳·斯蒂格勒：《技术与时间 1. 爱比米修斯的过失》，裴程译，译林出版社 2019 年版。

　　［美］本杰明·巴伯：《强势民主》，彭斌、吴润洲译，吉林人民出版社 2006 年版。

　　［英］彼得斯：《道德发展与道德教育》，邬冬星译，浙江教育出版社 2000 年版。

　　［加］查尔斯·泰勒：《现代性之隐忧》，程炼译，中央编译出版社 2001 年版。

　　［美］戴维·温伯格：《知识的边界》，胡泳、高美译，山西人民出版社 2014 年版。

　　［荷］格特·比斯塔：《测量时代的好教育：伦理、政治和民主的维度》，张立平、韩亚菲译，北京师范大学出版社 2019 年版。

　　［荷］格特·比斯塔：《超越人本主义教育：与他者共存》，杨超、冯娜译，北京师范大学出版社 2020 年版。

　　［荷］格特·比斯塔：《教育的美丽风险》，赵康译，北京师范大学出版社 2018 年版。

　　［加］乔治·西蒙斯：《网络时代的知识和学习——走向连通》，詹青龙等译，华东师范大学出版社 2009 年版。

　　［德］哈特穆特·罗萨：《新异化的诞生：社会加速批判理论大纲》，郑作彧译，上海人民出版社 2018 年版。

　　［美］汉娜·阿伦特：《人的条件》，竺乾威等译，上海人民出版社 1999 年版。

　　［美］赫伯特·马尔库塞：《单向度的人：发达工业社会意识形态研究》，

刘继译，上海译文出版社 2008 年版。

　　[美]亨利·A.吉鲁：《教师作为知识分子——迈向批判教育学》，朱红文译，教育科学出版社 2008 年版。

　　《马克思恩格斯选集》，中共中央马克思恩格斯列宁斯大林著作编译局编译，人民出版社 1995 年版。

　　[德]卡尔·雅斯贝尔斯：《什么是教育》，邹进译，生活·读书·新知三联书店 1991 年版。

　　[德]卡尔·雅斯贝尔斯：《时代的精神状况》，王德峰译，上海译文出版社 2003 年版。

　　[美]克里斯托弗·拉什：《自恋主义文化——心理危机时代的美国生活》，陈红雯、吕明译，上海译文出版社 2013 年版。

　　[美]理查德·C.博克斯：《公民治理：引领 21 世纪的美国社区》，孙柏瑛等译，中国人民大学出版社 2014 年版。

　　[美]理查德·桑内特：《公共人的衰落》，李继宏译，上海译文出版社 2014 年版。

　　[美]理查德·桑内特：《肉体与石头——西方文明中的身体与城市》，黄煜文译，上海译文出版社 2006 年版。

　　[法]卢梭：《论人类不平等的起源与基础》，李常山译，商务印书馆 1994 年版。

　　[美]路易斯·拉思斯：《价值与教学》，谭松贤译，浙江教育出版社 2003 年版。

　　[美]罗伯特·诺齐克：《无政府、国家与乌托邦》，何怀宏等译，中国社会科学出版社 1991 年版。

　　[美]罗洛·梅：《焦虑的意义》，朱侃如译，广西师范大学出版社 2010 年版。

〔德〕马丁·海德格尔：《存在与时间》，陈嘉映、王庆节译，生活·读书·新知三联书店 2014 年版。

〔德〕马克斯·韦伯：《经济与社会（上卷）》，林荣远译，商务印书馆 1997 年版。

〔德〕马克斯·韦伯：《新教伦理与资本主义精神》，黄晓京、彭强译，四川人民出版社 1986 年版。

〔法〕马塞尔·莫斯：《礼物：古式社会中交换的形式与理由》，汲喆译，上海世纪出版集团 2005 年版。

〔美〕迈克尔·麦金尼斯：《多中心体制与地方公共经济》，毛寿龙译，上海三联书店 2000 年版。

〔美〕迈克斯·泰格马克：《生命 3.0：人工智能时代人类的进化与重生》，汪婕舒译，浙江教育出版社 2018 年版。

〔德〕M.兰德曼：《哲学人类学》，阎嘉译，贵州人民出版社 2006 年版。

〔法〕孟德斯鸠：《论法的精神》，孙立坚等译，陕西人民出版社 2001 年版。

〔美〕内尔·诺丁斯：《学会关心——教育的另一种模式》，于天龙译，教育科学出版社 2003 年版。

〔美〕尼尔·波兹曼：《娱乐至死》，章艳译，广西师范大学出版社 2004 年版。

〔美〕尼葛洛庞蒂：《数字化生存》，胡泳、范海燕译，电子工业出版社 2018 年版。

〔英〕尼克·史蒂文森编：《文化与公民身份》，陈志杰译，吉林出版集团有限责任公司 2007 年版。

〔英〕齐格蒙特·鲍曼：《个体化社会》，范祥涛译，上海三联书店 2002 年版。

〔英〕齐格蒙特·鲍曼：《生活在碎片之中——论后现代道德》，郁建兴等译，学林出版社 2002 年版。

〔英〕齐格蒙特·鲍曼：《流动世界中的文化》，戎林海、季传峰译，江苏教育出版社 2014 年版。

〔美〕乔治·弗雷德里克森：《公共行政的精神》，张成福等译，中国人民大学出版社 2003 年版。

〔美〕乔治·赫伯特·米德：《心灵、自我与社会》，赵月瑟译，上海译文出版社 1992 年版。

〔美〕沃尔特·C.帕克：《美国小学社会与公民教育》，谢竹艳译，江苏教育出版社 2006 年版。

〔德〕乌尔里希·贝克、〔德〕伊丽莎白·贝克-格恩斯海姆：《个体化》，李荣山等译，北京大学出版社 2011 年版。

〔德〕乌尔里希·贝克、〔英〕安东尼·吉登斯、〔英〕斯科特·拉什：《自反性现代化：现代社会秩序中的政治、传统与美学》，赵文书译，商务印书馆 2004 年版。

〔德〕乌尔里希·贝克：《风险社会》，何博闻译，译林出版社 2004 年版。

〔法〕西蒙娜·德·波伏娃：《第二性》，陶铁柱译，中国书籍出版社 1998 年版。

〔美〕雪莉·特克尔：《群体性孤独：为什么我们对科技期待更多，对彼此却不能更亲密？》，周逵、刘菁荆译，浙江人民出版社 2014 年版。

〔美〕亚伯拉罕·马斯洛：《动机与人格》，许金声译，中国人民大学出版社 2012 年版。

〔古希腊〕亚里士多德：《尼各马科伦理学》，苗力田译，中国人民大学出版社 2003 年版。

〔古希腊〕亚里士多德：《政治学》，颜一、秦典华译，中国人民大学出版社 2003 年版。

　　[美]阎云翔:《中国社会的个体化》,陆洋等译,上海译文出版社 2012 年版。

　　[美]阎云翔:《私人生活的变革:一个中国村庄里的爱情、家庭与亲密关系》,龚小夏译,上海书店出版社 2006 年版。

　　[德]康德:《纯粹理性批判》,韦卓民译,华东师范大学出版社 2000 年版。

　　[德]康德:《道德形而上学原理》,苗力田译,上海人民出版社 2005 年版。

　　[德]康德:《康德著作全集(第 6 卷):纯然理性界限内的宗教、道德形而上学》,李秋零译,中国人民大学出版社 2012 年版。

　　[德]康德:《历史理性批判文集》,何兆武译,商务印书馆 1991 年版。

　　[德]康德:《论教育学》,赵鹏、何兆武译,上海人民出版社 2005 年版。

　　[以色列]尤瓦尔·赫拉利:《未来简史:从智人到智神》,林俊宏译,中信出版社 2018 年版。

　　[德]哈贝马斯:《包容他者》,曹卫东等译,上海人民出版社 2002 年版。

　　[德]哈贝马斯:《公共领域的结构转型》,曹卫东等译,学林出版社 1999 年版。

　　[德]哈贝马斯:《后形而上学思想》,曹卫东、付德根译,译林出版社 2006 年版。

　　[德]哈贝马斯:《交往行为理论:行为合理性与社会合理化》(第一卷),曹卫东译,上海人民出版社 2005 年版。

　　[德]哈贝马斯:《现代性的哲学话语》,曹卫东等译,译林出版社 2004 年版。

　　[德]哈贝马斯:《在事实与规范之间:关于法律和民主法治国的商谈理

论》，童世骏译，生活·读书·新知三联书店 2003 年版。

［美］约翰·杜威：《民主主义与教育》，王承绪等译，人民教育出版社 1990 年版。

［美］约翰·凯克斯：《反对自由主义》，应奇译，江苏人民出版社 2005 年版。

［美］约翰·罗尔斯：《正义论》，何怀宏、何包钢、廖申白译，中国社会科学出版社 1988 年版。

［美］约翰·罗尔斯：《政治自由主义》，万俊人译，译林出版社 2011 年版。

［英］约翰·洛克：《政府论（下篇）》，瞿菊农、叶启芳译，商务印书馆 1997 年版。

［英］约翰·密尔：《论自由》，程崇华译，商务印书馆 1996 年版。

［美］约瑟夫·E. 奥恩：《教育的未来：人工智能时代的教育变革》，李海燕、王秦辉译，机械工业出版社 2018 年版。

［美］温德尔·瓦拉赫、［美］科林·艾伦：《道德机器：如何让机器人明辨是非》，王小红译，北京大学出版社 2017 年版。

［美］詹姆斯·S. 费什金：《倾听民意：协商民主与公众咨询》，孙涛、何建宇译，中国社会科学出版社 2015 年版。

［美］詹姆斯·博曼：《公共协商：多元主义、复杂性与民主》，黄相怀译，中央编译出版社 2006 年版。

［日］佐藤学：《课程与教师》，钟启泉译，教育科学出版社 2003 年版。

［日］佐藤学：《学习的快乐——走向对话》，钟启泉译，教育科学出版社 2004 年版。

艾四林、王贵贤、马超：《民主、正义与全球化——哈贝马斯政治哲学研究》，北京大学出版社 2010 年版。

陈嘉明：《现代性与后现代性十五讲》，北京大学出版社 2006 年版。

冯建军：《教育公正——政治哲学的视角》，福建教育出版社 2008 年版。

高德胜：《知性德育及其超越——现代德育困境研究》，教育科学出版社 2003 年版。

顾成敏：《公民社会与公民教育》，知识产权出版社 2007 年版。

关成华、黄荣怀：《面向智能时代：教育、技术与社会发展》，教育科学出版社 2021 年版。

胡军良：《哈贝马斯对话伦理学研究》，中国社会科学出版社 2010 年版。

黄志成、程晋宽：《教育管理论》，上海教育出版社 2001 年版。

金生鈜：《保卫教育的公共性》，福建教育出版社 2008 年版。

金生鈜：《理解与教育》，教育科学出版社 1997 年版。

金耀基：《金耀基自选集》，上海教育出版社 2002 年版。

孔繁斌：《公共性的再生产》，江苏人民出版社 2012 年版。

李欧梵：《现代性的追求》，生活·读书·新知三联书店 2000 年版。

联合国教科文组织国际教育发展委员会：《学会生存：教育世界的今天和明天》，华东师范大学比较教育研究所译，教育科学出版社 1996 年版。

林毓生：《中国传统的创造性转化》，生活·读书·新知三联书店 1996 年版。

罗晓静：《寻找"个人"》，中国社会科学出版社 2007 年版。

孙周兴、王庆节主编：《海德格尔文集》，孙周兴译，商务印书馆 2018 年版。

檀传宝等：《公民教育引论：国际经验、历史变迁与中国公民教育的选择》，人民出版社 2011 年版。

汪凤炎、燕良轼、郑红：《教育心理学新编（第四版）》，暨南大学出版社 2016 年版。

王骥：《新未来简史：区块链、人工智能、大数据陷阱与数字化生活》，电子工业出版社 2018 年版。

王绍光：《民主四讲》，生活·读书·新知三联书店 2014 年版。

王秀敏：《个性道德与理性秩序——赫勒道德理论研究》，黑龙江大学出版社 2011 年版。

吴国盛：《技术哲学讲演录》，中国人民大学出版社 2009 年版。

项贤明、冯建军、柳海民：《教育学原理》，高等教育出版社 2019 年版。

肖峰：《人文语境中的技术——从技术哲学走向当代技术人学》，中国社会科学出版社 2011 年版。

严复：《严复集（第一册）》，中华书局 1986 年版。

颜士刚：《教育技术哲学》，中国社会科学出版社 2015 年版。

杨国荣：《伦理与存在》，北京大学出版社 2011 年版。

叶飞：《公共交往与公民教育》，人民出版社 2014 年版。

叶飞：《现代性视域下的儒家德育》，北京师范大学出版社 2011 年版。

俞可平：《社群主义》，中国社会科学出版社 1998 年版。

俞可平：《治理与善治》，社会科学文献出版社 2000 年版。

俞可平：《中国公民社会的兴起与治理的变迁》，社会科学文献出版社 2002 年版。

张华：《课程与教学论》，上海教育出版社 2000 年版。

郑富兴：《现代性视角下的美国新品格教育》，人民出版社 2006 年版。

钟启泉编著：《现代课程论》，上海教育出版社 1989 年版。

周国文：《公民伦理观的历史源流》，中央编译出版社 2008 年版。

二、中文期刊类

陈国战：《大众传媒的兴起与公共生活的衰落——以阿伦特、哈贝马斯和桑内特为中心的考察》，《阴山学刊》2012 年第 6 期。

陈嘉明：《个体理性与公共理性》，《哲学研究》2008 年第 6 期。

陈亮、李惠：《论教育治理法治化》，《高校教育管理》2016 年第 4 期。

陈玲、郑广怀：《个体化社会的规则重构：基于重庆公交坠江事件的分析》，《中国青年社会科学》2019 年第 1 期。

程姗姗、项国雄：《后现代主义指导下的学习评价——协商式学习评价》，《电化教育研究》2005 年第 12 期。

褚宏启：《教育治理：以共治求善治》，《教育研究》2014 年第 10 期。

单玉：《"服务学习"（SL）与负责任公民的培养——美国学校公民教育中"服务学习"方法的运用及其启示》，《外国教育研究》2004 年第 11 期。

杜维明、黄万盛、秦晖等：《"启蒙的反思"学术座谈》，《开放时代》2006 年第 3 期。

段兆磊：《论学校教育空间的重构》，《当代教育科学》2017 年第 8 期。

方博：《政治、启蒙与理性——康德的公共性原则》，《学术月刊》2020 年第 11 期。

冯建军：《公共人及其培育：公共领域的视角》，《教育研究》2020 年第 6 期。

冯建军：《公民品格与公共生活》，《道德与文明》2020 年第 4 期。

高德胜：《"解放"的剥夺——论教育如何面对个体人的膨胀与公共人的衰落》，《教育研究与实验》2011 年第 1 期。

高德胜：《道德冷漠与道德教育》，《教育学报》2009 年第 3 期。

高鹏程：《公共性：概念、模式与特征》，《中国行政管理》2009 年第 3 期。

韩连庆：《技术意向性的含义与功能》，《哲学研究》2012 年第 10 期。

郝喜：《数字化"圆形监狱"：算法监控的规训与惩罚》，《昆明理工大学学报（社会科学版）》2021 年第 6 期。

何顺民：《城市场域中的传播与公共性——汉伦·阿伦特、于尔根·哈贝马斯、理查德·桑内特为中心的考察》,《新闻传播》2014 年第 15 期。

胡振宇:《人际交往的在场与疏离——基于对"元宇宙"概念的反思》,《中国传媒科技》2022 年第 1 期。

姜哲:《协商课程:走进民主课堂之路》,《教育理论与实践》2006 年第 7 期。

蒋晓丽、贾瑞琪:《论人工智能时代技术与人的互构与互驯——基于海德格尔技术哲学观的考察》,《西南民族大学学报(人文社会科学版)》2018 年第 4 期。

蒋燕、叶敬忠:《农村学校的规训与"差生"的制造——对四川省洪峰中学的质性研究》,《清华大学教育研究》2015 年第 5 期。

金生鈜:《保卫教育的公共性》,《教育研究与实验》2007 年第 3 期。

金生鈜:《公共价值教育何以必要》,《华中师范大学学报(人文社会科学版)》2010 年第 4 期。

匡文波:《智能算法推荐技术的逻辑理路、伦理问题及规制方略》,《深圳大学学报(人文社会科学版)》2021 年第 1 期。

旷剑敏、袁怀宇:《自我与他者:教师的伦理责任与价值》,《道德与文明》2009 年第 3 期。

蓝江:《从碳基伦理到硅基伦理——人工智能时代的伦理学浅论》,《道德与文明》2020 年第 5 期。

李宝庆、樊亚峤:《协商课程理论评析》,《全球教育展望》2011 年第 2 期。

李海英:《课程权力:协商课程的一种追求》,《全球教育展望》2005 年第 9 期。

李荣荣:《"差序格局"与个体主义之间的距离》,《中国农业大学学报(社会科学版)》2008 年第 4 期。

李荣荣:《从"为自己而活"到"利他个体主义"——乌尔里希·贝克个

体化理论中的一种道德可能》,《学海》2004 年第 2 期。

　　李松睿:《自恋的迷宫——读拉什的〈自恋主义文化——心理危机时代的美国生活〉》,《中国图书评论》2014 年第 5 期。

　　李艺、颜士刚:《论技术教育价值问题的困境与出路》,《电化教育研究》2007 年第 8 期。

　　李友梅、肖瑛、黄晓春:《当代中国社会建设的公共性困境及其超越》,《中国社会科学》2012 年第 4 期。

　　李泽林、伊娟:《人工智能时代的学校教学生态重构》,《课程·教材·教法》2019 年第 8 期。

　　李政涛:《当教师遇上人工智能》,《人民教育》2017 年 Z3 期。

　　廖申白:《私人交往与公共交往》,《北京师范大学学报(社会科学版)》2005 年第 4 期。

　　刘革平等:《教育元宇宙:特征、机理及应用场景》,《开放教育研究》2022 年第 1 期。

　　刘进、刘卓然、吕文晶、钟小琴:《人工智能对于教师职业的替代:原理与趋势分析》,《教师教育研究》2021 年第 3 期。

　　刘云杉:《拔尖的陷阱》,《高等教育研究》2021 年第 11 期。

　　鲁洁:《边缘化·外在化·知识化——道德教育的现代综合征》,《教育研究》2005 年第 12 期。

　　鲁洁:《道德教育的期待:人之自我超越》,《高等教育研究》2008 年第 9 期。

　　鲁洁:《关系中的人:当代道德教育的一种人学探寻》,《教育研究》2002 年第 1 期。

　　鲁洁:《一个值得反思的教育信条——塑造知识人》,《教育研究》2004 年第 6 期。

鲁洁:《做成一个人——道德教育的根本指向》,《教育研究》2007 年第 11 期。

民质:《我》,《东方杂志》1916 年第 1 期。

潘洪建:《知识观的概念、特征及教育学意义》,《江苏大学学报(高教研究版)》2005 年第 4 期。

彭兰:《智能时代人的数字化生存——可分离的"虚拟实体"、"数字化元件"与不会消失的"具身性"》,《新闻记者》2019 年第 12 期。

宋灵清、许林:《人工智能教育应用的逻辑起点与边界——以知识学习为例》,《中国电化教育》2019 年第 6 期。

孙成梦雪:《面向未来的全球胜任力教育:回顾与反思》,《重庆高教研究》2021 年第 4 期。

孙联荣:《非行政性组织的创建》,《教育发展研究》2009 年第 8 期。

孙妍:《从"知识图谱"到"人机协同"——论人工智能教育对教师的重塑和挑战》,《高教探索》2021 年第 3 期。

谭清华:《哲学语境中的公共性:概念、问题与理论》,《学海》2013 年第 2 期。

唐汉卫:《道德教育的生活目的论》,《思想·理论·教育》2005 年第 19 期。

汪敏:《从阿伦特、哈贝马斯到桑内特——关于公共性问题中的理论变迁》,《新闻传播》2016 年第 24 期。

王海明:《数智时代的正义:复杂性及其当代旨归》,《浙江社会科学》2022 年第 1 期。

王世伟、黄葳:《参与式公民学习》,《清华大学教育研究》2010 年第 4 期。

王淑娉、陈海峰:《数字化时代大学生数字素养培育:价值、内涵与路径》,《西南民族大学学报(人文社会科学版)》2021 年第 11 期。

王雅丽:《公共精神基本特征解析》,《河北大学学报(哲学社会科学版)》

2015 年第 6 期。

王竹立：《技术是如何改变教育的？——兼论人工智能对教育的影响》，《电化教育研究》2018 年第 4 期。

王竹立：《论智能时代的人—机合作式学习》，《电化教育研究》2012 年第 9 期。

王竹立：《新知识观：重塑面向智能时代的教与学》，《华东师范大学学报（教育科学版）》2019 年第 5 期。

文军：《个体化社会的来临与包容性社会政策的建构》，《社会科学》2012 年第 1 期。

吴飞：《大数据与"被遗忘权"》，《浙江大学学报（人文社会科学版）》2015 年第 2 期。

吴静：《算法为王：大数据时代"看不见的手"》，《华中科技大学学报（社会科学报）》2020 年第 2 期。

吴理财、王俊：《个体化转型下农民谋利型抗争的行动逻辑》，《华南农业大学学报（社会科学版）》2020 年第 3 期。

肖龙海、郑锡灯：《共享学习的权利——关于协商式学习的研究》，《教育发展研究》2003 年第 11 期。

徐明刚：《从独角戏转向交往合作——关于课堂师生互动的思考》，《中学政治教学参考》2011 年第 12 期。

阎云翔：《"为自己而活"抑或"自己的活法"——中国个体化命题本土化再思考》，《探索与争鸣》2021 年第 10 期。

阎云翔：《差序格局与中国文化的等级观》，《社会学研究》2006 年第 4 期。

杨兰：《权力、协商与教师的课程决策》，《教育发展研究》2009 年第 20 期。

杨淑萍：《公共精神的生发逻辑及青少年公共精神的培育路径》，《教育研究》2018 年第 3 期。

叶飞:《参与式公民学习与公民教育的实践建构》,《中国教育学刊》2011年第 10 期。

叶飞:《当代道德教育的三重理性向度》,《南京社会科学》2019 年第 7 期。

叶飞:《当前学校道德教育的个体化困境及其超越》,《国家教育行政学院学报》2020 年第 6 期。

叶飞:《公共治理视角下德育课程一体化的理论构建》,《课程·教材·教法》2021 年第 3 期。

叶飞:《公民教育:从"疏离"走向"参与"》,《全球教育展望》2011 年第 8 期。

叶飞:《回归本体价值的德育评价改革》,《南京社会科学》2022 年第 1 期。

叶飞:《竞争性个人主义与"孤独的"公民——论公民教育如何应对公共品格的沦落》,《高等教育研究》2013 年第 2 期。

叶飞:《学校公共精神教育的公共性困境及其超越》,《中国教育学刊》2019 年第 6 期。

叶飞:《学校制度生活与公民品质的教育》,《教育发展研究》2016 年第 8 期。

俞可平:《国家治理的中国特色和普遍趋势》,《公共管理评论》2019 年第 1 期。

袁凡等:《场景赋能:场景化设计及其教育应用展望——兼论元宇宙时代全场景学习的实现机制》,《远程教育杂志》2022 年第 1 期。

张华:《反思对话教学的技术主义倾向》,《教育发展研究》2011 年第 20 期。

张萌:《从规训到控制:算法社会的技术幽灵和底层战术》,《国际新闻界》2022 年第 1 期。

曾海:《元宇宙理念下的沉浸式第三代在线教育模型研究》,《中国教育信息化》2022 年第 1 期。

曾妮、班建武:《生态公民的内涵及其培育》,《教育学报》2015 年第 3 期。

张新平:《关注学校组织管理"同构化"趋向》,《中小学管理》2008 年第 12 期。

郑彩华:《联合国教科文组织〈数字素养全球框架〉:背景、内容及启示》,《外国中小学教育》2019 年第 9 期。

周国文:《公共善、宽容与平等:和谐社会的伦理基础》,《社会科学辑刊》2010 年第 5 期。

朱伟珏:《消费社会与自恋主义——一种批判性的视角》,《社会科学》2013 年第 9 期。

邹红军、[美]皮特·麦克莱伦:《数字化时代与教育变革:研究背景、进展与局限》,《天津师范大学学报(基础教育版)》2021 年第 1 期。

三、外文文献类

David C. Bricker, *Classroom life as civic education*, Columbia University Teachers College Press, 1989.

John Dewey, *Democracy and Education*, Southern Illinois University Press, 1980.

Nel Noddings, *Educating Moral People*, Teachers College Press, 2002.

Nel Noddings, *The Challenge to Care in Schools*, Teachers College Press, 1992.

Jurgen Habermas, *Moral Consciousness and Communicative Action*, The MIT Press, 2001.

Garth Boomer&Nancy B.Lester, *Negotiating the Curriculum: Educating for the 21st Century*, The Falmer Press, 1992.

Susan Meyers, Service Learning in Alternative Education Settings, *Clearing House*, 1999,(2).

Jan Kooiman and SveinJentoft, Meta-governance: Values, Norms and Principles, and the Making of Hard Choices, *Public Adminstration*, 2009, （8）.

Chandra Mukerji & Michael Schudson, *Rethinking Popular Culture: Contemporary Perspectives in Cultural Studies*, University of California Press, 1991.

Henry Giroux, *The Politics of Educational Theory*, Social Text, 1982.

Henry Giroux, Critical Theory and Rationality in Citizenship Education, *Curriculum Inquiry*, 1980, (10).

J.Mark Halstead & Mark A.Pike, *Citizenship and Moral Education*, Routledge, 2006.

James A.Banks, *Diversity and Citizenship Education*, Jessey-Bass, 2004.

Keith Faulks, *Citizenship*, Routledge, 2000.

Kerry J.Kennedy, *Citizenship Education and the Modern State*, Falmer Press, 1997.

Richard Sennett, *The Fall of Public Man: On the Social Psychology of Capitalism*, Vintage Books, 1978.

James N. Rosenau, *Governance Without Government: Order and Change in World Politics*, Cambridge University Press, 1992.

Ulrich Beck & Elisabeth Beck-Gernsheim, *Individualization*, Sage Publications, 2001.

Walter C. Parker, *Constructing Public Schooling Today*, Educational Theory, 2011.

Zygmunt Bauman, *Life in Fragments: Essays in Postmodern Morality*, Blackwell Publishers Ltd., 1995.

后 记

本书的思考和写作是在近五年的时间里完成的，在这五年时间里，我一直围绕着"道德教育与公共人培育"主题展开相关的研究和探索。这本书在某种意义上来说是我之前关于新时代公民道德建设研究的接续，但是，不同之处在于，这本书主要是聚焦于"个体人的反思与公共人的培育"这一核心主题，希望通过公共人这一视角对原先的研究有所突破。在这五年时间里，由于精力和能力的有限，也由于受到一些工作、生活中琐碎事务的干扰，本书的思考和写作无法做到"行云流水""左右逢源"的流畅，好在最终在锱铢累积的时空当中，终于完成了书稿。虽然它远非完美，但是也算是这五年来研究工作的一个总结。

之所以选择这一主题展开研究与写作，一方面是与我所承担的国家社会科学基金项目有紧密的关系。2017年，我申报并立项了国家社会科学基金一般项目"道德教育与'公共人'的培育研究"，随之也就展开了这个课题项目的研究工作。这个书稿的思考和写作也是这个国家社会科学基金课题的重要组成部分，在此也非常感谢全国教育科学规划办以及同行专家对我的支持和帮助，让我能够对自己感兴趣的研究主题展开研究，并且在宽松的科研条件下一直持续做了五年的探索。

另一方面，该书也可以视为我以往研究的一个延续。在前面大概十年左右的时间里，我主要是围绕新时代道德建设展开相关研究工作，并相继出版了两本相关著作，它们也为这本著作提供了基础性的学术理论支持。在内心里，我也一直希望这三本著作能够成为一个研究体系，来更系统地分析新时代公民道德建设的相关问题，并对这一研究领域提供有益的学术思考。我一直觉得，当前我们所推进的中国式现代化建设以及中国特色社会主义民主法治体系建设，对人的人格品质及精神观念提出了新的要求，它要求年轻一代人的公共品格及公共精神获得更加健全的发展。因此，对于新时代的道德教育而言，需要更深入地反思现代化加速过程中的个体化困境，更好地去培养具有公共品格以及公共精神的公共人。这种公共人的培育，事实上彰显了道德教育所肩负的国家使命、社会使命以及个体成人使命，它为我们推进中国式现代化建设提供了人格的基础。正是在这样一种研究背景下，我开展了这个领域的研究工作，也希望通过自己的研究能够引起大家对该领域的关注和兴趣。

在本书的写作和出版的过程中，获得了很多老师和前辈的支持，在此一并表示由衷的感谢！由衷地感谢我的博士生导师檀传宝教授、硕士生导师冯建军教授的鼓励和帮助，让本书的研究和写作进展得更加顺利！我还要由衷地感谢南京师范大学道德教育研究所、南京师范大学教育科学学院的同事及朋友们，非常高兴大家有一起共事的机会，同时也感谢他们在工作中给予我的关照。我由衷地感谢人民出版社的宰艳红编辑，关于书稿我们作了很多的交流、沟通，在书稿的编辑、审校、定稿等过程中，她的敬业态度让我感动、感佩。这本著作事实上也是宰艳红编辑与我合作的第二本著作，上一本著作已于2014年顺利出版，并取得了不错的效果和反响。我们的合作一直以来都非常愉快，如果没有她的倾力付出和精心编辑，相信本书的出版也不可能如此顺利。同时，我还要由衷地感谢国家社会科学基金项目以及南京师范大学教育学优势学科建设项目的支持和资助，没有这些支持和资助，本书同样难以顺利出版。

我的儿子弘毅现在已经十一周岁。在我上一本著作出版的时候，他还是一个刚满七岁的爱笑爱跳、有着一双机灵的大眼睛和淘气可爱表情的小孩子，那时的他刚刚进入小学一年级。而在这本书将要付梓之际，弘毅已经是小学六年级的学生了，长成了一个高挑、健康的少年，正在进入属于他的青春期。他依然像小时候一样喜欢读书，家里有自己的专门书架和读书角，存放着他喜欢的童话故事、历史故事以及文学作品等方面的书籍。希望他继续保持喜欢阅读的好习惯，把读书当作生活中一件很快乐的事情一直坚持下去！我也非常感谢我的父母和妻子，他们承担了辛苦的家务以及孩子的教育培养工作，使我能够专心从事书稿写作以及教学科研工作。他们的无私付出以及全力的帮助，为我解决了工作、生活中的后顾之忧。如果没有他们，无法想象我的工作和生活是何种状态。因此，我希望也把这本书献给他们，希望他们能够一直健康、幸福、快乐下去，也希望这样的生活能够一直陪伴着我们……

2024 年 5 月 18 日

于南京仙林

责任编辑：宰艳红

封面设计：王欢欢

图书在版编目（CIP）数据

道德教育与公共人培育／叶飞著 . -- 北京：人民出版社，
2025. 4. -- ISBN 978-7-01-027105-7

I. D64

中国国家版本馆 CIP 数据核字第 2025473JG2 号

道德教育与公共人培育
DAODE JIAOYU YU GONGGONGREN PEIYU

叶飞　著

人 民 出 版 社 出版发行

（100706　北京市东城区隆福寺街 99 号）

北京九州迅驰传媒文化有限公司印刷　新华书店经销

2025 年 4 月第 1 版　2025 年 4 月北京第 1 次印刷

开本：710 毫米 ×1000 毫米 1/16　印张：20.75

字数：240 千字

ISBN 978-7-01-027105-7　定价：78.00 元

邮购地址 100706　北京市东城区隆福寺街 99 号

人民东方图书销售中心　电话（010）65250042　65289539